조선의 변방과 반란,
1812년 홍경래 난

조선의 변방과 반란,
1812년 홍경래 난

김선주 지음 · 김범 옮김

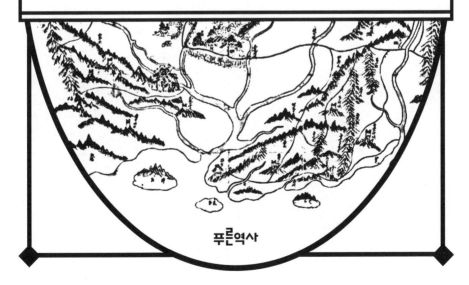

푸른역사

제임스 B. 팔레James Palais를 기억하며

한국어판 서문

지자기 대학에서 역사를 공부하던 1980년대에는 전근대 시기에 일어난 반란에 대한 관심이 아주 높았고 그 때문에 연구도 활발했다. 민주화운동이 학계에 미친 영향 때문이었다고 생각한다. 대학 졸업과 함께 미국으로 이주하고 몇 년이 지난 후 워싱턴주립대학 대학원에서 역사를 다시 공부할 때 한국사뿐 아니라 중국사, 일본사, 서양사 분야에서도 반란은 꽤 인기 있는 연구 주제임을 알게 됐고 그런 분위기에 젖어 박사학위 논문으로 홍경래 난을 연구하기 시작했다. 학위 논문을 완성하는 데 많은 시간이 걸렸고, 그 논문을 수정·보완해 연구서로 출판하는 데까지 또 여러 해가 걸렸다. 그사이 홍경래 난에 관한 많은 선행 연구가 발표됐지만 나의 연구가 홍경래 난 연구나 조선 후기 사회사 연구에 공헌한 바가 있다면, 발전사관, 계급투쟁, 민중사관의 입장에서 이뤄진 연구에서 설명되지 않은 지역의 문제에 좀 더 무게를 둔 점이라고 생각한다.

이 책의 영문판이 출판된 지 이미 10여 년이 흘러서 한국어판을 출판하겠다는 제의를 받았을 때 이 책에 담긴 내용과 해석이 아직도 학계에 의미가 있는지 의문이 들었다. 반란이 더이상 학계나 대중에게 매력적인 주제가 아닌 상황이라 그런지 모르겠으나 이 책이 출판된 이후 홍경래 난에 대한 역사학자의 연구는 거의 없는 듯하다. 또 평안도를 비롯한 북부 지역의 역사 연구도 그리 활발하지는 않은 것 같다. 부족한 점이 많지만 나의 연구가 한국어로 출판돼 한국의 독자들에게 좀 더 쉽게 다가갈 수 있다면, 이를 통해 홍경래 난이나 북부 지역 역사 연구가 좀 더 깊어질 수 있다면 더 바랄 것이 없겠다는 마음에서 한국어판 출판 제안에 동의하게 됐다.

한국어가 모국어이지만 미국에서 지낸 세월이 길다 보니 나의 한국어 실력은 1980년대에 머물고 있다. 그러니 나의 영문 연구서를 한국어로 번역하는 작업은 상상조차 할 수 없었다. 감사하게도 김범 박사께서 훌륭하게 번역해주셨다. 번역은 또 다른 창조라 하는데 많은 시간과 노력을 들여 애써주신 역자에게 감사드린다. 또한 출판을 맡아준 도서출판 푸른역사의 박혜숙 대표와 좋은 책을 만들어준 여러분께도 감사를 드린다.

2020년 6월 20일
김선주

감사의 글

책을 쓰는 것은 흔히 여러 사람이 힘을 모아 수행하는 지적 모험이라고 말하는데, 이 책보다 그 말이 적절한 경우는 없을 것 같다. 나는 여러 뛰어난 사람들에게 큰 도움을 받았는데, 그들은 나를 격려하고 지도하며 다양한 방법으로 도와주었다.

내 조언자이자 스승인 워싱턴대학교University of Washington 명예교수 제임스 B. 팔레는 몇 년에 걸쳐 이 원고의 세 가지 다른 초안을 읽어주었다. 그때마다 그는 수십 쪽에 이르는 논평을 써주었다. 그러니 어떻게 이 책은 오직 나 자신의 지적 능력과 땀의 결과라고 주장할 수 있겠는가?

또한 UCLA의 존 B. 던컨John Duncan과 런던대학교University of London 명예교수 마르티나 도이힐러Martinan Deuchler에게도 동일한 도움을 받았다. 그들은 이 원고의 초고를 검토하고 소중한 논평을 해주었으며 그 덕에 원고를 날카롭게 다듬고 분명한 오류를 피할 수 있었다.

엘리자베스 페리Elizabeth Perry도 원고 전체를 읽고 유익한 제안을 해주었다. 제임스 B. 팔레가 은퇴한 뒤 그를 이어 이 총서 출간의 편집장을 맡은 클라크 소렌슨Clark Sorensen도 사회과학적 시각에서 나의 주장을 엄밀하게 하는 데 유익한 제안을 해주었다.

나는 전 세계에서 한국학을 연구하고 있는 동료들의 크나큰 호의를 받았다. 서울대학교의 오수창과 런던대학교의 앤더스 칼슨Anders Karlsson은 나와 비슷한 시기에 같은 주제를 연구했다. 우리는 1812년 홍경래洪景來 난을 연구하면서 서로 다른 결론에 이르렀지만 그들의 통찰과 견해는 여러 측면에서 내게 영감을 주었고 나의 관점을 분명하게 하는 데 도움을 주었다. 서울대학교의 이태진과 고려대학교의 이헌창은 이 원고의 초고를 읽는 데 소중한 시간을 할애하고 제안을 적은 목록을 보내주었다.

해외 한국사 분야는 비교적 좁지만 거기 종사하는 연구자들의 지적 활력과 너그러움은 다른 분야가 따라올 수 없다. 그리고 나는 그런 지적 환경의 분명한 수혜자다. 내가 연구를 진행하는 동안 큰 관심을 보이고 한없이 격려해준 사람들을 모두 열거할 수는 없다. 그러나 황경문, 개리 레드야드Gari Ledyard, 유진 박Eugene Park, 켄 로빈슨Ken Robinson, 안드레 슈미드Andre Schmid, 바이팬 챈드라Vipan Chandra, 김자현 하부쉬JaHyun Kim Haboush, 마크 피터슨Mark Peterson, 도널드 베이커Donald Baker, 로스 킹Ross King, 신기욱, 최해월 같은 동료는 언급하고 싶다.

지난 몇 년 동안 많은 성과를 낼 수 있는 활기찬 환경을 제공해준 하버드대학교Harvard University의 동료들에게도 감사한다. 카터 에커트

Carter Eckert와 데이비드 R. 맥캔David McCann은 편안하게 대해주었을 뿐 아니라 늘 지적 자극을 주었다. 특히 피터 볼Peter Bol은 내 연구와 한국학 연구 전반을 전폭적으로 지원해주었다. 미카엘 아돌프슨Mikael Adolphson, 애덤 컨Adam Kern, 리와이 이Wai-Yee Li, 필립 쿤Phillip Kuhn, 마이클 퓨에트Michael Puett, 후에 탐 호 타이Hue-Tam Ho Tai, 뚜 웨이밍Wei-Ming Tu 등은 전문지식과 조언, 경험을 아낌없이 나눠주었고 그 덕분에 내 삶은 훨씬 더 의미 있고 살 만한 것이 됐다. 한국학연구소Korea Institute의 구성원인 수전 리 로렌스Susan Lee Laurence, 명숙 챈드라Myong-suk Chandra, 에드워드 베이커Edward Baker, 그리고 특히 김남희 와그너 여사Mrs. Namhi Kim Wagner에게는 특별한 감사를 표시하고 싶다. 조교로 꼼꼼하게 연구를 도와준 대학원생 김정원, 신애리, 차주항, 조 위센토프스키Joe Wientowski, 이정환에게도 감사한다.

미국과 한국의 여러 연구자와 사서들이 이 책에 실린 희귀한 책과 사진의 복사본을 얻도록 도와주었다. 워싱턴대학교에서 재직했던 사서 최윤환은 책과 논문을 찾아주었을 뿐 아니라 따뜻한 마음으로 도와주었다. 하버드-옌칭도서관Harvard-Yenching Library에서 사서로 재직했던 윤충남도 큰 도움을 주었다. 하버드-옌칭도서관의 백승희와 이향은 내 모든 요청을 들어주는 데 조금도 망설이지 않았다. U. C. 버클리University of California at Berkeley의 사서 장재용은 홍경래 난 연구에 사용된 적이 없는 희귀한 원고의 복사본을 알려주고 제공했다. 국사편찬위원회의 여러 연구자는 그곳에 소장된 희귀한 책과 사진들을 얻을 수 있도록 도와주어 이 책에 실을 수 있었다. 소장자료를 이용할 수 있도록 허락해준 국립중앙도서관과 서울대학교 규장각에도 감사드린다.

연구비와 지원금은 연구를 수행하고 원고를 완성하는 데 반드시 필요했다. 한국연구재단 고등연구지원금Korea Foundation Advanced Research Grant, 미국 아시아학회 동아시아 분과의 한국학연구 소액지원금AAS Northeast Asia Council Small Grants for Korean Studies, 아시아센터 교원지원금Asia Center Faculty Grants, 클라크/쿡 기금Clark/Cooke Funds, 그리고 하버드대학교 한국학연구소와 동아시아 언어·문명학과의 소액지원금을 너그럽게 제공해준 해당 기관에 감사드린다. 하버드대학교 한국학연구소, 하버드-옌칭연구소, 스탠포드대학교 아시아·태평양 연구소Asia/Pacific Research Center at Stanford University, U. C. 버클리 한국학연구소Center for Korean Studies, 뉴욕의 국제한국학회Korea Forum International in New York, 경북대학교, UCLA, 유타대학교에서는 이 연구의 초고를 발표하고 학자들과 교류할 수 있는 기회를 제공해주었다.

교열자 빅토리아 스콧Victoria Scott과 줄리 반 펠트Julie Van Pelt는 이 책을 원래보다 훨씬 읽기 쉽게 만들어주었다. 워싱턴대학교 출판부의 마이클 덕워스Michael Duckworth와 메리 C. 리베스키Mary C. Ribesky는 출판의 모든 과정을 효율적이고 매끄럽게 진행해주었다. 그들 모두에게 감사드린다.

유순미, 남화숙, 낸시 아벨만Nancy Abelmann, 마크 카프리오Mark Caprio, 전승희, 임옥, 윤택림, 박양신, 김순자 같은 따뜻한 친구들의 변함없는 우정과 진심어린 지원이 없었다면 이 책을 완성할 수 없었을 것이다. 끝으로 아낌없는 사랑과 이해를 보내준 가족에게 감사하고 싶다.

감사의 글을 쓰는 것은 매우 개인적인 경험이다. 이 책을 스승 제임스 B. 팔레에게 헌정하려 했기 때문에 더욱 그러한데, 안타깝게도 그는

조선의 변방과 반란, 1812년 홍경래 난

2006년 세상을 떠났다. 내가 이 책과 그 밖의 학문적 작업으로 한국학 연구에 어떤 기여를 했거나 할 것이라면 그것은 대부분 그의 끈기 있는 지도와 계발과 열정, 그리고 그가 내게 보여준 모범 덕분일 것이다. 그의 수많은 가르침 가운데 가장 잊을 수 없는 것 하나를 독자들과 나누고 싶다. "비판을 두려워하지 말라." 그러므로 나는 이 책이 끝이 아니라 비판적 독자와 동료와 친구와 가족과 나눌 유익한 대화의 또 다른 시작이기를 바란다.

◈ 일러두기

이 책 본문의 날짜는 원래 자료에 음력으로 기록된 것을 양력으로 바꾸었다.

도량형
1주척周尺=20.795센티미터*
1보步=6주척=1.25미터
1장丈=10주척=2.08미터
1리里=360보=2,160주척=449.17미터
1섬=15 또는 20말=곡식 1피킬picul, 擔
무게로 환산하면 89.464 또는 119.285리터
1말=10되=5.96리터
1되=10홉=0.596리터
* 박흥수, 〈도량형 제도〉 및 〈도량형〉, 《한국민족문화대백과사전》(www.encykorea.com).

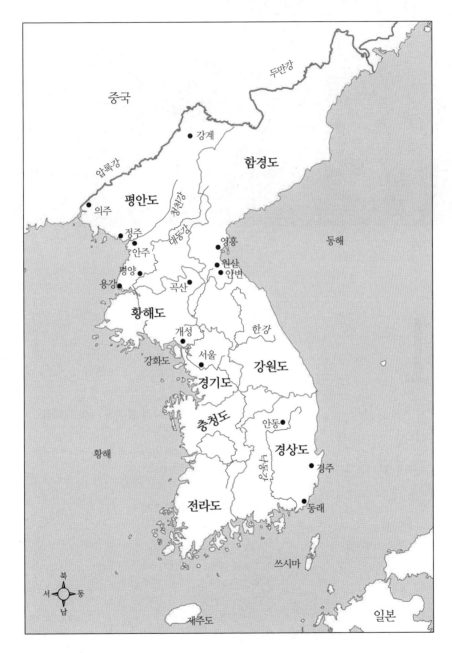

〈지도 1〉 조선

1

국가, 지역,
지역 지배층
그리고 문화

2

1812년
홍경래 난

8장 홍경래 난 연구에 나타난 민족·계급·지역

머리말

유교적 전통에서 반란은 실정失政이 자행되고 천명이 떠났다는 조짐으로 해석될 수 있었다. 통치권은 하늘에서 부여됐기 때문에 국왕이 어리석게 통치하면 하늘은 분노해 천명을 다른 사람에게 옮길 수 있다. 하늘의 뜻은 다양한 자연적 이변과 민중의 저항으로 나타났다. 맹자(기원전 약 371~288)도 군주가 평화와 질서를 가져오지 못하면 백성은 반란을 일으킬 수 있다고 주장했다. 이런 정치이념은 현존하는 정권에 도전하고 왕조를 교체하려는 중국과 한국의 반란 세력들의 시도에 합법성을 부여하곤 했다.[1] 조선왕조(1392~1910)의 긴 존속기간 동안 그런 도전은 비교적 드물었고 무력 투쟁으로 분출된 사례는 더 적었는데, 대부분의 반란 음모는 발각되거나 실패했기 때문이다. 이 책의 주제인 1812

---

[1] 천명의 도전에 관련된 유교의 정치사상과 중국에서 나타난 반란과의 관계는 Perry, *Challenging the Mandate of Heaven*, ix~xxxii 참조.

년(순조 12) 홍경래 난은 조선 조정을 두렵게 만든 드문 사건 가운데 하나다. 이 반란은 중앙과 지역의 관군, 지역 의병의 합동작전이 4개월 동안 전개된 뒤에야 진압됐다.

반란은 1812년 1월 31일 밤 홍경래·우군칙禹君則·이희저李禧著·홍총각洪總角이 이끈 집단이 평안도 가산嘉山² 관아를 습격한 것으로 시작됐다. 반란군은 군수 정시鄭蓍와 그의 아버지를 죽이고 그 지역을 빠르게 장악했다. 같은 날 밤 김사용金士用이 이끈 또 다른 집단은 체포돼 선천宣川으로 이송된 곽산郭山 출신 동조 세력을 구출했으며, 이튿날 그들은 곽산을 점령하는 데 성공했다.

유명한 홍경래 난은 이런 사건들로 시작됐는데, 그것은 반란 지도자들이 여러 해 동안 구상해왔던 것이었다. 궁극적으로는 현존하는 왕조의 통치를 무너뜨리려는 반란은 처음에는 성공적이었다. 반란군은 본격적인 저항을 받지 않은 채 거병 10일 만에 청천강淸川江 이북의 넓은 지역—청북淸北 지역³—은 물론 가산·박천博川·정주定州·곽산·선천·철산鐵山·태천泰川의 7개 군을 장악했는데, 그럴 수 있었던 주요한 이유는 거사하기 전 군郡 행정을 맡고 있던 지역 지배층의 지원을 확보했기 때문이다.

---

² 따로 밝힌 것 이외에 이 책에서 언급한 모든 군현은 평안도에 소재했다.

³ 조선 후기에 청천강 이북의 이 지역은 '청북'으로 자주 불렸으며 청천강 이남은 '청남'이라고 불렸다. 홍경래 난에 직접 영향 받은 지역은 청북 지역이었다. '관서關西'는 평안도를, '관북關北'은 함경도를 말한다. '서북'은 평안도와 함경도를 모두 말한다. 이 책에서 '북부 지역'은 평안도와 함경도를 한 단위로 말한 것인데, 조선 후기 사회·정치적 차별의 대상이 됐다. '서북 지역'은 평안도 전체를 말한다.

조선의 변방과 반란, 1812년 홍경래 난

그러나 전략적으로 좀 더 중요한 지역으로 나아가려고 했던 반란 세력은 1812년 2월 11일 안주安州 북쪽 10리(약 4.5킬로미터)에 있는 송림松林에서 패배했고, 그 후 10일 뒤에는 사송야四松野에서 패배함으로써 더이상 전진할 수 없었다. 그 지역은 남쪽으로 평안도의 대도호부 가운데 하나가 있던 안주가 있었고 북쪽으로는 압록강 바로 남쪽에 자리 잡은 중요한 국경 도시인 의주義州가 있었다. 반란 세력은 모사謀士 김창시金昌始와 용맹한 지휘관 이제초李齊初 같은 핵심 지도자를 잃고 정주성—위치와 견고한 외성 때문에 안전하기로 유명했다—으로 후퇴해 방어 태세에 들어가 그곳에서 넉 달 정도 버텼다. 그러나 1812년 5월 29일 관군은 땅굴을 파고 화약을 설치해 성벽의 일부를 폭파했고, 8천 명이 넘는 관군이 정주성으로 진입해 반란군을 대부분 체포했다.

홍경래 난으로 널리 알려진 조선의 이 반왕조운동은 지난 200년 동안 한국의 역사학자·시인·작가·민족주의자·반란자·혁명가, 그리고 일반인의 마음을 사로잡았다.[4] 학계와 학계 이외의 분야 모두에서 지속적으로 관심을 가질 수 있었던 이유는 이 사건에 관련된 문헌이 비교적 풍부하다는 사실에 있다. 아울러 전근대 시대에 나타난 이런 종류의 대중운동social movement은 역사학자가 백성의 사회·경제적 상황을 살펴볼 수 있는 소중한 기회를 제공하는데, 대부분의 1차 자료는 이 봉기에 가담한 인물들을 대상으로 한 공판과 진술의 기록으로 구성돼 있기 때

---

[4] 1812년 반란에 대중이 매혹된 가장 최근의 한 보기는 큰 인기를 끈 최인호의 소설《상도商道》다. 원래 1997년부터 3년 동안 한 신문에 연재된 그 소설은 2001년 5권으로 출간됐다. 그 소설은 100만 질 넘게 팔렸고 TV 드라마로도 만들어졌다.

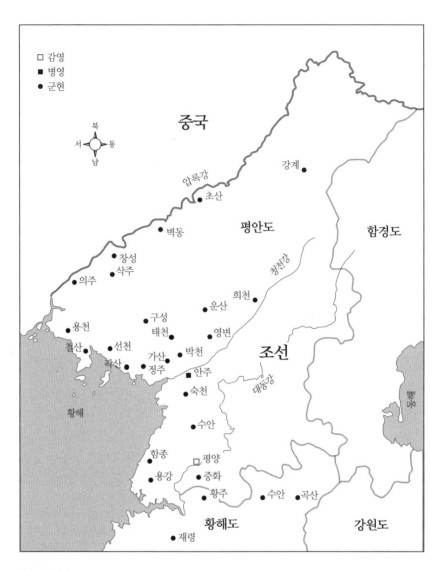

〈지도 2〉 평안도

조선의 변방과 반란, 1812년 홍경래 난

문이다. 지역 주민의 삶에 관한 이런 직접적 정보는 제도적 구조와 정부 고위층의 내부 역학에 관한 지배층의 관심에 치중하는 다른 공식 기록에서 발견되는 내용과 다르다. 또한 역사학자는 1812년의 이 반란과 비슷한 사건들을 살펴보면서 사회 변화의 역학을 그려볼 수 있는데, 반란의 과정은 현존하던 사회·정치구조의 강점과 약점을 드러내며 미래 변화의 방향을 어느 정도 시사하기 때문이다.

영어권 지역에서 대중 반란popular rebellion에 관심이 커진 것은 제2차 세계대전 이후였는데, 사회 변화를 일으키는 데 농민이 중요한 역할을 했다는 것을 학자들이 주목한 것이 그 계기였다. 프랑스·러시아·중국·베트남의 혁명에서 보듯 실제로 세계사의 주요 혁명은 농업사회에서 일어났다. 칼 마르크스Karl Marx를 포함한 많은 역사사회학자는 농민이 정치적으로 무력하다고 생각했지만, 러시아·중국·베트남의 공산혁명은 낙후한 농업사회에서 농민의 큰 지원을 받아 성공했다. 이런 양상 덕분에 학자들은 전통사회에서 농민의 정치적 행동, 농민경제의 본질, 농민반란의 원인을 학문적으로 좀 더 주목하게 됐다. 그들은 농민반란이 체제 변화를 자주 촉발시켰다고—곧 근대사회로의 이행은 세계 여러 지역에서 대중 반란으로 예고됐다고—생각하게 되면서 모든 근세early modern사회에서 일어난 획기적인 사회 변화의 본질을 이해하려면 대중운동을 반드시 연구해야 한다고 판단하게 됐다.[5]

---

[5] 농민반란에 관련된 영어 문헌의 요약은 Shin, *Peasant Protest and Social Change in Colonial Korea*, pp. 9~21 참조. 농민과 농민반란, 중국 혁명에 관련된 포괄적 검토는 Pepper, "The Political Odyssey of an Intellectual Construct" 참조.

그러므로 19세기 조선의 대중 반란이 한국에서 많은 관심이 집중된 연구 주제였다는 것은 놀라운 일이 아니다. 한국사에서 19세기는 흔히 반란의 시대로 불리는데, 그 주요한 이유는 대규모 대중운동이 빈번하게 일어났기 때문이다.[6] 1812년 홍경래 난, 1862년 진주민란, 1894~95년 동학난 같은 주요한 반란 외에도 19세기 내내 여러 형태의 대중 저항운동이 수없이 일어났다.[7] 당시의 유교적 지배층은 앞서 말한 대로 왕조가 쇠퇴하거나 천명이 철회되는 조짐으로 받아들여지는 대중 봉기

---

[6] 대중 반란을 어떻게 부르는가 하는 것은 한국에서 논쟁적인 주제인데, 그 용어는 그 학자가 반란을 어떻게 해석하는지 보여주기 때문이다. 이를테면 '농민반란'이라는 용어는 지배층의 입장을 반영하는 것이라고 비판하는 학자들은 1862년 대중운동에 관련된 논문을 모은 책을 《1862년 농민항쟁》이라는 제목으로 출간했다. 그들은 농민의 입장을 강조하기 위해 '농민반란' 대신 '농민항쟁'이라는 용어를 채택한 것이다. 망원한국사연구실 19세기 농민항쟁분과, 《1862년 농민항쟁》 참조.

[7] 조선시대 대중운동의 포괄적 검토는 고성훈 외, 《민란의 시대》 참조. 이 책의 저자들은 대중운동을 여러 형태로 분류했는데, 특히 민란은 대체로 경제적 문제 때문에 농민이 일으킨 저항운동으로, 변란은 불만을 품은 지식인들이 계획한 좀 더 정치적 지향을 지닌 반왕조적 운동으로 파악했다. 동시에 그들은 홍경래 난 같은 특정한 운동은 민란과 변란이 혼합된 모습을 보여주며, 도적 활동과 비밀결사 같은 활동은 어느 한 범주에 들어가지 않는다고 인정했다. 역사사회학자와 정치학자들은 대중운동의 다양한 형태를 발견해 우리의 이해를 높여주었다. 이를테면 엘리자베스 페리Elizabeth Perry는 중국 농민운동을 약탈적 형태와 방어적 형태로 나누었다. Perry, *Challenging the Mandate of Heaven* 참조. 그러나 나는 조선의 대중운동을 민란과 변란으로 범주화하는 것이 분석에 도움을 준다고 생각하지 않는데, 그것들 가운데 어느 것도 특정한 하나의 유형에 분명히 해당되지는 않기 때문이다. 또한 나는 '농민반란peasant rebellions'이나 '농민운동peasant movements'보다 '대중 반란popular rebellions'과 '대중 저항운동popular resistance movements' 같은 용어를 선호하는데 '대중'이라는 단어는 '농민'이라는 단어보다 좀 더 넓은 농촌인구를 포괄한다고 여겨지기 때문이다. 이것은 홍경래 난을 이해하는 데 유용한데, 이 특별한 반란은 다양한 신분과 계급을 지닌 사람들에 힘입어 지속됐지만 주로 농촌 지배층이 이끌었기 때문이다. 현대 학문에서 발달시킨 '농민' 개념에 관련된 논의는 Sorensen, "National Identity and the Creation of the Category 'Peasant' in Colonial Korea" 참조.

가 계속 일어나는 것에 상당히 놀랐다. 비슷한 맥락에서 19세기 대중 반란 연구의 주요한 흐름 가운데 하나는 강력했던 조정이 쇠퇴하기 시작해 마침내 새롭고 더 강한 왕조로 교체된다는 왕조 순환주기—동아시아 전통 역사의 주요한 동력—의 단계로 대중 반란을 보는 것이다. 이런 식민주의적 시각은 조선사회를 기본적으로 농업적·침체적·당파적이며 자발적으로 발전할 수 없는 사회로 규정했다. 다양한 1차 자료에 기초해 좀 더 자세히 연구한 성과들이 일본은 물론 북한과 남한에서도 나왔지만, 그 해석들은 최근 한국 학계를 지배한 탈식민지적 담론에 매몰된 경향이 있다. 이를테면 최근 대중 봉기를 연구한 거의 모든 학자는 일본의 침략으로 "왜곡된" 19세기 한국사의 진보적 동향을 "입증"하기 위해 조선 후기에 나타난 진보적 사회·경제적 발전과 그 결과로 출현한 계급투쟁, 그리고 전위적이며 혁명적인 사회 세력의 형성을 확인하는 데 관심을 두었다.[8]

이 책에서는 1812년 홍경래 난 자체를 검토할 뿐 아니라 반란으로 이어진 사회·정치·경제·문화적 조건을 분석함으로써 그 사건의 원인과 전개를 좀 더 포괄적이고 종합적으로 살펴보려고 한다. 반란 지도부의 본질은 특히 관심있게 검토했는데, 그 구성은 반란의 본질과 과정을 분명히 밝혀주기 때문이다. 이전의 여러 연구에서는 지도부의 주력이 지역 지배층으로 구성됐다고 인정하면서도 계급투쟁이론 같은 특정한 관점을 채택해 기층 민중에 관심을 집중했다. 하지만 이용할 수 있는 문

---

[8] 사료를 바탕으로 1812년 반란을 좀 더 자세히 서술한 내용은 8장 참조.

헌 자료에서 그런 민중은 지도자로는 말할 것도 없고 자발적인 참여자로도 거의 나오지 않는다. 많은 농민이 참여했지만 이 반란은 농민반란으로 규정한 이전의 일반적인 해석에 간단히 들어맞지 않는다. 청북 지역의 지배층이 왜 봉기했는지 추적하면 이것은 분명해진다. 지역 지배층은 반란의 지도자가 됐을 뿐 아니라 정부의 반란 진압작전에도 앞장선 사실은 문제를 좀 더 복잡하게 만든다. 이것을 설명하려면 지방의 문화와 정치를 면밀히 검토해야 하며, 그런 문화와 정치는 다시 지방 재정, 그리고 지방과 중앙의 관계를 이해해야 한다.

조선 후기의 대중 반란을 이해하려면 중앙과 지방의 권력관계와 반란 지역 주민의 다양한 사회신분을 분석하는 것이 핵심이다. 엄밀하게 분석하면 계급 차별보다 사회신분의 계층화는 이런 반란들에서 집단행동을 일으키는 사회적 동력의 가장 강력한 바탕이기 때문이다. 특히 왕조의 마지막 국면 동안 "소외된 지배층"이 형성된 것을 면밀히 주목할 필요가 있다. 알다시피 조선사회는 양반이라는 신분집단이 지배했다. 그들은 세습되는 특권을 지닌 신분층이며 교육과 과거를 독점해 권력에 접근한 관원층이라고 정의할 수 있다.[9] 그러나 많은 양반가문이 중

---

[9] 송준호에 따르면 "양반"의 정의나 범주는 그것에 관련된 법률적 정의가 없기 때문에 주관적이며 상대적이다. 그러나 그는 양반 신분의 가장 중요한 조건은 한 가문에 있는 현조顯祖라고 주장했다. '현조'라는 표현은 그의 명망이 과거 급제나 관직 진출은 물론 문학적 능력과 두드러진 윤리적 행동에 바탕을 두었다는 뜻이지만, 강조점은 신분의 세습에 두어졌다. 고위 관원의 후손은 과거 급제나 관직 진출에 실패했더라도 ─그것과 상관없이 그들은 양반으로 간주됐다─학문과 도덕적 행동에서 적절한 훈련을 받았다고 여겨졌다. 그 결과 한 가문에 현조가 있는 것은 양반 신분에서 가장 중요하고 기본적인 조건이었다. 현조와 자신의 거리는 중요하지 않았지만, 후손들은 혼인관계를 신중히 맺고 과거에 급제하며 관직을 취득해 자신들의 양반 신분을 유지하

앙 정치권력에서 소외됐으며, 지역의 자원을 장악하려는 지배층 내부의 경쟁 때문에 지역에서 자신의 특권과 위신이 침식되고 있다는 끊임없는 위협 아래 있었다는 것은 덜 알려져 있다.

좀 더 넓게 정의하면 중앙에 기반을 둔 벌열閥閱[10]이나 경화사족京華士族으로 불린 특권층을 제외한 지역의 대부분 양반 사족은 소외된 지배층으로 분류할 수 있다. 그들은 중앙 정치에서 대체로 배제됐고, 중앙의 실권과 멀리 떨어져 있었으며, 특권과 명망을 공유하는 영역의 가장자리에 서 있었다. 아울러 각 지역 안에서 이처럼 소외된 많은 양반은 가문적 배경, 지역 정치와 문화에 관여하는 정도, 그리고 좀 더 작은 범위에서는 재정 상황에 따라 몇 개의 다른 신분집단으로 다시 나뉘었다.[11] 그 결과 각자의 정치·경제적 이해관계에 따라 그들은 계층 내에서 분열된 상태에 있었다.

국가 붕괴의 인구통계학적·구조적 모형에 관련된 잭 골드스톤Jack

는 데 지속적으로 노력했다고 추정된다. 또한 그들은 양반가문으로서 세거지世居地를 갖고 그들 자신의 독특한 가풍을 형성했다고 평가된다. 송준호, 《조선사회사연구》, 242~59쪽.

10 벌열에 관련된 좀 더 자세한 사항은 차장섭, 《조선후기 벌열연구》, 일조각, 1997 참조. 차장섭에 따르면 '벌열'은 정3품 이상의 관원(당상관)을 3대 동안 연이어 배출한 중앙에 기반을 둔 가문을 말하며 당상관을 배출했던 가문의 범위는 자신 이전 3대 동안 각 세대의 6촌으로 한정됐다. 각 가문의 힘은 시간이 흐르면서 오르내렸지만, 문과에서 좋은 성적을 거두고 자신들끼리는 물론 왕실과 혼인관계를 맺으며, 음서를 이용하고 자신들의 특권적 지위를 유지하고 영구화하기 위해 공신제도를 동원함으로써 선조(1567~1608) 때 이후 정치적 권력과 권위를 독점한 57개 벌열을 차장섭은 확인했다.

11 조선 지배층의 소외는 Sun Joo Kim, "Negotiating Cultural Identities in Conflict"와 "Marginalized Elite" 참조.

Goldstone의 접근은 조선 후기 소외된 지배층의 정치적 성향을 이해하는 데 유용하다. 골드스톤은 인구 변화가 근세 역사를 이해하는 데 독립된 변수라고 강조하면서, 인구의 변화를 물가, 국가의 재정 상황, 지배층의 등용, 그리고 민중의 생활조건과 연관시켰는데, 인구 증가는 일종의 경계조건에 직면한 소외집단, 이를테면 새 토지를 얻으려고 노력하던 농민이나 지배층의 지위를 추구하던 지배가문의 차자次子들에게 특히 비선형非線型적인 영향을 주었다고 주장한다. 그는 "일반적으로 총인구가 늘어나면서 소외된 사람은 훨씬 더 많이 생겨난다. 그런 사람들은 전체 인구보다는 상대적으로 부족한 자원을 놓고 경쟁하는 집단 안에서 더 많이 생겨난다"고 지적했다.[12] 나아가 그는 근세 국가의 제도가 누적되고 있는 압력에 대응하면서 조세, 지배층의 등용, 경제조직의 전통적 제도와 그리 잘 융합되지 않는 경직성을 보일 경우 다양한 층위에서 국가 붕괴를 불러온다고 지적했다.

전통 한국의 인구통계 자료는 믿을 수 없고 물가지수는 없다시피 하기 때문에 근세이 세계사에서 국가 붕괴의 "물결"을 설명하기 위해 고안된 이 훌륭한 이론을 조선왕조의 역사나, 좀 더 구체적으로는 1812년 반란의 원인을 설명하는 데 적용하기는 어렵다. 그러나 골드스톤의 요점, 곧 전반적인 인구 증가는 소외된 지배층 사이의 분화와 경쟁을 고조시켜 그들에게 다른 집단보다 훨씬 더 큰 충격을 주었을 것이라는 설명은 조선 후기 북부 지역의 지배층이 마주친 구조적·제도적 문제들을 이

---

[12] Goldstone, *Revolution and Rebellion in the Early Modern World*, 33쪽.

해하는 데 도움을 준다. 조선시대의 인구통계는 불규칙하지만 그래도 인구는 특히 18세기 후반까지 꾸준히 증가했다고 일반적으로 인정된다.[13] 조선 후기의 이런 장기적인 인구 증가가 지배층의 등용제도—관직 숫자는 고정돼 있었지만 문과 급제자와 관직 후보자는 18세기 후반 무렵 조선 초기에 비해 세 배에 가까웠다—와 맞물리면서 중앙 정치무대에 진출할 수 없는 소외된 지배층은 전례 없이 많아졌다.[14] 이것은 다시 지역은 물론 중앙의 다양한 지배집단 사이에서 분화와 경쟁을 고조시켰다.

조선 후기 문과 급제자가 급증하고 그 결과 더 큰 지배집단이 창출되면서 평안도 지배층 사이의 경쟁은 격렬해진 것이 분명하다. 관직을 열망하는 사람의 숫자가 증가했다는 사실 외에도 평안도 출신은 조정의 명망 있는 고위직으로 승진하는 데서 일상적으로 차별을 받았다. 중앙 양반은 북부 출신이 무예를 숭상하지만 학식이 부족하며 그 지역에는 양반이 전혀 없다고 주장했다.[15] 조선 후기 북부 지역 지배층은 남부 지

13 공식 기록에 나타난 통계를 바탕으로 한 인구통계학 연구는 권태환·신용하, 〈조선 왕조시대 인구추정에 관한 시론〉; Tony Michell, "Fact and Hypothesis in Yi Dynasty Economic History" 참조. 좀 더 믿을 만한 족보에 기초한 사례 연구는 박희진·차명수, 〈조선 후기와 일제시대의 인구변동〉; 이기순, 〈봉산 이 씨 족보를 통해서 본 조선시대 가족규모〉, 《홍익사학》 6, 1996, 1~16쪽; 이기순, 〈조선 후기 고령 신 씨의 가족규모〉 참조.

14 과거 급제자 수는 왕조 초기 1년당 15명에서 임진왜란 이후 30명으로 늘어났다. 특히 1753~83년 1년당 평균 급제자 수는 45명이었다. 이것은 Wagner, *Yi Dynasty Munkwa Examination Passers*에서 계산한 수치다.

15 평안도에 양반이 없다는 중앙의 시각은 최근 연구들에서 비판 없이 받아들여지고 있다. Kyung Moon Hwang, "From the Dirt to Heaven"; 오수창, 《조선 후기 평안도사회발전 연구》 참조.

역 지배층보다 더 많은 문과 급제자를 배출했고, 중앙의 차별에서 연유한 관심을 공유했으며, 그것은 집단적 불만의 핵심적 사항이 됐다.[16] 반란이 형성된 원인을 정치적 차별만으로 충분히 설명할 수는 없다. 19세기 초반 무렵 중앙을 제외한 거의 모든 지역은 정치적 차별을 받았고 정치권력과 권한은 중앙 양반 지배층이 장악했기 때문이다. 그러나 평안도 지배층이 다른 지역보다 중앙 정치에서 배제된 것에 분개하게 된 까닭은 주목할 필요가 있다. 한 가지 설명은 문과 급제자 추세에서 나타난 대로 상당히 높아진 그들의 능력이 무시됐을 뿐 아니라 경멸의 대상으로 전락했기 때문이라는 것이다.

관직을 열망하는 평안도 출신이 늘어난 것도 지방 정치를 분열시키는 데 일조했는데, 그런 학식 있는 지배층은 지역의 권력과 제한된 자원을 놓고 좀 더 격렬하게 경쟁했기 때문이다. 지역의 권력관계, 지역 지배층의 문화 활동과 기대, 지역사회에서 기인한 불만의 근원, 그리고 지역과 중앙의 상호작용을 탐구하는 것은 지역 지배층이 1812년 반란에 놀라울 정도로 각자 다른 방식으로 대응한 사실을 해명하는 데 중요하다. 반란을 열렬히 지원한 부류도 있던 반면 그것을 진압하는 데 참여한 부류도 있었다.

1812년 반란의 이념적 범위를 밝히는 것도 중요하다. 체제를 전복하려는 이념으로 반란의 원인을 충분히 설명할 수는 없지만 (1) 천명에 도

---

16 이전의 연구는 대부분 지역적 차별을 부차적 사안으로 치부했다. 가장 최근의 사례들은 오수창, 《조선 후기 평안도사회발전 연구》; Karlsson, "The Hong Kyŏngnae Rebellion 1811~1812" 참조.

전을 허용하는 유교이념과 (2) 반란의 지도자와 참여자를 규합해 왕조교체의 필연성을 역설한 예언적 신앙의 영향은 문헌기록에서 반복적으로 확인된다. 이전의 연구는 이것을 간과하는 경향이 있었는데, 낙후되고 비이성적인 것으로 간주된 민간 신앙의 영향을 강조하는 것은 근대화론 학자들이 옹호하려고 노력한 반란의 진보적 본질을 약화시킬 수 있다고 여겨졌기 때문이다.

이 책에서는 대중의 믿음이 대단히 낡고 미신적이었지만 매우 전복적인 이념으로 전환될 수 있었다고 인정한다.[17] 민간 신앙이 지배적인 유교이념에서 합법화의 원천을 발견할 수 있었다면 그것은 소외된 지배층과 평민 모두에게 설득력을 지닐 수 있었다. 그럴 경우 그런 신앙은 집단행동을 하도록 신자들을 규합하고 그들의 저항에 합법성을 제공하는 효과적인 도구가 될 수 있었다.

나는 자료를 살펴보면서 이 반란을 계급투쟁의 발현으로 해석하기보다는 다면적으로 분석하게 됐다. 지방은 물론 중앙의 사회·정치구조를 포괄적으로 검토하고, 조선 후기 지방의 사회구조와 변화를 특히 중앙조정과의 관계에 유념하면서 신중하게 재구성하며, 경제적 변화, 특히 평안도의 상업과 무역의 팽창이 조선 후기에 야기한 경제적 변화에 관련된 복잡한 영향을 파악하고, 문화적 규범과 예언 신앙의 의미를 고찰하며, 반란에 연루된 다양한 계층의 태도를 면밀히 분석하는 것—이것

---

17 크리스토퍼 힐Christopher Hill은 17세기 중반 영국의 급진사상에 관련된 기념비적 연구에서 "우리가 17세기 과학에서 '이성적'이었던 것과 그렇지 않았던 것을 구분할 수 있는 것은 지금 우리가 과거를 돌이켜볼 수 있는 유리한 위치에 있기 때문일 뿐"이라고 지적했다. Hill, *The World Turned Upside Down*, p. 89.

들은 모두 서로 결합해 이 대중운동의 합당한 역사적 공간을 진정하게 밝혀줄 것이다.

그러나 이 모든 원인 가운데 가장 강조해야 할 것은 지역 차별 때문에 북부 지역 주민이 오랫동안 중앙 정부에 품어온 분노라고 생각한다. 1812년 반란 같은 무장봉기를 포함해 그런 차별에 대한 다양한 반발을 검토하면서 지역적 관점을 채택하는 것은 아주 중요하다고 생각하는데, 그것은 그 지역 자체의 목소리를 들려주기 때문이다.[18]

20세기에 식민지 경험을 겪고 두 개의 정치체제로 분단된 것을 포함한 여러 정치적·역사적 이유 때문에 한국사 연구는 다양성과 서로 다른 설명을 사실상 침묵시키면서 단일한 서술로 설명하는 민족 중심적 시각이 지배해왔다.[19] 최근 남부 지역에 초점을 맞춘 연구들도 각 지역에서 많이 나왔는데, 그 주요 원인은 남부 지역의 개인 수집가들이 소장한 1차 자료를 학자들이 볼 수 있었던 데 있다. 그 결과 남부 지역의 역사는 한반도 전체의 역사를 대변하게 된 것 같다. 특히 이웃한 중국의 왕조들이 지배한 영역과 비교하면 조선왕조의 크기는 비교적 작지만, 지정학적 조건과 이 작은 왕국 안에서 각 지역이 겪은 독특한 경험

---

[18] G. 윌리엄 스키너가 중국사회를 지역적 체제에 입각해 분석한 것을 시작으로 중국사 연구에서는 지역적 접근과 분석이 오랫동안 옹호되고 실천돼왔다. Little and Esherick, "Testing the Testers." 농민반란 연구에 지역적 접근을 적용한 것은 Perry, *Rebels and Revolutionaries in North China, 1845~1945* 참조.

[19] 프래센지트 두아라Prasenjit Duara는 민족주의적 역사해석 때문에 말소됐던 지역적 접근의 타당성을 지적했다. Duara, *Rescuing History from the Nation*. 헨리 임Henry Em도 탈식민지적·민족주의적 역사서술을 비판하면서 억압받고 소외된 집단의 역사는 역사 연구의 중요한 주제라고 강조했다. Em, "Nationalism, Post-Nationalism, and Shin Ch'ae-ho."

조선의 변방과 반란, 1812년 홍경래 난

은 서로 다른 지역 문화와 풍습과 역사를 만들었다. 그러므로 한국사에서 국가의 하위 수준에 있는 주관성이 대단히 중요하다는 사실을 이해하려면, 특히 이 책에서 살펴보고 있는 북부 지역의 경험과 주요한 민중 봉기와 관련해서는, 지역적 주관성을 고려할 필요가 있다.[20]

1812년 반란은 대단히 풍부한 자료가 남아 있어 그 사건을 매우 자세히 재구성할 수 있다.[21] 그러므로 이 연구는 그 자료들을 이용해 구조적·제도적 배경을 분석할 뿐 아니라 사람들의 행동과 발언과 동기를 강조할 것이다. 반란이 일어난 지역의 물리적·역사적 환경과 거기 살았던 사람을 검토하면 이 사건을 이해하는 데 적절한 맥락을 찾을 수 있으므로 이 책은 그 지역을 분석하는 것부터 시작할 것이다. 그러므로 2부에서 그 사건 자체를 검토하기에 앞서 1부에서는 그 지역의 역사와 사회구조, 국가 및 지역의 정치적 영역, 이 지역이 직면한 경제와 재정적 도전, 그리고 끝으로 대중의 문화에 깊이 간직된 이념적 측면을 살펴볼 것이다.

---

[20] 지난 수십 년 동안 남부 지역에 초점을 맞춘 역사 연구가 지속된 추세는 668년 신라(?~935)의 삼국통일 같은 한국사의 일부 사건을 강조하고 한국이 만주·고구려와 역사적·지리적으로 연결된 측면을 경시함으로써 정권을 정당화할 수 있는 민족주의적 역사를 수립하려는 한국 정부와 기관들의 노력과 관련됐을 가능성이 있다고 여겨진다. Schmid, "Rediscovering Manchuria"; Moon, "Begetting the Nation."

[21] 이 연구에서 사용한 1차 자료에 관련된 설명은 〈부록 1〉 참조.

1

국가, 지역, 지역 지배층
그리고 문화

1장

청북 지역의
역사적 발전과
지역 지배층

많은 측면에서 1812년 홍경래 난은 지역적 특수성 때문에 일어났다. 평안도 출신의 관직 진출이 사회·정치적으로 차별받으면서 일반 백성뿐 아니라 관직을 기대하는 사람들의 불만이 커졌다.[1] 반란 격문에 분명히 표현된 대로 반란 세력은 평안도 출신에 대한 차별에 격렬히 분노했다.

[1] 오다 쇼고小田省吾는 관원 등용에서 평안도 출신을 차별한 정책은 없었다고 부인했다. 북부 지역 출신이 중앙 조정의 요직에 오를 수 없었던 까닭은 그 지역이 문화적으로 뒤떨어졌기 때문에 선조 때 이전에는 뛰어난 인물을 배출할 수 없었으며 선조 이후 당쟁이 격화되자 그 지방의 이익을 대표할 수 있는 지도적 인물이 나오지 않았기 때문이라고 지적했다. 반란은 중앙 조정에서 차별했기 때문에 발생한 것이 아니며 그 지역 출신의 실망과 좌절이 그 반란의 장기적이고 일반적인 원인이 되었다고 그는 결론지었다. 오다는 조선 후기의 당쟁, 홍경래가 당파와 맺은 개인적 관계, 그리고 정치적으로 진출하는 데 실패한 북부 출신의 좌절을 검토해 그 반란의 직접적 원인을 파악했다. 〈洪景來亂の槪略とその動機に就いて〉 및 《辛未洪景來亂の硏究》.

조정은 분토糞土를 버리듯 평안도西土를 버렸다. 권문의 노비들도 평안
도 출신을 보면 반드시 '평안도 놈平漢'이라고 부른다. 평안도 사람이 어
찌 억울하고 원통하지 않겠는가! 조정은 위급한 일을 만날 때마다 반드
시 평안도의 힘에 의지하고, 과거를 치를 때마다 평안도 출신 문사의 힘
을 빌렸다. 400년 동안 평안도 사람이 조정을 저버린 적이 있었는가?[2]

이런 지역 차별이 언제 나타났고 그 원인은 무엇이었는지 정확히 찾
아내기는 상당히 어렵다. 차별 자체는 평안도의 특수한 지역사와 밀접
히 관련됐으며, 그것은 물론 조선사회의 더 큰 구조적 변화에 의해 조
정됐다. 중요한 사실은 차별만으로는 반란에 찬성하는 상황을 만드는
데 충분하지 않았다는 것이다. 조선 후기 주변 지역에 살고 있던 소외
된 지배층은 모두 정치적 차별의 대상이었으며, 권력과 명망은 수도나
그 부근에 거주하고 전국적으로 널리 알려진 비교적 소수의 지배층이
장악했기 때문이다.

평안도의 경우 지역 지배층은 조신 진기 중앙 정치에서 위상이 그리
두드러지지 않았다고 생각되는데, 자신들의 자원을 교육과 과거제도에
투자해 조선 후기에는 중앙 조정에 진출하는 사람이 늘어났다. 그러나
그들은 경이로운 수적 증가와 중앙에서 높은 명망과 특권을 얻으려는
열망을 보였음에도 당시 확고히 자리 잡은 평안도 출신에 대한 사회

---

[2] 반란 격문은 《홍경래 반란기》, 《홍씨 일기》, 《평서본말》, 《일성》 같은 몇 가지 역사기
록에 실려 있다. 표현이 조금 다른 부분도 있지만 내용은 거의 비슷하다. 이 책에서는
《홍경래 반란기》, 3~4쪽에 실린 기록을 사용했다.

조선의 변방과 반란, 1812년 홍경래 난

적·정치적 차별 때문에 그들의 관직 경력은 일찍 끝났고 기대한 명예를 얻지 못했다. 스스로 힘을 기른 지역 지배층은 실력주의를 지향하는 유교의 이상과 중앙 지배층의 배타적 정치 운영 사이의 모순을 경험한 뒤 극도로 좌절하면서 중앙 정부를 강렬히 증오하게 되었으며, 이런 경험은 반란에 정당한 근거가 있는 명분을 제공했다.

아울러 지역 정치는 지역 지배층의 분열과 갈등을 야기해 그들의 반란을 둘러싼 이해가 분열되는 결과를 가져왔다. 국가와 지방의 정치와 사회적 상황의 이런 복잡한 양상을 이해하기 위해 평안도의 지역사와 북부 지역 지배층의 구성과 성장, 이 지역 출신에 대한 편견과 그 결과로 나타난 차별과 그 본질, 지역적 정체성의 형성, 그리고 서로 충돌하는 다양한 정체성과 지역 지배층의 타협을 살펴본다.

북부 지역의 초기 역사

평안도는 고려(918~1392)의 일부가 되기 전까지 다양한 정치적 독립체들 사이에서 오랫동안 영토 분쟁을 겪었지만 한국의 민족과 국가가 발흥한 지역으로 자주 기억된다.[3] 한반도의 서북 지역을 영토의 일부로 삼았다고 여겨지는 고조선은 이르면 기원전 4세기부터 중국 문헌에 나

---

[3] 《삼국유사》와 그 뒤의 역사기록에 따르면 단군은 고조선의 시조다. 고대 중국 문헌들에는 기자가 기원전 1100~1000년 무렵 조선의 왕으로 분봉됐다는 이야기가 기록돼 있다. 이것이 역사적 사실인지, 그 나라가 실재했다면 어디 있었는지 역사학자들의 의견은 일치되지 않았다. 일연, 《삼국유사》, 33~35쪽 참조.

오지만, 이 초기 국가의 위치가 어디였는지는 아직 확실치 않다.[4] 역사 기록들에는 위만衛滿 이후 서북 지역의 역사가 좀 더 자세하고 명확하게 나오는데, 그는 중국 연燕(?~기원전 222)에서 망명해 기원전 194년부터 180년 사이의 어느 때 고조선의 준왕準王에게서 왕위를 빼앗았다. 위만조선은 기원전 108년 중국 한漢왕조(기원전 194~서기 220)에게 멸망되었으며, 한은 그 뒤 고조선의 영토에 낙랑군樂浪郡(기원전 108~서기 313)을 포함한 4군을 설치했다.[5] 낙랑은 한국의 서북부 평원을 점령하고 저지대 지역을 직접 통치했지만, 주변 지역에서는 토착 지배자들에게 직함을 주어 그들을 인정했다. 낙랑은 중국에서 한이 멸망한 뒤에도 존속했다. 개국한 뒤 한국 북부와 만주의 고원지대를 통치한 고구려(?~668)는 기원후 3~4세기 한국의 서북부 평원으로 진출하기 시작했고, 313년 낙랑을 장악하는 데 성공했다. 고구려는 668년 당(617~907)과 신라(?~935)의 연합 공격으로 멸망할 때까지 그 지역을 통치했다. 고구려가 멸망한 뒤 그 지역은 고구려의 유민은 물론 말갈·거란·여진을 포함한 여러 종족이 차지했다. 그 민족 구성과 통치에는 상당한 논란이 있지만 발해渤海(698~926)는 한때 한국 북부 일부를 통치했다.[6]

---

[4] 고조선의 위치에 관련된 좀 더 자세한 사항은 노태돈, 《단군과 고조선사》, 41~96쪽 참조.

[5] 배형일은 그의 책 *Constructing "Korean" Origins*에서 낙랑에 관련된 비판적 연구를 제시했다.

[6] 한국의 학자들은 발해가 고구려인이 세운 한국의 왕조이며, 지배층은 대부분 고구려인으로 이뤄졌다고 생각한다. 그들에 따르면 발해 인구의 대부분을 구성한 말갈족은 일부 관직을 가졌지만 피지배층을 이뤘다고 한다. Lee Ki-baik, *A New History of Korea*, 88~91쪽 참조. 이우성은 7세기 후반부터 8세기 전반까지 남쪽의 통일신라(668~935)가 북쪽의 발해와 대치하던 기간은 남북국시대라고 불러 발해사를 한국사에 완전

왕건王建은 918년 고려를 건국하자마자 북진정책을 추진해 국경을 청천강 이북으로 확장하고 고구려가 멸망한 뒤 버려졌던 옛 수도 평양을 재건했다. 두 번째 도성으로 평양을 재건하고 북진정책을 추진한 것과 함께 한반도와 만주를 다스리던 국가였던 고구려를 계승했다는 전통은 고려왕조 초기 동안 확립됐다.[7] 고려의 북진 시도는 북방 민족과 끊임없는 갈등을 불러왔고, 그들은 자주 강력한 군대를 조직해 고려를 위협했다. 947년(고려 정종 2) 요遼왕조를 건국하고 중국 북부와 만주를 점령하는 데 성공한 거란의 세 차례 대규모 침입을 겪은 뒤 고려는 압록강 하구에 근거지를 확보했다. 고려는 압록강 입구부터 동해에 인접한 현재의 영흥永興까지 1천 리에 이르는 장성을 1033년(덕종 2)부터 1044년(정종 10)까지 12년 넘게 건설했다.[8] 아울러 고려 조정은 국경 지

히 편입시켜야 한다고 주장했다. Yi Usong, "A Study of the Period of the Northern and Southern States." 반면 중국 학자들은 발해를 건국한 대조영大祚榮을 말갈족으로 보고 발해를 말갈족이 세운 정치체로 규정하면서 건국에서 고구려인의 기여를 낮게 평가했다. 그 뒤 중국 학자들은 발해사를 중국사의 일부로 다뤘다. 러시아 학자들의 시각은 중국과 한국의 학자들과 상당히 다르다. 그들은 발해를 다양한 시베리아 종족 가운데 독자적 역사를 가진 독립국으로 보면서 러시아사의 일부로 만들었다. Song Kiho, "Current Trends in the Research of Palhae History" 및 "Several Questions in Historical Studies of Palhae" 참조. 송기호가 언급한 대로 발해의 영토는 현대 중국·러시아·한국의 영역에 걸쳐 있기 때문에 그 역사에 관련된 연구는 각국의 민족주의에 지배됐다. 아울러 자료가 부족하고 문헌과 고고학적 증거도 확실치 않기 때문에 해석은 복잡하고 상충됐다. 연구자들이 좀 더 활발히 교류하고 좀 더 객관적으로 연구한다면 발해의 본질을 좀 더 잘 이해할 수 있을 것이다.

7 고려의 북진정책과 고려의 관원·학자들 사이에서 신라 계승의식이 대두한 것에 관한 사항은 Rogers, "P'yŏnnyŏn T'ongnok" 참조.

8 1천 리는 약 449킬로미터다. 그 숫자는 반드시 장성의 정확한 길이라기보다는 상징적 의미를 담고 있다.

역을 지키기 위해 도시 주위에 요새와 방벽을 건설하고 새로 획득한 이 지역으로 다른 지역의 백성을 이주시켰다.[9]

만주와 한반도 북부—현재 함경도와 대동강 이북의 평안도를 포함한—에 살던 여진족은 고려 조정이 요와 강화한 뒤 얼마 되지 않아 고려를 군사적으로 위협했다. 고려왕조는 1107년(예종 2) 동북 지역에 군사요새를 설치해 그 지역을 방어하려고 했지만 그런 시도는 국가의 기초를 확고히 잡은 여진족에게 막혔다. 마침내 여진은 1115년(예종 10) 금金왕조를 세웠고 10년 뒤 요왕조를 무너뜨렸다. 1127년(인종 5) 금은 송왕조를 양자강揚子江 이남으로 축출하는 데 성공하고 중국 북부를 완전히 장악했다. 1022년(현종 13) 거란의 요와 강화를 체결했을 때 이전에 송과 맺은 조공관계를 단절했던 고려는, 1116년(예종 11) 금에게 조공하기로 결정했다.[10]

고려시대 내내 외세의 침략뿐 아니라 내부의 반란도 이 북부 지역의 안보를 위협했다. 가장 중요한 사건은 1135년(인종 13) 묘청妙淸이 추종자들을 이끌고 개성에 기반을 둔 귀족에 대항한 것이었다. 묘청은 고려의 수도 개성은 풍수적 장점을 잃었기 때문에 평양으로 도성을 옮겨야한다고 주장했는데, 그의 본뜻은 국왕과 현존하던 중앙 귀족의 힘이 닿지 않는 권력의 중심으로 옮겨 가려던 것이었다. 또한 그는 국왕은 황제로 선언하고 독자적 연호를 채택해 고려가 중국의 송과 여진의 금왕

---

[9] 인구 이주에 관련된 사례는 《고려사》, 1:16b, 58:29a~30a, 58:33b~34a 참조.
[10] 고려의 대외관계는 Henthorn, *A History of Korea*; Lee Ki-baik, *A New History of Korea*; Ledyard, "Yin and Yang in the China-Manchuria-Korea Triangle" 참조.

조와 동등하다고 주장해야 한다고 믿었다. 나아가 묘청은 금을 공격하자고 제안했다. 그의 반란은 1년에 걸친 원정 이후 진압됐고 그 지역은 다시 조정의 지배 아래 놓였지만, 평양은 이전의 위상을 잃게 됐다.[11]

고려 조정 안에 있던 정치·사회적 긴장은 1170년(의종 24) 무신란으로 폭발했고, 그 뒤 소수의 무신은 한 세기 가까이 문신 귀족으로부터 권력과 권위를 빼앗았다.[12] 1174년(명종 4) 병부상서兵部尙書로 서경유수西京留守를 겸직하고 있던 조위총趙位寵과 북계北界 출신 그의 추종자들은[13] 무신란 이후 왕조의 실질적 통치자였던 정중부鄭仲夫와 이의방李義方에 맞서 1180년(명종 10) 반란을 일으켰다. 군사적으로 강력해진 북부 국경 지역을 진압하기 위해 개성의 무신 집정자들이 원정군을 보냈다고 주장하는 소식을 조위총이 전하자 연주漣州를 제외한 철령鐵嶺 이북 지역의 모든 지방 관원은 그의 세력에 가담했다. 북부 지역의 지배층은 무신 집정자들에게 소탕되는 대신 스스로를 보호하기 위해 즉시 힘을 모아야 한다고 조위총은 호소했다. 그 반란을 진압하는 데는 22개월이 걸렸으며, 그 뒤에도 조위총 세력의 남은 집단은 묘향산을 근거로 여러 해 동안 소요를 일으켰다.[14]

[11] 《고려사》, 127:26b~36a.
[12] 무신란에 관련된 더 자세한 사항은 Shultz, *Generals and Scholars* 참조.
[13] 고려의 영토는 5도(교주도交州道·양광도楊廣道·경상도·전라도·서해도)와 양계(북계·동계)로 나뉘었다. 북계는 조선에서 평안도로 재편됐다. 동계는 조선의 함경도 일부와 강원도를 아울렀다.
[14] 《고려사》, 100:7b~11a. 1173년(명종 3) 동북 지역에서 김보당金甫當이 이끈 또 다른 반란이 일어났다. 이 두 사건은 북부 지역이 중앙 정부를 무시하는 태도를 보여준다고 에드워드 슐츠는 지적했다. Shultz, *Generals and Scholars*, 34~35쪽.

중앙아시아 북부 초원지대의 유목민인 몽골이 흥기하면서 고려의 북부 국경 지역은 끊임없는 혼란의 장소가 됐다. 13세기 초 몽골의 압력에 쫓긴 거란은 그 지역으로 들어와 평양 동쪽 강동성江東城에서 방어태세에 들어갔다. 1219년(고종 6) 거란이 여·몽 연합군에게 항복한 뒤에도 그 지역은 몽골의 공격에 계속 시달렸다. 1269년(원종 10) 서북면의 하위 관원 최탄崔坦과 한신韓愼은 임연林衍에게 반란을 일으켰다. 임연은 자신의 전임자 김준金俊을 제거하고 권력을 잡아 교정별감敎定別監이 되었으며 친원정책을 시행한 원종元宗을 폐위시키기까지 했다. 서경과 국경 지역의 다른 성읍을 지배하던 반란 세력은 원에 항복했으며, 그 뒤 원은 1270년(원종 11) 평양에 동녕부東寧府를 세우고 최탄을 자비령慈悲嶺 이북 지역의 통치자로 임명했다. 고려 조정의 요청에 따라 원은 1290년(충렬왕 16) 그 지역을 고려에 돌려주고 동녕부를 만주 남서부의 요동遼東으로 옮겼다. 또한 원은 철령 이북의 함경도에 쌍성총관부雙城摠管府를 설치했는데, 고려는 1356년(공민왕 5)에 가서야 그곳을 무력으로 되찾았다.[15]

그러나 중국 북부 출신의 대규모 반란군인 홍건적紅巾賊의 침입으로 혼란은 계속됐다. 그들은 1359년(공민왕 8)과 1361년 두 차례 만주 전역을 휩쓸고 한때 한반도 서북 지역을 초토화시켰다. 그들이 수도를 약탈하고 불태웠기 때문에 고려 조정은 복주(안동)로 피난할 수밖에 없었다. 1362년 고려는 개성을 탈환하고 압록강 건너로 침략군을 물리쳤지만, 침략군의 소규모 부대는 고려 영토를 때때로 계속 어지럽혔다.

15 《고려사》, 58:30b, 58:15b.

993년(성종 12) 고려는 거란과 조약을 맺어 압록강 하류 지역까지 차지했지만, 여러 부족들의 끊임없는 습격과 내부 혼란 때문에 고려 조정은 그 지역을 확실한 통제 아래 두지 못했다. 1392년 조선왕조가 개창된 뒤 새 조정의 가장 중요한 관심 가운데 하나는 다양한 여진 부족이 널리 살고 있던 북부까지 국경을 확장하는 것이었다. 조선 조정은 상황에 따라 회유와 무력 정복이라는 두 가지 정책을 사용했다. 조정의 회유 방법은 맨 위에 명이 있고 중간에 조선이, 맨 아래 여진이 있는 조선 외교질서의 "의례적儀禮的 공간" 안에서 이뤄졌다. 이 위계질서 안에서 여진의 부족장들은 조공무역을 시행하는 특권을 누렸는데, 그들은 품계와 칭호, 그리고 녹봉까지 받고 도성으로 "올라가" 국왕을 알현하고 조공 의례에 참여했다. 조선 조정은 여진에게 경제·정치적 안전을 제공함으로써 그들의 약탈 행위를 완화한 결과 그 지역을 안정시킬 수 있었다. 그러나 이 정책은 여진을 완전히 조용하게 만들지는 못했다. 여진, 특히 압록강과 두만강 이북에 살고 있는 부족이 안보상의 우려를 고조시키자 조정은 그들을 진압하려고 원정군을 보냈다. 같은 때인 15세기 압록강 상류의 4군과 두만강 하류의 6진이, 수많은 군사 주둔지와 함께, 행정과 국방의 목적으로 설치됐다.[16]

두 강을 따라 방어수단을 강화하는 것과 함께 북부 국경 지역으로 백성을 이주시키는 계획이 15~16세기에 추진됐다. 우선 함경도와 평안도 남부에 살던 백성이 그 도의 북부로 옮겨졌고, 그다음에는 하삼도에

---

[16] Robinson, "From Raiders to Traders"; 이상협, 《조선 전기 북방사민연구》, 17~32쪽. 조선시대 한·중 국경의 의미에 관련된 사항은 Eggert, "A Borderline Case" 참조.

서 온 이주자들이 북부의 세 도에 자리 잡았다. 양반과 공·사노비, 조
정에 특별한 역役을 제공하던 사람들은 특정한 조항에 따라 강제 이주
에서 제외됐지만, 조정은 부유하고 3인 이상의 장정이 있는 양인 가호
가 이주에 더 적합하다는 것을 깨달았는데 그들의 경제적 재원과 인력
을 성공적인 정착에 사용할 수 있기 때문이었다. 이주 대상이 된 사람
들은 북부 지역이 척박하고 풍습이 다르며, 북부 도의 주민에게는 좀
더 무거운 세금이 매겨지고 중국을 오가는 잦은 사행과 군사적 임무를
받아들여야 한다는 사실을 깨닫고 대부분 이주정책에 강력히 저항했
다. 감정적으로도 사람들은 자신의 삶을 일구었고 조상들의 묘가 있는
고향을 떠나기 싫어했다. 그 결과 조정은 이주를 권장하기 위해 할 수
있는 모든 우대책을 제공하려고 했다. 교통수단과 그 밖의 이주비용을
제공했다. 정착민에게는 이주를 안정시키기 위해 개간할 수 있는 토지
와 여러 감세 혜택이 주어졌다. 북부로 이주를 자원하는 사람에게는 토
관직土官職을 받을 수 있는 기회도 부여했는데, 이론적으로 그것은 중
앙 관계로 진출할 수 있는 길을 열어주었다.[17]

아울러 일부 죄인과 그 가족은 처벌이자 북부 지역에 인구를 늘리는
방법으로 강제 이주되기도 했다. 온 가족이 이주하는 "전가사변全家徙
邊"을 선고받은 죄인은 특히 16세기에 자주 그 지역으로 보내졌다. 강
제 이주가 선고된 범죄는 단순한 절도와 강도부터 공·사노비를 은닉하

---

17 이상협, 《조선 전기 북방사민연구》; 이경식, 〈조선 초기의 북방개척과 농업개발〉; 이
인영, 〈이씨 조선 세조 때의 북방이민정책〉; 김석희, 〈세조조의 사민徙民에 관한 고
찰〉; 이수건, 〈조선 성종조의 북방이민정책〉.

조선의 변방과 반란, 1812년 홍경래 난

거나 평민을 강제로 노비로 만드는 행위, 토지의 독단적 점유, 납세와 채무 변제의 회피, 문서 위조, 지방 수령에 대한 무고, 효 같은 유교적 사회규범의 위반까지 다양했다.

토지대장·호적·군적 관련 범죄를 저지른 원악향리元惡鄕吏도 북부 지역으로 이주되었다.[18] 이런 특별한 정책은 남부 지역의 향리 같은 토호土豪를 뿌리 뽑으려는 의도였는데, 조선 전기에 그들은 지방 행정을 재편하고 경작되고 있는 토지를 문서에 등록하며 성인 남성을 군적에 올려 전국을 중앙 조정의 통제 아래 통합하려는 시도를 방해하고 있었다.[19] 직역을 세습하고 토지를 통제하며 지방 정치를 지배해 고려시대에 두드러진 역할을 수행한 향리는 14세기 후반부터 15세기 후반에 걸쳐 문과 응시를 금지하고 구별되는 의복을 입도록 규정한 지시 같은 다양한 조처가 시행되면서 지방 수령의 관아에서 녹봉을 받지 못하는 서리라는 열등한 지위로 전락했다. 그런 법률적 조처는 분명히 지방에서

18 범죄자의 이주에 관련된 사항은 이수건, 〈조선 성종조의 북방이민정책〉(하), 96~100쪽; 이상협, 《조선 전기 북방사민연구》, 75~84쪽 참조. 박사학위 논문에서 나는 범죄인을 북부 지역으로 이주시킨 것이 북부 출신에 대한 선입견을 만드는 데 작용했을 수도 있다고 추측했다. 박홍갑도 그의 연구에서 같은 가설을 제시했다. 비슷한 맥락에서 황경문은 북부 출신에 대한 편견은 "그들이" 여진족과 "천민" 이주자 같은 "조선 전기의 다양한 하층 신분층의 후손이라는 귀족들의 (타당한) 인식"에 뿌리를 두고 있다고 주장했다. 북부 지역에는 사족(귀족)이 없으며 이주자들은 모두 하층 사회 집단이었다는 황경문의 견해에는 동의하지 않는다. Sun Joo Kim, "Marginalized Elite," 45~46쪽; 박홍갑, 〈조선 전기 양계정착민의 성격과 차별의식〉; Kyung Moon Hwang, "From the Dirt to Heaven" 참조.
19 조선 전기 정부의 중앙집권화 노력은 Duncan, *The Origins of the Chosŏn Dynasty*; 이수건, 《한국중세 사회사연구》; 이성무, 《조선 초기 양반연구》; 이존희, 《조선시대 지방행정제도연구》 참조.

향리의 사회·정치적 지위를 하락시키는 데 기여했지만, 향리(주로 지방에서 행정을 맡은 서리)와 사족(주로 중앙 관원이나 학자인 세습적 양반), 그리고 그들 각자의 후손을 차별화하는 과정은 조선 전기 내내 전개됐다. 향리를 국경 지역과 역참驛站에 강제로 다시 배치시켜 그들의 출신 지역에서 물리적으로 분리시킨 조처는 토호를 그들의 권력 기반에서 제거하고 토착 향리가 없는 새로 확보한 지역에 행정 전문가를 배치하는 이중의 효과를 지녔다.[20]

조선 전기의 북부 지역 지배층

다양한 신분 배경을 지닌 이런 이주자들이 북부 지역에 정착하려고 시도했을 때 그 지역의 사회적 상황은 어떠했는가? 첫째, 상원祥原·중화中和·안변安邊·영흥을 제외한 북부 지역에는 그 지역의 강력한 가문을 대표하는 토착적 성씨를 지닌 집단(도성土姓)이 없었다. 발원한 시역에 따라 가문을 확인하는 성관姓貫제도는 신라 후기부터 고려 초기에 나타났기 때문이며 대동강과 함경도 원산元山 이북 지역은 당시 아직 신라나 고려의 영토가 아니었기 때문이다.[21] 결과적으로 고려와 조선 전기

---

[20] 이성무, 《조선 초기 양반연구》, 31~34쪽; 이수건, 《한국중세 사회사연구》, 100~109쪽.
[21] 성관제도의 기원은 신라 후기까지 거슬러 올라가는데, 당시 중앙의 혼란을 이용해 자신들의 지역적 거점을 창출한 지방의 유력 가문은 중국식 성과 성관제도를 도입해 각자의 지역에 따라 스스로를 나타내기 시작했다. 새 왕조 고려는 지방 행정구조를 군현제로 재편하면서 지역의 유력자들에게 성을 하사해 그 제도를 장려했다.

에 걸쳐 형성된 북부 지역의 지배층은 다른 지방에서 이주해온 명문가 출신들이 원래 가문의 지파를 형성함으로써 이뤄졌다. 이들은 조선 초기 기록에 입진성入鎭姓·입성入姓·내성來姓으로 기록됐다.[22] 이 가문들의 운명은 그 지역의 잦은 군사적 교전과 대규모 반란 때문에 변화를 거듭했지만, 일부 가문은 고려 후기 중앙 조정에서 활동한 저명한 관원과 학자를 배출했고 그들은 원(1234~1368)과 고려 사이의 실세이자 군사 지휘관으로 중요한 역할을 하기도 했다.[23] 그러나 이 지역에는 세습적 토착 지배가문이 상대적으로 적었고 국경 지역이어서 불안정했기 때문에 고려시대 전체에 걸쳐 저명한 인물을 그리 많이 배출하지 못했다(〈표 1〉 참조). 이를테면 조선시대에 전국적으로 실시된 첫 번째 지리적 조사로 생각되는 《신증동국여지승람新增東國輿地勝覽》에는 고려 조정에서 재직한 저명 인물 619명 가운데 24명(3.87퍼센트)만이 그 뒤 조선에서 평안도로 구획된 이 지역 출신으로 기록되어 있다. 이처럼 적은 수치의 추세는 조선 전기에도 이어졌는데, 새 왕조의 저명한 인물 503명 가운데 16명(3.18퍼센트)만이 이 지역 출신이었다.[24]

북부 지역에서는 고려와 조선 전기에 저명한 인물이 비교적 적게 나왔지만, 이것이 그 지역에 세습적 지배층이 없었다는 뜻은 아니다. 그

Duncan, *The Origins of the Chosŏn Dynasty*, 30~35쪽; 이수건, 《한국 중세 사회사연구》, 34~69쪽; 박경자, 《고려시대 향리연구》.
[22] 고려시대 인구 이주의 사례는 《고려사》 1:16b, 58:29a~30a, 58:33b~34a 참조.
[23] 이수건, 《한국중세 사회사연구》, 101~6쪽 및 328~36쪽.
[24] 북부 지역과 남부 지역 사이의 대조는 두드러진다. 특히 경상도에서는 고려~조선시대에 401명의 저명 인물이 나왔다(전체의 35.73퍼센트). 경상도의 이런 많은 수치는 고려 후기와 조선 전기의 역사서술에 신라 계승의식이 반영된 것으로 보인다.

〈표 1〉 고려·조선왕조의 저명한 인물

도	고려	조선	인물 합계(고려+조선)	인구(명)
경기	104(0.206) ((16.8))	78(0.154) 〔15.5〕	182(0.361) {16.22}	50,352
충청	76(0.075) ((12.27))	51(0.05) 〔10.13〕	127(0.126) {11.31}	100,790
경상	189(0.129) ((19.7))	212(0.122) 〔42.14〕	401(0.23) {35.73}	173,759
전라	122(0.129) ((19.7))	72(0.076) 〔14.31〕	194(0.205) {17.29}	94,248
황해	51(0.07) ((8.23))	48(0.066) 〔9.54〕	99(0.137) {8.82}	71,897
강원	50(0.172) ((8.07))	22(0.075) 〔4.37〕	72(0.248) {6.41}	29,009
함경	3(0.004) ((0.48))	4(0.005) 〔0.79〕	7(0.01) {0.62}	66,978
평안	24(0.022) ((3.87))	16(0.015) 〔3.18〕	40(0.037) {3.56}	105,444
합계	619	503	1,122	

* 전거: 《신증동국여지승람》.
　(　)=전국 인구의 비율
　(( ))=고려 저명 인물 전체의 비율
　〔 〕=조선 저명 인물 전체의 비율
　{ }=저명 인물 전체의 비율

지역의 지배층은 특별히 고안된 토관제도 안으로 편입됐는데, 그 제도
는 고려 후기 원의 지배에서 회복된 제주·평양·영흥 세 지역에 특별
관서를 만들어 토착민을 배속시킴으로써 시작됐다. 토관제도는 세종
(재위 1418~1450) 말엽 국방을 강화하려는 목적에서 북부 국경 지역 일
대의 10개 군현에 더 설치됐다. 중앙 관료구조와 마찬가지로 토관은 문
반과 무반으로 나뉘었다. 토관은 관찰사와 병마사가 각각 지역 주민 가
운데서 선발했다. 그들은 최고 5품까지 올라갔고 녹봉과 중앙 조정에

들어갈 수 있는 자격을 받았는데, 그럴 경우 그들이 중앙에서 받는 품계는 토관 품계보다 한 단계 낮아졌다.[25]

토관제와 함께 북부 지배층은 간단한 선발과정을 거쳐 얻은 다양한 하위 무관직을 거쳐 중앙 관료체제에 들어갈 수 있었다. 특히 겸사복兼司僕·친군위親軍衛 같은 국왕 호위부대의 여러 자리가 북부 출신에게 배정됐다.[26] 이런 모든 조처는 여진족장을 포함한 국경 지역의 권력자를 통합하고 유화하기 위해 마련된 것인데, 그 지역은 지속적인 군사적 관심과 토착민의 협력이 필요했기 때문이다. 이런 군사적 필요성이 줄어들면서 토관의 위상은 하락한 것으로 보인다. 실제로 토관이 중앙 관계로 승진한 것은 드물었으며, 그런 일이 있더라도 그들은 하위 군직만을 얻었을 뿐이다. 그럼에도 이런 제도는 북부 지배층이 자신의 특권적 지위를 유지하는 데 강력한 기반이 되었으며 그 지역에서 지배층의 전통을 확립하는 데 일정한 지렛대가 된 것은 분명했다.

조선 후기 정주 출신 사족인 백경해白慶楷(1765~1842)가 1802년(순조 2)에 기억한 대로 조선 전기에 남부에서 이주해온 사람들은 북부 지배층에 신선한 피를 공급했다. 그는 이렇게 썼다. "성종 갑진년(1484·성종 15)부터 조정에서는 (남부의) 부유하고 권력 있는 가문을 (관서로) 이주

---

25 이재룡, 〈조선 전기의 토관에 대해〉. 토관제도는 《경국대전》에 실렸으며 《대전회통》에서도 유지됐지만 조선왕조 내내 기능했는지는 확실치 않다. 《대전회통》, 〈이전 토관직〉, 1:51a~51b. 북부 지역과 남부 지역의 차이는 현격하다. 특히 고려~조선시대 경상도에서는 401명의 저명 인물이 나왔다(전체의 35.73퍼센트). 고려 후기~조선 전기 역사서술에서 신라 계승의식이 강하게 표출된 것은 경상도의 이런 수치가 반영됐을 가능성이 있다.
26 최종택, 〈조선 초 평안·함길도의 지방세력〉.

시켰습니다. 지금 관서의 큰 가문關西大姓을 보면 열 가운데 여덟 또는 아홉이 이때 입거한 부류입니다."[27] 북부 지역으로 이주한 남부 지배층 가문의 상황은 비슷한 시기 그들의 출신 지역이 아닌 다른 남부 지역으로 이주한 지배층 가문과 다르지 않았다. 곧 거주지 이동은 남귀여가혼男歸女家婚·유배·토지 개간, 또는 좋은 환경을 찾아가는 것 같은 다양한 이유 때문에 조선 전기에 자주 일어났다.[28] 남부 지배층의 구성원이 혼인관계를 통해 북부 지역으로 이주하는 것은 드물었는데, 조선 지배층은 대체로 지역 내혼을 했기 때문이다. 그 결과 북부에 거주지를 확립한 사람들에게 가장 흔한 이주 이유는 조선 전기의 자발적 또는 강제적인 이주정책이었다.

이주정책에 관련된 조정의 논의 가운데 사족을 북부로 이주시킨 이유를 알려주는 발언도 일부 있다. 1442년(세종 24) 의정議政들은 많은 이주자가 남부 출신 지역 유력자나 이전 관원 가문의 구성원鄕曲豪右流品子弟이라고 지적했다.[29] 그리고 정종(1398~1400) 때 범죄를 저지른 사족을

---

[27] 백경해, 《수와집守窩集》, 〈대관서제인정정부서代關西諸人呈政府書〉, 4:14b~19a.
[28] 고려~조선 전기 혼인과 상속 관행에 관련된 자세한 사항은 Deuchler, *The Confucian Transformation of Korea*; Peterson, *Korean Adoption and Inheritance*; 이순구, 〈조선 초기 종법의 수용과 여성지위의 변화〉 참조. 남귀여가혼은 적어도 송대(960~1279) 이후 양자강 하류의 주요 가문에서는 일반적 전략이었다. 이를테면 높은 사회적 지위를 지닌 가문의 아들은 다른 공동체로 이주해 상속자가 없는 가문의 딸과 결혼해 새 분파를 세울 수 있었다. 그러나 그 아들은 상속자가 없는 가문의 계보를 따르기보다 새 공동체에서 자신의 성姓을 계속 사용했다. Elman, *Classicism, Politics, and Kinship*, 37쪽. 조선 전기 지배층의 이동에 관련된 사항은 이수건, 《한국중세 사회사연구》; 김준형, 《조선 후기 단성사족층 연구》, 33~48쪽; 송준호, 《조선사회사연구》, 277~306쪽 참조.
[29] 《세종실록》 세종 24년 5월 13일(임신).

북부 지역으로 강제 이주시키는 처벌을 중지하는 것에 관련된 논의는 그때까지 사족은 "전가사변율"의 처벌을 받으면 실제로 북부로 보내졌음을 보여준다. 1525년(중종 20) 형조가 제출한 의견에 따르면 호적 대장에서 공·사노비 3명 이상을 은닉한 사람은 고위 문·무 관원이거나 음직을 가진 사람의 자손有蔭子孫, 생원·진사라도 1485년(성종 16)의 규정에 따라 이 처벌을 받아야 한다고 했다.[30] 그 규정이 늘 엄격히 시행되지는 않았지만, 조정이 인구를 정확히 파악하고 노력할 때면 남부 지배층은 실제로 전가사변율을 매우 두려워했다. 1554년(명종 9) 관원으로 재직하고 있던 사대부인 이황李滉(1501~1570)조차 군역을 회피한 사람은 일단 적발되면 국경 지역으로 보내지는 것에 큰 우려를 나타냈다.[31]

1차 자료가 절대적으로 부족해 언제 어떤 이유로 어떤 신분의 사람들이 북부 지역으로 이주했는지 재구성하기는 어렵지만 몇 가지 특정한 사례는 기록돼 있다.[32] 1930년대 초 일본인 학자 젠쇼 에이스케善生永助(1885~?)는 현장조사를 바탕으로 평안도 북부의 여러 동족부락이 조선 전기에 그 지역으로 유배 온 사람들로부터 유래했음을 파악했다. 이를테면 경주 김씨 출신의 김세균은 조선 전기에 일정한 범죄를 저질러 영변寧邊으로 유배됐다. 형기를 마친 뒤에도 그는 그 지역에 남기로

---

30 《중종실록》 중종 20년 6월 9일(정유).
31 《퇴계서 집성》, 2:416. 이황은 자신의 아들뿐 아니라 노비의 군역도 걱정했다. 같은 책, 2:14, 2:238, 2:239, 2:242, 2:244~46, 2:320, 2:322~23, 2:327도 참조.
32 대부분의 학자는 남부 지역에서 강제로 이주한 부류는 물론 자발적으로 옮겨 간 사람들도 평민이었을 것으로 간편하게 추정하는데, 북부 지역에는 사족이 없다는 조선 후기 지배층의 선입견을 비판 없이 받아들이기 때문이다. Kyung Moon Hwang, "From the Dirt to Heaven," 135~50쪽; 최종택, 〈조선 초 평안·함길도의 지방세력〉, 157~59쪽.

결정했는데 거기서 경제적 기회를 보았기 때문이다. 경주 김씨 출신의 김의진은 연산군燕山君(1494~1506) 때 숙청된 인물이었는데 영변으로 유배되자 아내 길씨와 함께 그곳에 거처를 마련했다. 안동 김씨 출신의 김주서는 집현전 학사學士였는데 조선 전기에 용천龍川으로 유배됐고, 그곳은 그 뒤 그 후손의 고향이 됐다.[33]

정주와 철산의 저명한 양반 후손 가문에서 편찬한 세 개의 족보도 북부 지배층의 기원을 보여준다. 연안 김씨의 사례는 국가에서 추진한 사민정책의 결과였지만 해주 노씨와 철산의 하동 정씨는 유배된 경우였다.[34] 《세종실록》의 〈지리지〉와 《신증동국여지승람》에 '입진성'으로 기록된 연안 김씨[35]는 자신들의 조상 김안주金安柱는 개성부윤開城府尹이었는데 아들이 많은 가호는 반드시 이주하도록 규정한 국가의 사민정책에 순종해 북부로 이주했다고 주장했다. 김안주의 네 아들은 청북 지역의 다른 곳에 거주했는데, 정주에 근거지를 확립한 맏아들의 후손이 가장 번성했다. 해주 노 씨 후손의 사례는 북부 지역으로 유배된 뒤 그곳에

---

33 善生永助, 《朝鮮の聚落》, 928~44쪽.
34 조선 후기 청북 지역에 거주하던 그 밖의 양반가문에서 편찬한 여러 족보는 그들의 조상이 조선 전기 어느 때 그 지역으로 이주해 정착했음을 알려준다. 그러나 거기에는 이주의 구체적인 이유는 나와 있지 않다. 《수원 백씨 정주족보》; 《연일 승씨 족보》; 《배천 조씨 세보》 참조.
35 1454년 편찬된 《세종실록》, 〈지리지〉에 따르면 평안도 정주에는 8개의 입진성이 있었다(백주白州 유劉, 보령保寧 정鄭, 춘주春州 최, 신주信州 김, 회령會寧 이, 안산安山 강康, 해주海州 노盧, 황주黃州 백白). 《세종실록》, 〈지리지〉, 314 참조. 1530년 편찬된 《신증동국여지승람》의 같은 지역 성관조에는 8개 가문이 더 추가됐다(화순和順 최, 백주趙趙, 함종咸從 승承, 충주 석石, 용강龍岡 김, 용강 강康, 해주 장, 해주 오). 《신증동국여지승람》, 951 참조. 〈지리지〉의 신주 김씨와 《승람》의 용강 김씨는 연안 김씨를 말하는 것 같다.

영속적 거처를 만든 조선 전기 관원의 명확한 사례다.[36] 노세걸盧世傑(?~1529)은 통례원通禮院 인의引義(종6품)를 지냈는데, 1521년(중종 16) 안당安瑭(1461~1521)과 그의 아들 안처겸安處謙(1486~1521)이 조정에서 고위 관원들을 몰아내려고 했다는 음모에 가담한 혐의를 받았다. 중종은 송사련宋祀連의 고발을 받아들여 안씨 가문과 가까운 많은 관원을 숙청했다.[37] 노세걸은 처음에 황해도 해주로 유배됐다가 그 뒤 정주로 옮겨졌다.[38] 그는 죽은 뒤인 1533년(중종 28) 사면됐다.[39] 범죄 때문에 북부로

---

[36] 아래 내용은 1898년 편찬된 《광주 노씨 족보》를 바탕으로 한 것이다. 정주에 거주하는 노씨의 이 분파가 자리 잡은 세거지는 광주가 아니라 해주로 기록돼 있다. 이 분파가 언제 또는 왜 광주를 자신의 근거지로 삼았는지는 알려지지 않았다. 백경해에 따르면 자신의 외가는 그 지역에서 널리 알려진 가문인 해주 노씨였으며, 광주 노씨 출신의 평민가문과는 다른 집안이었다(백경해, 《수와일기》 1813년 1월 1일). 앞선 기록들에서는 해주를 그들의 세거지로 인정하고 있기 때문에 여기서는 이 가문을 "해주 노씨"로 불렀다. 나는 2003년 노세걸의 7대손으로 서울에 거주하는 노운희 씨와 대담했을 때 그가 소장한 《광주 노씨 세보》(전3권)를 복사했다. 그는 이 자료는 한 친척이 1945~1950년 사이 어느 때 피난하면서 고향인 정주에서 가져온 것인데, 1898년 간행된 원본 가운데 유일하게 남아 있는 것으로 추정되는 자료를 복사해 소장하고 있다고 알려주었다.

[37] 이긍익, 《연려실기술》, 〈중종조 고사본말〉, 신사辛巳 안처겸지옥安處謙之獄 권2, 154쪽. 이긍익李肯翊(1736~1806)에 따르면 1521년(중종 16)의 이 사화에 연루된 많은 양반 관원은 북부 지역으로 유배됐지만, 몇 사람만 살아서 고향으로 돌아왔다. 노세걸은 1529년(중종 24) 사망했으며 그의 가족은 정주에 남은 것이 분명하다. 비슷하게 북부 지역으로 유배된 다른 양반들도 그곳에 새 거주지를 마련한 것으로 생각된다. 1521년의 사화와 그 사건에 노세걸이 어떻게 연루됐는지는 《중종실록》 중종 16년 10월 14일(임진), 중종 16년 10월 20일(무술) 참조.

[38] 《세종실록》, 〈지리지〉와 문과방목에 이 가문의 본관이 해주로 기록된 까닭은 이것이다. 그러나 《중종실록》에는 노세걸이 함경도 경흥慶興으로 유배됐다고 기록돼 있다. 그의 유배지가 나중에 해주로 바뀌었지만 실록에 기록되지 않았을 가능성이 있다. 《중종실록》 중종 16년 10월 21일(기해).

[39] 《광주 노씨 족보》, 서:2a 및 인의공지석문:5b. 《중종실록》에 따르면 노세걸 사건은 1538년에 사면이 논의됐지만, 조정의 논의 결과는 기록되지 않았다. 《중종실록》 33

이주된 또 다른 사례는 철산의 하동 정씨 가문인데, 그들은 조선 전기 철산에 거처를 확립했다. 그 가문의 철산 지파의 시조인 정림鄭霖은 한림翰林으로 재직하다가 국왕의 뜻에 반대되는 견해를 올려 그 지역으로 유배됐다.[40] 그의 가족도 모두 철산으로 옮겨 간 것으로 생각되며, 그들은 조선시대 내내 유명한 관원과 학자를 배출한 주요 양반가문의 하나였던 남부 지역의 지파와는 다른 계보를 형성하기 시작했다.[41]

지역 지배층 ─ 통합·분열·경쟁

조선 전기 평안도에서 지역 질서가 어떻게 형성됐는지는 그리 분명하지 않다. 지방지에는 조선 전기의 저명한 학자와 관원이 그 지방에 유교적 교육과 의례를 소개했다는 내용이 단편적으로 실려 있다. 이를테면 정주에서 교수敎授를 지낸 조헌趙憲(1544~1592)은 그 지역에 유교 교육의 기초를 놓은 인물로 기억됐다.[42] 그곳에서 목사牧使를 지낸 김상용金尙容(1561~1637)은 유교를 크게 진작한 인물로 알려져 있다. 그리고

년 8월 25일(을축).

[40] 《하동 정씨 세보》, 1776년 개정판의 정전이 쓴 서문의 4쪽. 1827년 판본의 서문에서는 정림이 유배된 것은 세조(1455~68)와 성종(1469~94) 때였다고 말했다. 같은 책, 9쪽.

[41] 하동 정씨는 고려왕조 이후 저명한 양반가문이었다. 그 가문은 정인지鄭麟趾를 포함해 고려~조선왕조에서 유명한 학자와 관원을 많이 배출했다.

[42] 《관서읍지》, 〈관원〉, 17:193 및 《신안지 속편》, 〈환적宦蹟〉, 63:119. 교수직은 조선왕조 중반 어느 때 없어져 1785년 편찬된 《대전통편》에는 폐지된 관직으로 기록됐다. 《대전회통》, 〈이전 외관직〉, 1:38b.

조선의 변방과 반란, 1812년 홍경래 난

또 다른 두 목사 맹세형孟世衡(1588~1656)과 맹주서孟胄瑞(1622~?)도 그 지역의 젊은 학자들에게 유교 교육을 보급한 인물로 유명하다.[43] 영변의 지방지에 따르면 유명한 성리학자 김장생金長生의 아버지인 김계휘金繼輝와 이원익李元翼(1547~1634)은 평양과 정주에 각각 도회都會라는 교육기관을 설치해 그곳에서 성리학 교육을 전파했다. 아울러 그 지방지에서는 《소학》과 주요한 의례서의 출판을 지원한 민유중閔維重(1630~87)에 힘입어 유교적 전통이 강화됐다고 언급했다.[44] 지방지는 지역 지배층이 향음주례鄕飮酒禮·향사례鄕射禮 같은 다양한 유교적 문화 활동에 참여하고 16세기에는 향안을 만들었다고도 서술했다.

　지역사회의 모습은 임진왜란(1592~98)과 정묘·병자호란(1627·1636)이라는 주요한 전란 이후 좀 더 구체적으로 재구성할 수 있다. 남부의 양반 지배층도 그랬지만, 이런 전란들은 북부 지배층에게 자신의 지역사회에서 권력과 위신을 강화할 수 있는 최상의 기회가 됐다. 전란 동안 대부분의 지역 양반은 의병을 조직해 자신들의 이익이 걸려 있는 인접 지역을 방어하는 데 성공했다. 침략군에 맞서 나라를 지키지 못해 멸망 직전에 있던 조선은 양반의 군사 활동을 지지할 수밖에 없었다. 그리고 실제로 그런 활동을 조정에 대한 충성의 표현으로 평가했으며, 그 뒤 의병장들에게 명예상의 품계와 관직으로 보상했다. 그 결과 지역 양반은 무공을 세우고 명예상의 품계와 관직을 받아 자신의 지역사회에서 지배층으로 위치를 굳혔을 뿐 아니라 다양한 유교적 제도를 복원

[43] 《정주읍지》, 〈관적〉, 337쪽 및 《신안지 속편》, 〈환적〉, 63:119.
[44] 《영변지》, 279~80쪽.

함으로써 지역 질서와 자신의 권력과 권위를 재건했다.[45]

이를테면 철산 하동 정씨 가문의 구성원은 왜란과 호란 동안 뛰어난 공적을 세웠다. 두 주요 인물인 정봉수鄭鳳壽와 정기수鄭麒壽 형제는 평안도 북부의 요충지를 지키는 데 중요한 역할을 했다. 군공의 보상으로 정봉수는 양무공襄武公에 책봉되고 다양한 관서를 거쳐 훈련도정訓鍊都正(정3품)까지 올라갔으며 정기수는 현감(종6품)과 판관(종5품)에 임명됐다.[46] 전란은 남부 지역 가문에도 그랬던 것처럼, 이들에게도 그 지역의 명문으로 성장해 지위를 유지할 수 있는 기회가 됐다. 그 뒤 그들의 후손은 20명의 문과 급제자와 수많은 무과 급제자를 배출함으로써 철산의 영향력 있는 양반가문으로 지위를 굳혔다.[47]

1812년 반란에서 반란군의 근거지였던 정주는 조선 후기에 유교질서의 재건이 어떻게 진행되었는지 알 수 있는 기회를 제공한다. 현재 남아 있는 기록들은 세 가문 출신의 세 사람—연안 김씨의 김삼준金三俊(1608~76), 안의 임씨의 임대직林大稷(1599~1681), 해주 노씨의 노진종盧振宗(1611~90)—이 왜란과 호란 이후 사회질서를 재건하는 데 뛰어난 지도력을 발휘했다는 것을 알려준다. 사실 세 사람은 조상들이 적어도

---

[45] Somerville, "Stability in Eighteenth Century Ulsan," 9쪽; 남연숙, 〈조선 후기 향반의 거주지 이동과 사회지위의 지속성〉 2, 47~57쪽; Kawashima, "The Local Gentry Association in Mid−Yi Dynasty Korea"; 이수건, 《영남학파의 형성과 전개》; 백승종, 《한국사회사 연구》; 김현영, 《조선시대의 양반과 향촌사회》.

[46] 정봉수와 정기수의 충성스런 행동은 중앙 조정은 물론 그들의 후손과 동료 지역 양반들도 거듭 기렸다. 1794년(정조 18) 후손 정성학은 그들의 전기와 글·추도문 등을 모은 《용성쌍의록龍城雙義錄》이라는 책을 펴내기도 했다. 당시의 저명한 학자와 관원들의 서문과 발문을 실은 그 책은 교서관校書館에서 간행됐다.

[47] Wagner, "The Civil Examination Process as Social Leaven," 25쪽.

16세기부터 서로 혼인관계를 맺어온 인척이었다.[48] 그들은 병자호란 때 그 지역을 방어하기 위해 의병을 조직하거나 관군을 지원함으로써 지도자로서 자신들의 위상을 굳혔다. 이를테면 노세걸의 6대 손인 노진종은 청군에 맞서 의병을 이끌었다. 호란 이후 노진종은 황무지를 개간하고 관개灌漑시설을 건설해 부를 축적했다. 그는 지방의 유교적 질서를 재건하는 데 자신의 부를 아끼지 않았으며 재정적 어려움을 겪던 주위의 양반들을 돕기도 했다.[49] 1666년 임대직은 김삼준과 함께, 앞서 언급한 김상용과 그 지방에 유교적 관습을 전파하는 데 큰 역할을 한 그의 동생 김상헌金尙憲(1570~1652)을 기념하는 서원을 세웠다. 그 서원은 1671년(현종 12) 봉명서원鳳鳴書院이라는 사액賜額서원이 됐다. 임대직과 김삼준은 향교와 향음주례에 관련된 규정도 공포했다.[50] 세 사람이 한 가장 중요한 일은 17세기 중반 향안을 다시 활성화하는 데 노력을 기울인 것이다.[51]

향안제도는 북부 지배층 사회의 통합과 유지, 그리고 그 지배층 공동체 내부의 경쟁과 갈등을 해명하는 데 중요하기 때문에 특별히 검토할 필요가 있다. 뒤에서 언급하겠지만 지역 지배층 사이의 갈등 그리고 그

---

[48] 정주의 세 명문인 연안 김씨·안의 임씨·해주 노씨 사이에 형성된 긴밀한 혼인관계는 김선주, 〈조선 후기 평안도 정주의 향안운영과 양반문화〉 참조. 《연안 김씨 개성부윤공파보》; 《안의 임씨 세보》; 《광주 노씨 족보》도 참조.
[49] 1898년(고종 35) 박문일이 쓴 《광주 노씨 족보》 〈가선대부 동지공 행장〉. 연안 김씨 가문은 정묘호란 때 3명의 "충신"을 배출했다. 《연안 김씨 개성부윤공파보》 1권, 13 및 54쪽.
[50] 《신안지 속편》, 〈인물〉, 64:4~5; 《관서읍지》, 〈인물〉, 17:201~2; 《동국원사록》.
[51] 《신안지 속편》, 63:238~46. 정주 향안의 역사는 김선주, 〈조선 후기 평안도 정주의 향안운영과 양반문화〉 참조.

결과로 발생한 분열은 1812년 반란의 반대 세력은 물론 반란 세력의 구성에 매우 많이 반영되어 있다. 향안의 편찬과 참여는 조선 후기 지배층의 가장 두드러진 문화 활동이었다. 주요한 지역가문임을 보여주는 향안[52]은 자율적 규제와 훈련을 시행하는 기구였는데, 그 기본 목표는 지역 지배층 가문과 그들의 이익을 유지하는 것이었다. 향안의 구성원은 지역사회에서 의례와 윤리에 기초한 유교적 사상과 실천을 고취하는 것으로 평가됐다. 그 기구는 작청作廳과 무청武廳의 인사를 감시해 지역의 치안과 복지를 유지시키는 일도 했다. 향안은 향청鄕廳[53]—좌수座首·별감別監·창감倉監 같은 그 관원은 향안에 의거해 선발됐다—을 거쳐 특히 조세와 군역 같은 지방 행정에 깊이 개입했다.[54]

향안은 배타적 조직이었다. 합당한 가문적 배경을 지닌 지역 양반만이 원래 구성원 모두의 찬성을 받은 뒤 받아들여졌다. 그 결과 문·무과 급제자와 저명한 학자라도 자동적으로 가입이 승인되지는 않았으며, 다른 지역에서 옮겨 온 양반은 그 조직에서 자주 배제됐다.[55] 향촌사회에서 자신의 지위를 유지하려고 하는 지역 양반이 늘어난 결과 향인은 그들에게 더욱 매력적인 제도가 됐다. 가입하면 구성원의 사회적 지위

---

[52] 향안은 "향촌의 목록"이라는 뜻이다. 향안에 기재된 사람들이 향회를 구성해 행정과 의례를 처리하고 모임을 열어 지방 사무를 결정했다. 향안은 그런 모임을 가리키는 경우도 많다.

[53] 향청은 향소鄕所라고도 자주 불렸다. 그것은 특히 조선 전기에는 유향소留鄕所라고 불렸다. Kawashima, "The Local Gentry Association in Mid-Yi Dynasty Korea," 115~16쪽.

[54] Kawashima, "A Study of the Hyangan."

[55] 송준호, 《조선사회사연구》, 147~48쪽; 김현영, 《조선시대의 양반과 향촌사회》, 65~73쪽.

조선의 변방과 반란, 1812년 홍경래 난

가 높아졌을 뿐 아니라 역역力役과 군역에서 면제되는 것 같은 물질적 혜택도 뒤따랐다. 아울러 지방의 조세와 그 밖의 사무가 향안의 관리 아래 놓여 있었기 때문에 회원들에게는 지역 자원을 통제할 수 있는 일정한 능력이 부여됐다.

향안의 이런 효용성과 배타성 때문에 구성원 명단은 오랜 기간에 걸쳐 거듭 편찬·수정·취소됐으며, 그것은 지역 분쟁의 근원이 됐다. 18~19세기 무렵 각 지역 내부의 사회·정치적 상황에 따라 향안의 본질과 기능은 변화했다. 조선 후기 동안 양반 인구는 자연적 증가와 양반으로 인정된 정의—그것을 근거로 저명한 조상의 모든 후손은 양반 신분이라고 주장할 수 있었다—때문에 증가할 수밖에 없었다. 조선 후기에 전개된 사회·정치적 변화 때문에 향안 수록자의 구성은 더욱 복잡해졌다. 이를테면 서얼은 1695년(숙종 21) 문과 응시와 정규 관직 획득을 금지한 이전의 법률적 규제가 폐지된 뒤 양반 범주에 포함되게 해달라고 요구하기 시작했다.[56] 1751년(영조 27) 균역법으로 군역세가 개혁된 뒤 그동안 향안에서 제외됐던 지역 양반은 향안에 이름을 기재해 자신의 양반 신분을 입증하고 군역에서 면제받기를 바랐다.[57]

이런 뜻밖의 변화에 대한 대응은 다양했다. 향안에 받아들여진 새로운 구성원이 18세기 초반 급증한 지역도 있었다. 가입의 갱신이 중단되고, 서얼처럼 자격 없는 구성원이 그 제도에 침투하는 것을 막기 위해

---

[56] Deuchler, "Heaven Does Not Discriminate"; 이태진, 〈서얼차대고〉; Kyung Moon Hwang, *Beyond Birth*, 208~32쪽.
[57] 김인걸, 〈조선 후기 향안의 성격변화와 재지사족〉.

향안 자체를 창고에 봉인한 지역도 있었다. 비양반 구성원이 이 배타적 조직에 끼어들기 시작하자 지역사회의 기존 양반은 옛 구성원舊鄕과 새 구성원新鄕 사이의 차이를 명확히 하려는 목적에서 비슷하지만 독립된 기구와 명단을 만드는 경향을 보였다.[58] 조선 후기 그 제도의 배타성과 가입 희망자의 지속적 증가는 서로 결합해 극단적인 경우 향전鄕戰—곧 향촌사회의 다양한 양반집단 사이의, 때로는 비양반까지 포함한 권력투쟁—을 야기하기도 했다.[59] 조선 후기 지역 양반의 계층화는 일반화하기에는 너무 다양했지만, 기존 양반이 다양한 도전에 맞서 자신들의 권력과 권위를 유지하려는 노력은 상당한 마찰을 일으킨 것이 분명했다.

이런 불화는 정주 향안의 사례에서 분명히 나타난다. 이 향안의 원래 운영자와 기능은 남부 지역의 향안들과 매우 비슷했다. 정주 향안은 왜란과 호란 동안 소실된 이전의 판본을 토대로 1646년(인조 24) 김삼준·임대직·노진종이 주도해 복구됐다. 이 향안에는 정주의 28개 주요 성관을 대표하는 66명이 수록됐으며, 이 원래의 구성원은 그 뒤 '구향'으로 규정됐다. 기본적으로 입록 자격은 구향의 형세와 아들들에게 주어졌다. 유일한 예외는 뛰어난 학문적 업적을 쌓은 사람과 당시 구성원에게서 만장일치의 찬성을 받은 사람의 입록을 허락한 것이었다. 그 뒤

---

[58] 전라도 남원 같은 일부 군현에서는 '유'와 '향'의 구별이 매우 뚜렷했다. '유'는 양반층의 상층을 차지한 기존 양반을, '향'은 지방 관청의 행정을 보좌한 향청의 양반 관원(향임鄕任)과 그 가족을 말했다. 송준호, 《조선사회사연구》, 277~306쪽; 고석규, 《19세기 조선의 향촌사회연구》; 김인걸, 〈조선 후기 향촌사회 변동에 관한 연구〉.

[59] 경상도 영양의 향전 사례는 고석규, 〈19세기 전반 향촌사회 세력 간의 대립의 추이〉 참조.

향안은 그 구성원을 갱신하기 위해 몇 차례 개정됐지만, 1646년 본을 포함한 모든 향안은 1766년(영조 42) 원인을 알 수 없는 갈등 때문에 소실됐는데, 입록된 사람과 그렇지 않은 사람들 사이에서 가입 자격을 둘러싸고 일어난 다툼으로 생각된다.

그 사건 직후 향안은 다시 복구됐지만 1766년 본 편찬자들은 이전 4개의 향안(1646년 본, 1672년 본, 1691년 본, 1706년 본)에서 정주의 41개 주요 성관과 그 지파 출신인 구향 158명만 기재하기로 결정했는데, 그 지역 사람들은 이 구향의 후손들이 향안에 수록되지 않았어도 그들이 누구인지 알 수 있었기 때문이다.[60] 1766년 이후 향안의 복사본은 각 구성원의 집마다 보관됐는데, 새로 입록되기를 희망하는 사람들이 그 향안에 물리적으로 접근하는 것을 막아 그 기록의 신뢰성을 유지하려는 목적이었다. 흥미로운 사실은 1766년 본 향안의 서문을 쓴 김보만金普萬이 향안은 국가가 결정할 문제가 아니라 지역 양반의 문제라고 날카롭게 언급한 것인데, 국가가 원래의 향안을 파기하는 데 일정한 역할을 했음을 암시한다.[61]

1766년 사건에서 비춰진 것처럼 정주의 지배층 사회는 이미 분화와 갈등을 겪고 있던 것으로 여겨진다. 그 뒤의 한 자료는 정주 지배층이 구향과 신향, 그리고 아직 향안에 입록되지 않은 부류鄕外人로 나뉘었다고 기록했다.[62] 현재 남아 있는 4개의 향안과 족보를 면밀히 조사하

---

60 정주 향안의 역사는 《신안지 속편》, 63:238~68쪽; 《정주군지》, 183~90쪽; 《광주 노씨 족보》, 〈가선대부 동지공 행장〉 참조.
61 《신안지 속편》, 63:265쪽.
62 《정주군지》, 316~20쪽.

면 1646년 본의 입록자와 그들의 후손만이 구향으로 불렸으며, 뒤에 작성된 3개 향안의 입록자와 그 후손들은 신향으로 불렸음을 알 수 있다. 그리고 구향과 신향의 구분은 한 가문 안에서도 관찰되는데, 한 지파는 구향에, 다른 지파는 신향에 소속됐다. 흥미롭게도 구향집단은 문과 급제자를 배출하는 데 가장 성공했으며 지역 정치에도 가장 활발히 참여했다.[63]

정주 향안은 18세기 초반부터 기부금禮錢을 내면 그 답례로 가입을 허가해 문제가 더욱 복잡해졌다.[64] 이런 방식으로 증식된 기금은 공공건물을 수리하고 빈민·고아·과부를 구제하는 등의 다양한 공무에 쓰였다. 중앙 조정은 이런 방식의 모금을 금지했지만 지역 관청은 그런 사업에 적극 참여했는데, 기금을 늘리고 영향력을 확대하는 손쉬운 방법이었기 때문이다. 향안의 원래 구성원原鄕은 지역 관청을 도와 새 구성원新鄕을 선발하고 기부금을 모았다. 그러나 가입 자격의 판매賣鄕가 지역 권력관계를 실제로 즉각 변화시키지는 않았는데 원향은 매향의 경우 새 구성원을 기록한 문서를 따로 만들었기 때문이며, 그것은 그들이 지닌 배타적 가입 자격의 신뢰성과 권위를 보존시켜주었다.

매향에 관련된 1789년(정조 13)의 한 사건을 간략히 검토하면 지역의 정치와 사회 상황의 역동적 측면을 알 수 있다. 정주목사 오대익吳大益이 (기부금)을 광범하게 유용한 일이 적발되면서 그 사건은 조정의 관심

---

63 김선주, 〈조선 후기 평안도 정주의 향안 운영과 양반문화〉, 73~87쪽.
64 정주 향안과 1789년 사건에 관련된 이하의 서술은 김선주, 〈조선 후기 평안도 정주의 향안운영과 양반문화〉; 고석규, 〈18세기 말 19세기 초 평안도 지역 향권의 추이〉에 의거했다.

조선의 변방과 반란, 1812년 홍경래 난

을 끌었다. 1789년 오대익은 1인당 500~600냥의 기부를 받는 대가로 정주의 읍안邑案에 384명, 영안營案에 364명을 새로 입록하게 허락했는데, 총액은 4만 5천 냥이 넘었다.[65] 모금된 기금의 일부는 군현의 재정에 사용됐지만, 절반 이상은 오대익과 새 구성원 선발을 맡은 향청 유사有司들이 차지했다. 지방관이 강제로 기부금을 모으고 대규모로 유용한 사건은 중앙 조정의 철저한 조사와 해당 지방관을 포함한 관련자의 처벌로 이어졌다.

가장 중요한 사실은 향청 유사 및 지방관과 긴밀히 협력한 향안의 구향은 그 지역의 가장 저명한 인물들로 문과에 급제하고 중앙 관직을 지녔으며 정주에서 가장 강력하고 성공한 가문을 대표했다는 것이다.[66] 새 구성원은 5개의 범주에 따라 선정됐다. (1) 지역의 무반·문반직 소유자, (2) 구향의 서얼, (3) 다른 지역에서 이주한 부류(양반), (4) 향청의 공식적 허가를 받은 인물이었다. 구성원 선발에 관한 이런 일련의 규정은 향안의 원래 목적 및 본질과 배치되는 것이며 구향 대부분을 불쾌하

---

[65] 당시 1냥의 가치가 얼마였는지 추산하기는 어렵다. 18~19세기 초 정부의 거래에서 일반적으로 사용된 교환 비율은 쌀 1섬이 4냥과 동등하거나 면포 1필이 2냥에 해당하는 것이었다. 그러나 이런 교환 비율은 조선 후기 내내 쌀과 면포의 수요·공급에 따라 크게 변동했다. 박이택, 〈서울의 숙련 및 미숙련 노동자의 임금, 1600~1909〉, 54쪽.

[66] 청북 지역에서 '유儒' 또는 '사족'과 '향' 또는 '향인' 사이의 구분이 없던 것은 분명하다. 《정조실록》 정조 14년 3월 24일(갑진)에 실린 암행어사 이면응李冕膺의 보고 참조. 조정에서는 홍경래 난을 진압하는 데 물질적 또는 군사적 기여를 한 사람들을 논의할 때 '사족'과 '향족'을 구분했지만, 실제로 둘 사이의 구분은 명확하지 않았다. 반란 당시 정주의 좌수였던 김이대는 진사였으며, 그의 외증조부는 문과 급제자였다. 《연안 김씨 개성부윤공파보》 1권, 180쪽. 의병장 현인복은 사족으로 불리기도 하고 향인으로 지칭되기도 했다. 《관서평란록》, 1:25쪽; 《안릉일기》, 630~32쪽 및 412쪽.

게 만드는 것이 분명했다. 이를테면 군역을 져야 하는 평민編伍之類과 천류賤類처럼 명백히 양반이 아닌 부류가 입록 자격을 다수 얻자 자신의 이름이 이런 달갑잖은 부류와 나란히 기재되는 것을 매우 불쾌하게 여긴 양반들은 관찰사의 관청營門에 항의서를 제출하거나 정주를 떠나려고까지 했다.

1789년의 향안은 현재 남아 있지 않기 때문에 신향의 사회적 지위를 조사할 수는 없다. 그러나 새 가입의 발표를 맡은 정주의 가장 저명한 가문의 대표자와 높이 존경받는 지역 지도자는 원래의 향안에 낮은 신분 출신을 받아들이려고 하지 않았는데, 그것은 지역사회에서 자신들의 명성을 떨어뜨릴 수 있기 때문이었다. 실제로 일어난 일은 구향이 원래의 명단原案을 계속 보존한 것인데, 거기에는 신향이 포함되지 않았다. 그 결과 신향은 부를 매개로 가입할 수 있었지만 진정한 양반의 안전한 공동체에 편입하거나 정주에서 사회·정치적 권력과 권위를 행사할 수는 없었다.[67]

실제로 1814년(순조 14) 문과에 급제한, 정주에 거주하고 있던 수원 백씨의 백시원白時原(1776~1839)의 발언을 보면 정주의 원향안이 매우

---

[67] 별개의 향안을 유지해 구향과 신향을 구분하려는 비슷한 추세는 경상도 진주에서도 볼 수 있다. 1832년(순조 32) 진주 향교의 수리기록에 기재된 유호儒戶를 분석한 연구는 원유호와 별유호가 있었음을 보여주었다. 원유호(11.5퍼센트)는 적어도 16세기 초부터 그 지역에 거주해온 진정한 양반 가호인 반면 별유호(12.3퍼센트)는 그 뒤 그 지역으로 이주해왔거나 일정한 방법으로 사회적 지위가 승급된 준準양반 가호로 밝혀졌다. 이 조사에서 중요한 사실은 두 집단이 당시 사회적으로 서로 다른 신분집단이라는 것을 분명히 인지하고 있었다는 것이다. 이해준, 〈조선 후기 진주지방의 유호儒戶의 실태〉 참조.

폐쇄적이고 보수적이었음을 알 수 있다. 1813년 백시원은 1800년(정조 24) 문과에 급제했고 1812년 반란 당시 충성의 유교적 가치를 반란군에게 설교하다가 순절한 한호운韓浩運(1761~1812)을 기리기 위해 원안에 입록하자고 제안하면서 향안의 규정은 고을마다 다르다고 썼다. 그에 따르면 정주 향안은 명문華閥의 자손과 효자, 학행이 뛰어난 사람들에게만 입록이 허용돼왔다. 그는 충신으로 입록된 사람이 없다고 안타까워했다. 한호운은 어느 시점에 효행으로 입록됐지만 계속 신향으로 분류됐다. 이에 따라 백시원은 한호운이 반란에서 보여준 충의에 보상하는 방안으로 원향으로 승급해 기록하자고 제안했던 것이다.[68]

한호운과 반대되는 또 다른 사례는 구입한 입록 자격의 불안정성을 보여준다. 홍경래 난에 처음부터 가담한 인물 가운데 하나인 가산 출신의 이희저는 역노驛奴였지만 어찌어찌 무과에 급제하고 가산 향안에 이름을 올림으로써 자신의 길을 개척했다. 그러나 가산군수는 그의 입록을 취소했고, 그는 군수와 사회체제 전체에 복수하려고 했던 것 같다.[69] 이것은 이희저와 지역의 일부 부유층이 반란군 편에 선 까닭을 일부 설명해준다. 그들은 사회신분 체제의 제한적이고 폐쇄적인 본질과 신분 상승에 놓인 장벽이 부당하다고 느꼈고, 그런 판단은 그들이 반란군이 세운 새 왕조의 상부 계층에 참여하도록 하는 동기를 부여했다고 생각된다.

정부의 금지와 처벌에도 매향은 평안도에서 계속 이뤄졌다.[70] 1811

68 백시원, 《노포선생문집老圃先生文集》, 5:1b~3a.
69 방우정, 《서정일기西征日記》, 11쪽.
70 매향은 19세기 모든 지방에 널리 퍼졌다고 한다. 고석규, 《19세기 조선의 향촌사회 연구》, 146~58쪽; 김인걸, 〈조선 후기 향안의 성격 변화와 재지사족〉, 553쪽.

년(순조 11) 구휼자금을 모으기 위해 곽산에서는 8명이 각각 100냥에서 500냥씩 내고 향안에 입록하도록 허가됐다. 반란군의 양반 지도자 가운데 하나인 박성신朴聖臣의 친척 박성간朴聖幹의 진술에 따르면, 자신은 전황錢荒 때문에 돈을 모으는 데 큰 어려움을 겪었지만 기부자 가운데 한 사람으로 선정돼 입록을 위해 500냥을 내라는 요구를 받았다. 박성간은 신속히 납부하라는 압력 때문에 고민한 것이 분명했다. 그는 반란에 적극 참여하지는 않았지만 곡물을 기부해 반란군을 지원했다.[71] 박성신의 또 다른 친척 박성니도 향안 입록이 허가됐지만, 매향을 통해 구휼자금을 모으는 임무를 맡고 있던 박성신에게 돈을 빌려달라고 부탁하자 박성신은 무장 반란이 곧 일어날 것이니 걱정하지 말라고 말했다.[72] 반란이 일어나자 박성니도 반란을 지원해 곡물 2섬을 냈다.[73] 같은 해 부민富民 28명이 정주에서 매향자로 선정됐다. 그 가운데 한 사람인 박후문은 1인당 1천 냥을 내도록 요구받았으며, 그렇게 하기 위해 토지를 팔아야 하는 사람까지 있었다고 증언했다.[74] 박후문은 향청 좌수였던 반란 지도자 김이대金履大의 친구였으며 돈과 곡물을 기부해 반란군을 지원했다는 혐의를 받았다.[75] 반란 이전 새로 입록된 사람들이 낸 기부금의 일부는 반란군이 인수해 사용했다.[76]

[71] 《관서평란록》, 3:351쪽.
[72] 《관서신미록》, 81~83쪽; 《관서평란록》, 5:110쪽 및 3:342쪽.
[73] 《관서평란록》, 5:110쪽; 《관서신미록》, 81~83쪽.
[74] 《관서평란록》, 1:442쪽.
[75] 《관서평란록》, 1:441쪽, 2:518쪽, 5:482쪽; 《안릉일기》, 479쪽.
[76] 《관서평란록》, 4:497쪽 및 5:482쪽.

그렇다면 구향과 신향 사이의 경쟁이 홍경래 난의 반란 세력과 그 지지층의 구성을 설명해주는가? '신향층'이 반란을 일으켰다고 추정하는 데는 증거가 충분하지 않다. 반란이 일어났을 때 지역사회는 분명히 매우 복잡하고 다층적이었으며, 친족과 촌락과 사회적 지위, 그리고 이익 단체에 기반한 다양한 관계망과 얽혀 있었다. 특히 지배층 공동체는 지역권력을 놓고 자기들끼리 날카로운 경쟁과 갈등을 경험하고 있었다. 이 지배층 집단의 계층화와 분화가 반란 당시 어떤 모습으로 나타났는 지는 분명치 않은데, 현재 남아 있는 자료에는 반란 세력이 구향이나 신향 또는 향외인 가운데 어디에 소속되는지 확인할 수 있는 충분한 정보가 부족하기 때문이다. 반란 세력과 반란 반대 세력 가운데 개인정보를 알 수 있는 부류의 사회적 지위를 분석하면 지역 양반이, 그 밖의 사회신분 집단과 함께, 두 집단을 대표했다는 것을 알 수 있다. 이것은 지역 지배층의 분열된 상태를 그대로 보여준다. 반란에 참여했던 그렇지 않든 모든 사람에게는 친족관계, 사회적 지위, 부, 그리고 개인적 관계망과 얽힌 복잡한 계산이 분명히 있었으며, 이것들은 모두 현재 남아 있는 증거와 구분할 수 없이 섞여 있다.

2 _장

지역 차별과
홍경래 난

지역의 정치적 동향은 홍경래 난이 일어났을 때 반란에 동조한 사람과 의병을 조직한 부류 사이의 분열된 충성을 부분적으로 설명해준다. 그러나 두 집단 모두 중앙의 배타적 정치문화와 그 결과 생긴 자신들에 대한 사회·정치적 차별에 분개했다. 반란군의 호소는 본질적으로 이념적 지향이 통일되지 않은 지역에 국한됐기 때문에 지역 차별의 문제는 궁극적으로 결정적 약점이 됐지만, 그 문제는 반란군이 지역 정서를 유발하고 지역적 연대의 정도를 높이는 데 가장 중요한 도구였다. 그러므로 그 지역의 정체성에 관련된 담론을 검토하면 반란 세력의 한계뿐 아니라 그들의 이념과 전략을 이해할 수 있는 길이 열린다.

평안도 출신의 문과 성적

조선 전기 동안 북부 출신 가운데 역사적으로 저명한 인물은 매우 적었으며 과거에서 좋은 성적을 올리지도 못했다. 〈표 2〉에서 보듯 1392~1550년 사이에 거주지를 알 수 있는 문과 급제자는 1,814명 정도인데, 그들 가운데 22명만이 평안도 출신이었다. 특히 놀라운 것은 이 기간 동안 청북 지역 출신 급제자는 한 명도 없다는 것인데, 대체로 그 지역은 군사적·영토적으로 국경지대였기 때문이다.

문과 급제와 관련해 북부 출신의 정치적 위상은 조선 후기에 급격히 개선됐다. 〈표 2〉와 문과 대과 급제자의 거주 지역에 관한 에드워드 와그너Edward Wagner의 분석에서 나타나듯, 특히 도성과 그 인접 지역 거주자가 급제자 전체의 절반 정도를 차지하는 것을 감안하면, 실제로 북부 출신 응시자는 남부 출신보다 훌륭한 성적을 냈다.[1] 북부 지역 급제자의 분포를 면밀히 분석하면 북부 전체 인구의 50퍼센트 정도가 거주한 평안도에서 급제자의 70퍼센트 정도가 나왔음을 알 수 있나.[2] 너욱 흥미로운 사실은 북부 각 도의 몇몇 군현에 급제자가 집중돼 있다는 것이다. 이를테면 황해도 해주와 평산, 함경도 함흥과 안변, 평안도 평양과 정주에 급제자가 눈에 띄게 집중돼 있다. 청천강 바로 북쪽인 정주

---

[1] Wagner, "The Civil Examination Process as Social Leaven", 22~27쪽. 이 책에서 "북부 출신"은 북부의 세 도인 황해도·평안도·함경도에 살고 있는 사람을 말한다.
[2] 반면 인구의 22.2퍼센트를 차지한 황해도는 급제자 가운데 11.5퍼센트를 배출했으며, 27.2퍼센트의 인구를 가진 함경도에서는 급제자 가운데 19.3퍼센트가 나왔다. Wagner, "The Civil Examination Process as Social Leaven", 24쪽.

*전거: 최진옥, 《조선시대 생원·진사연구》, 204쪽.

〈표 2〉 50년 단위로 파악한 평안도 출신 문과 급제자

	1392~1450	1451~1500	1501~1550	1551~1600	1601~1650	1651~1700	1701~1750	1751~1800	1801~1850	1851~1900	합계	백분율(12,889명당)	백분율(14,607명당)
청북				2	3	26	57	160	147	202	597	4.63	4.09
청남	5	9	8	14	26	47	63	78	85	151	486	3.77	3.33
평안도 전체	5	9	8	16	29	73	120	238	232	353	1083	8.40	7.41
합계	376	568	870	982	1265	1424	1679	1987	1544	2194	12,889		
평안도 주민당 백분율[a]	1.33%	1.58%	0.92%	1.63%	2.29%	5.13%	7.15%	11.98%	15.03%	16.09%	8.40%		
합계[b]	862	1051	1160	1242	1447	1438	1679	1987	1544	2197	14,607		
평안도 주민당 백분율[b]	0.58%	0.86%	0.69%	1.29%	2.01%	5.08%	7.15%	11.98%	15.03%	16.07%	7.41%		

a: 거주지를 알 수 있는 문과 급제자 수 / b: 문과 급제자의 총수

〈표 3〉 50년 단위로 파악한 도별 생원·진사 급제자

	1392~1500	1501~1550	1551~1600	1601~1650	1651~1700	1701~1750	1751~1800	1801~1850	1851~1900	합계
도성	253(44.00)	1224(46.15)	1319(50.85)	2126(49.09)	2487(46.25)	2197(42.47)	1605(36.03)	1871(34.65)	1256(16.04)	14,338(37.35)
경기	51(8.86)	163(5.14)	154(5.94)	187(4.30)	429(7.97)	449(8.69)	593(13.31)	679(12.68)	1063(13.59)	3768(9.82)
충청	40(6.95)	175(6.60)	217(8.37)	533(12.30)	690(12.98)	789(15.26)	658(14.77)	717(13.27)	1327(16.95)	5154(())
전라	81(13.10)	428(16.16)	324(12.49)	547(12.64)	556(10.34)	479(9.26)	331(7.43)	394(7.30)	854(10.91)	3994(10.40)
경상	102(17.91)	501(18.89)	411(15.85)	565(13.05)	705(13.12)	642(12.41)	543(12.19)	736(13.63)	1193(15.23)	5399(14.07)
황해	11(1.91)	55(2.08)	54(2.08)	120(2.77)	147(2.73)	178(3.44)	194(4.34)	151(4.34)	519(6.62)	1512(3.94)
강원	29(5.05)	64(2.41)	44(1.71)	132(3.05)	200(3.73)	206(3.99)	162(3.64)	273(5.06)	470(6.00)	1580(4.11)
평안	7(1.22)	20(0.76)	50(1.93)	82(1.89)	100(1.86)	168(3.25)	260(4.84)	375(6.94)	769(9.82)	1831(4.75)
함경	–	21(0.80)	21(0.80)	37(0.86)	54(1.01)	54(1.24)	109(2.45)	117(2.15)	378(4.82)	799(2.08)
기타	1(0.04)	–	–	2(0.05)	1(0.02)	1(0.02)	–	4(0.07)	1(0.01)	10(0.03)
합계	575[1.50]	2652[6.91]	2594[6.76]	4331[11.28]	5377[14.01]	5173[13.48]	4455[1161.]	5399[14.07]	7830[20.40]	38,386[100.0]

( )=각 시기 도별 전체 급제자의 백분율
(())=1392~1900년 도별 전체 급제자의 백분율
[ ]=각 시기 전국 전체 급제자의 백분율

출신 응시자의 성공은 가장 두드러졌다. 평안도 인구의 4퍼센트가 안 되고 북부 각 도 전체 인구의 2퍼센트가 안 되는 정주에서는 282명의 급제자가 나왔다. 이것은 평안도 전체 급제자의 27퍼센트이자 북부 전체 급제자의 18.7퍼센트다.

전국적 추세와 마찬가지로 북부 지역에서도 비교적 소수의 가문에서 대부분의 급제자를 배출했다.[3] 방목榜目에서 북부 출신 응시자로 확인된 300개 이상의 성관 가운데 182개 성관(60퍼센트)은 1~2명의 응시자를 내 급제자의 14.5퍼센트를 차지한 반면 유력 명문가문(19퍼센트)들은 급제자의 70퍼센트 이상을 배출했다. 많은 문과 급제자를 낸 북부 지역의 가문은 대부분 많은 급제자와 관원을 배출한 남부 주요 가문의 지파였다. 원래 거주지가 남부 지역이던 북부 주민의 조상은 조선왕조가 개창되기 이전인 아주 이른 시점부터 북부에 거주하기 시작해 그곳에서 관직생활을 하고 계속 거주했다고 와그너는 추측했다. 여러 북부 가문의 이주 사례에 관한 1장의 서술은 와그너의 가설을 뒷받침한다.

북부 출신이 문과 소과에서 거둔 성적은 문과 대과의 전체 추세와 일치했다. 조선시대 전체에 걸쳐 평안도에서는 1,831명의 진사 또는 생원이 나왔는데 거주자가 밝혀진 3만 8,386명의 급제자 가운데 4.75퍼센트다.[4] 〈표 3〉에서 나타나듯 평안도 출신의 소과 급제자는 17세기 후

---

[3] 전국적 추세는 Wagner, "The ladder of Success in Yi Dynasty Korea" 참조.

[4] 최진옥, 《조선시대 생원·진사연구》, 19~30쪽. 조선시대에 배출된 급제자는 모두 4만 7,997명이었다고 최진옥은 추산했다. 이 가운데 4만 649명은 다양한 방목을 근거로 확인할 수 있다. 급제자 9,611명(20퍼센트)의 거주지 정보는 사라졌는데, 그들은 대부분 17세기 이전에 살았다.

반까지 드물었지만 18세기 초반 이후 뚜렷하게 증가했다.

차별적 정치문화의 본질

조선 후기 북부 3도가 문과 급제에서 남부 지역보다 좋은 결과를 거두었음을 감안하면 북부 출신에 대한 정치적 차별이 실제로 있었는지 의문을 제기할 수도 있다. 그러나 조선 후기 과거에서 북부 출신이 뛰어난 능력을 발휘했음에도 관직 취득에는 상당한 정치적 차별이 있었다. 실제로 조정은 북부 출신이 과거에 합격한 순간부터 그들을 차별했다.

　조선 후기의 저명한 학자 정약용丁若鏞(1762~1836)이 지적한 대로 유명한 가문淸族 출신 급제자는 승문원承文院에 임명됐지만 북부 출신은 성균관에, 양반의 서얼은 교서관校書館에 배속됐다. 무과 급제자도 사회적 배경에 따라 다르게 임관됐다. 청족 출신만이 선전관청宣傳官廳에 배치됐고 그곳을 거쳐 더 높은 관직으로 승진했다. 가문적 배경이 좀 더 떨어지는 사람은 부장청部將廳이나 수문장청守門將廳에 배속됐다.[5] 이처럼 가문적 배경에 따라 급제자를 다르게 대우한 것은 조선 중기 어느 시점까지는 나타나지 않았다. 또 다른 저명한 학자인 이익李瀷(1681~1763)에 따르면 조선 전기에 급제자는 나이와 재능에 따라 집단으로 나눈 뒤 서로 다른 관서에 배치됐다(이런 첫 배치를 분관分館이라고

---

[5] 정약용, 《경세유표》, 1:51쪽.

했다). 그러나 이익이 살던 무렵 이런 분관제도는 도성에 거주하는 양반 명문가(벌열) 출신에게 특혜를 주는 서열적인 것으로 바뀌어갔는데, 승문원과 선전관청에 배속된 사람은 더 높은 관직으로 올라갈 수 있는 기회가 훨씬 많았기 때문이다.[6]

분관제도는 관직 경력을 추구하는 북부 출신에게 놓인 많은 장애물 가운데 첫 번째였을 뿐이다. 청요직淸要職과 당상관(정1~정3품)으로 나아가는 그들의 승진은 여러 단계의 엄청난 심사제도에 가로막혔다. 중앙 조정에서 청직은 국왕을 가까이서 모실 수 있고 뛰어난 학문적 능력이 필요했기 때문에 다른 관직보다 존경받았다. 청직은 사간원·사헌부·홍문관·예문관 같은 대간과 문서의 기록과 작성을 맡은 관서의 중·하위 관직이었다. 무반인 선전관도 그 범주에 들어갔다. 요직은 조정의 위계에서 명망 있는 관직의 또 다른 범주였다. 6조의 정랑正郎과 좌랑佐郎이 그 범위에 포함됐다.[7] 가장 중요한 것은 당상관이 되려면 이런 청요직에 임명되는 것이 전제조건에 가까웠다는 것이다.

이런 청요직을 온전히 보존하는 한 가지 방법은 관원 선발과정을 통제하는 것이었다. 대부분의 관서는 이조나 병조가 후보자 3명의 명단을 국왕에게 제출하면 국왕이 후보자의 이름 옆에 점을 찍어 최종적으로 결정했다. 반면 홍문관원 후보자는 그 관서의 현직 관원이 선정했으며, 그들은 선택한 후보자의 이름에 동그라미를 그렸다(圈點). 대간이

---

[6] 이성무, 《조선 초기 양반연구》, 71쪽. 조선 전기에 젊고 명민한 사람은 승문원에, 조금 나이가 있고 덕행이 뛰어난 사람은 성균관에, 과거와 현재에 대해 넓은 학식을 지닌 사람은 교서관에, 고전과 이론에 박식한 사람은 홍문관에 분관됐다.
[7] 송준호, 《조선사회사연구》, 12쪽.

조선의 변방과 반란, 1812년 홍경래 난

이렇게 선발된 후보자의 명단(홍문록)을 검토하면 2품 이상의 의정부 관원, 홍문관 부제학, 이조 당상관이 만나 후보자의 자격을 조사했다(會圈). 최종 명단都堂錄을 국왕에게 제출하면 국왕은 후보자의 성적에 따라 임명했다.[8] 예문관원을 선발하는 데도 비슷한 절차가 실시됐다.[9]

원래 이런 방법들은 유능하고 검증된 사람만을 청요직에 임명하려고 고안한 것이었다. 그러나 그것은 곧 미래의 승진을 보장하는 중요한 관직의 후보를 선발하는 데 가문과 당파적 배경을 심사하는 효과적 방법이 됐다.[10] 이를테면 조선 후기 《도당록都堂錄》에 기재된 2,955명 가운데 78.4퍼센트가 당상관에 오른 반면 문과 급제자는 42.7퍼센트만이 당상관에 올랐다. 《도당록》에 실린 사람은 대부분 도성에 살았을 뿐 아니라 도당록에서 가장 좋은 성적을 나타낸 40개 가문 가운데 34개는 차장섭이 벌열로 규정한 가문이었다.[11]

이런 복잡한 심사 절차는 북부 출신이 중앙 관계에서 성공하는 데 엄청난 타격을 주었다. 홍문관원을 선발하는 《도당록》에 관한 한 연구에서는 조선 후기 평안도 출신 급제자가 한 명도 없는 것으로 나타났다.[12] 이것은 북부 출신이 당상관에 오를 수 있는 기회가 매우 제한됐음을 보

---

[8] 이종일, 《대전회통 연구 – 권수·이전편》, 262~85쪽.
[9] 《대전회통》, 〈이전 경관직〉, 1:2a~5b. 이종일, 《대전회통 연구 – 권수·이전편》, 297~319쪽도 참조.
[10] 조선 후기 국왕들은 선발과정을 변경하고 인사를 맡은 관서의 추천을 사용하지 않은 채 직접 임명해 중앙에 기반을 둔 주요 가문이 정치권력을 지배하는 상황을 견제하려고 했다. 그들의 노력은 양반의 권력을 억제하는 데 성공하지 못했다. 차장섭, 《조선 후기 벌열연구》, 218~34쪽.
[11] 차장섭, 《조선 후기 벌열연구》, 148~59쪽.
[12] 남지대, 〈중앙정치세력의 형성구조〉, 129~65쪽.

여주는데, 조선 후기 당상관직에 오르는 주요 경로는 홍문관을 거치는 것이었기 때문이다.

특수한 두 집단—양반의 서얼과 북부 출신—은 이런 차별적이고 배타적인 임용제도에 지속적으로 불만을 제기했다. 이 제도를 타개하려는 양반 서얼의 끈질긴 노력은 점차 문과에 응시하고 요직에 임명되며 (1625년〔인조 3〕에 시작) 마침내 청직도 가질 수 있도록 허용하는(1772년〔영조 48〕에 시작) 일련의 개혁으로 나타났다.[13] 북부 출신과 그 동조자도 부당한 임명과 승진제도를 개정하기 위해 수없이 조정에 호소했다. 국왕은 이런 호소에 대해 그들을 위해 문제를 해결하라는 우호적 지시를 자주 내렸다.[14] 그러나 임용제도의 부당성을 해결하려는 법률적 개정과 국왕의 노력에도 불구하고 서얼과 북부 출신을 차별하는 관행은 왕조가 끝날 때까지 지속됐다.

차별의 실제—백경해의 사례

한 평안도 출신의 관직 경력은 이 지역 사람에 대한 차별의 관행을 잘 보여준다.[15] 정주의 수원 백씨 가문에서 태어난 백경해(1765~1842)는 5세 때 공부를 시작했는데, 그때 그의 아버지 백선양白善養은 가덕산佳德

---

[13] Deuchler, "Heaven Does Not Discriminate."
[14] 오수창, 《조선 후기 평안도사회발전 연구》, 187~204쪽.
[15] 이 장의 뒷부분은 Sun Joo Kim, "Negotiating Cultural Identities in Conflict"에서 발췌한 내용이 들어 있다.

山의 양지바른 언덕에 서당을 열고 자기 아들들을 가르치기 위해 최경림崔敬林(?~1805)을 스승으로 모셨다.[16] 백경해의 재능은 일찍부터 인정받았는데, 14세 때 《논어》를 토론할 수 있다고 알려졌기 때문이다.[17] 1786년(정조 10) 그가 21세 때 문과에 응시했을 때 시험관은 그의 탁월한 시험성적을 보고 그가 영남 출신이며 조선의 가장 저명한 두 성리학자인 이황이나 이언적李彦迪(1491~1553)의 제자가 틀림없을 것이라고 생각했다.[18] 시험관은 백경해의 지역적 배경을 안 뒤 크게 당황했다. 이 반응은 그 뒤 백경해의 경력에 불운한 전조로 드러났다.

실제로 백경해는 과거에서 매우 뛰어난 성적을 올렸음에도 북부 출신의 다른 급제자들과 마찬가지로 성균관에 분관됐다. 문과에 급제한 2년 뒤인 1788년(정조 12) 백경해는 첫 관직으로 성균관 학유學諭(종9품)에 임명됐으며 기로소耆老所 수직守直으로도 근무했다. 〈부록 2〉에서 보듯 처음 그의 경력은 상당히 유망해 보였는데, 관직에 나온 직후 성균관 가주서假注書(정7품)에 임명됐기 때문이다.

1789년(정조 13) 주서였을 때 그는 관직생활을 하는 동안 겪었던 많은 시련 가운데 하나를 만났다. 음력 2월 22일 처리해야 할 일이 많았지만 백경해는 조정 회의를 기록하고 상소를 큰소리로 읽는 자신의 직무를 훌륭히 수행했는데, 한글을 한문으로, 한문을 한글로 동시에 번역하고

---

16 이 서당의 역사는 백경해, 《수와일기》 1814년 기사 참조. 최경림에 관련된 사항은 《수와일기》 1794년 및 1806년 기사와 《신안지 속편》, 64:21 참조.
17 백경해, 《수와일기》, 1770년 및 1779년 기사.
18 영남은 경상도를 말하는데, 이황과 이언적이 그 지역 출신이다. 백경해, 《수와일기》 1786년 2월 24일.

해석하는 것이 포함된 일이었다. 여기에 깊은 인상을 받은 정조(재위 1776~1800)는 그 주서가 어느 가문 출신인지 물었다. 답을 알지 못한 좌의정 이성원李性源(1725~1790)은 백경해에게 물었다. 백경해는 대답했다. "저는 전 사헌부 장령 백인환白仁煥의 후손입니다."[19] 이것을 들은 국왕은 말했다. "그렇다면 그대는 백인걸白仁傑의 후손이 아니구나"(백인걸도 수원 백씨지만 남부 지역에서 번창한 다른 지파에 소속됐다). 그러자 우의정 채제공蔡濟恭(1720~99)이 말했다. "먼 지방 출신遐土之人이 어떻게 백인걸을 알겠습니까?" 국왕이 백경해의 탁월한 문학적 능력을 칭찬하자 채제공은 다시 빈정대듯 말했다. "그것은 먼 지방 출신의 진정한 능력이 아닙니다." 그러나 국왕은 백경해의 능력을 거듭 칭찬했을 뿐 아니라 대신들의 이런 신랄한 지적들을 무시한 채 그를 예조좌랑으로 승진시켰다.[20]

이 승진은 백경해에게 대단한 성취였는데, 그 자리는 요직의 하나였을 뿐 아니라 평안도 출신에게는 거의 수여되지 않은 관직이었고 더 높은 관직으로 올라가려는 모든 관원에게 주요한 문턱인 참상관參上官(6품 이상 관직)으로 승진했다는 뜻이었기 때문이다. 그러나 그는 시골 출신鄕曲之人을 그런 관직에 임명하는 일은 드물다는 이유를 내세운 대간

[19] 경해의 먼 친척이던 백인환白仁煥(1722~1805)은 그 가문의 뛰어난 인물이었는데 1756년(영조 32) 문과에 급제하고 특히 1787년(정조 11)부터 청직에 근무한 경력 덕분이었다. 백경해의 스승 최경림과 백인환은 백경해의 삶에서 가장 존경하는 모범이 됐다. 백경해가 중앙 조정에서 첫 관직을 받자 백인환은 그에게 건강을 유지하고 열심히 공부하며 과음과 호색을 피하고 탐욕을 경계하고 마음을 수양하라고 자세히 권고했다. 백경해, 《수와일기》, 1788년.

[20] 백경해, 《수와집》, 〈환해징비宦海懲毖〉, 8:1a~4a; 〈부록〉, 가정, 1a~3b.

의 반대에 부딪쳤다. 국왕의 특별한 옹호 덕분이라고 생각되는데, 백경해는 예조좌랑에 어렵사리 임명됐다.[21]

그러나 1789년과 1790년의 두 사례에서 전형적으로 나타난 대로 국왕의 호의는 지속되지 않았다. 왕실의 인척을 처우하는 문제를 둘러싸고 정조와 고위 대신이 힘을 겨룬 사건이 있었는데, 국왕은 당시 겸사兼史였던 백경해가 무조건 자기 편을 들 것이라고 예상했다. 당시 백경해의 정치적 지향은 알 수 없지만, 그는 왕명을 두 번 따르지 않았는데 왕의 처사가 적절한 규범과 가치를 어겼다고 생각한 때문이었다. 첫 사례에서 그는 겸사는 환관의 직무와 그리 다르지 않다는 상당히 모욕적인 국왕의 책망을 받았다(곧 겸사인 그는 국왕에게 순종해야만 한다는 것을 암시한다). 두 번째 사례에서 백경해는 국왕에게 다시 책망을 받았고 태형을 받았다. 그는 파직됐을 뿐 아니라 1794~95년 몇 달 동안 예조정랑에 임명된 것을 빼고는1790년(정조 14)부터 1801년(순조 1)까지 관직에 나아가지 못했다.[22]

이 두 사례에서 백경해가 좌천된 것은 그의 지역적 배경과는 거의 무관하며 조정에서 일어난 정치의 결과였다고 주장할 수도 있다. 그럼에도 당시 국왕이 이용하려고 했던 조정 안의 정치적 상황은 지역적 문제와 밀접히 관련돼 있다. 백경해에 따르면 겸사는 원래 요직의 하나였지만 1776년(영조 52) 이후 지역, 특히 평안도 출신에게 처음 주어졌다.[23]

---

[21] 백경해, 《수와집》, 〈환해징비〉, 8:1a~4a; 〈부록〉, 가정, 1a~3b.
[22] 백경해, 《수와일기》 1789년 9월 27일 및 1790년 11월 15일; 백경해, 《수와집》, 〈환해징비〉, 8:2a~3b.
[23] 백경해, 《수와일기》 1795년 3월 3일.

이것은 그동안 중앙의 정치권력에서 소외된 사람들을 등용해 자신의 권력과 권위를 높이려던 국왕의 정책 가운데 하나로 볼 수 있다. 그러나 그 목적은 달성되지 않은 것 같은데, 그 정책이 채택된 이후 겸사의 위상이 낮아졌기 때문이다. 그렇게 된 까닭은 정주 출신 김봉현 (1732~?. 1768년〔영조 44〕 문과 급제)이 겸사로 오래 재직하는 동안 대신에게 굴종하는 태도를 보이고 그들에게서 모욕적인 대우를 받았기 때문이라고 백경해는 주장했다. 그 결과 겸사는 환관과 그리 다르지 않다는 인식뿐 아니라 평안도 출신을 의도적으로 모욕하는 현상이 나타났다.[24] 백경해가 복종하지 않은 두 사례에서 국왕은 그가 자신의 명령을 맹목적으로 따르리라고 추정한 것이 분명하다. 평안도 출신인 그의 정치적 운명은 국왕의 호의에 크게 의존했기 때문에 왕명을 따르지 않은 백경해는 강직한 관원이라는 명성과 평안도 출신 동료 관원으로서의 존경을 얻었지만 중앙 관원의 경력은 중단됐다.[25]

백경해는 차별적 정치를 쓰라리게 경험했지만 관직에 대한 의지를 접지 않았다. 오히려 그는 중앙 관직에 나아갈 수 있는 기회를 다시 얻으려고 노력한 것으로 보인다. 우선 백경해는 조상들의 묏자리를 선정하는 데 큰 관심을 기울였는데, 당시의 많은 사람들과 마찬가지로 상서로운 묏자리에서 풍수적 축복이 나온다고 믿었기 때문이다.[26]

[24] 백경해, 《수와일기》 1795년 3월 3일.
[25] 《수원 백씨 정주족보》, 1:78쪽.
[26] 조선 후기에 묘는 경제적 의미도 지녔다. 묏자리 소유자의 후손은 묘 주변의 땅과 거기서 나는 땔감 같은 자원에 배타적 권리를 갖게 됐다. 이 주제에 관련된 좀 더 자세한 사항은 김선경, 〈조선 후기 산송과 산림소유권의 실태〉 참조.

스승 최경림도 능숙한 지관地官이었기에 도움을 주었지만, 그는 상서로운 묏자리를 선정하기 위해 전문적 지관에게 부탁했다.[27] 그러나 풍수적 이점에 의존하는 것만으로 현실적 결과가 나타나지는 않았다. 풍수적 이점을 추구하는 것과 함께 백경해는 조정의 유력한 대신들을 방문해 그들의 호의를 얻으려고 했다. 이를테면 그는 1801년(순조 1) 음력 4월 하순 서울로 가서 넉 달 동안 머문 끝에 당시 판서였던 이익모李翊模의 도움으로 마침내 봉상시奉常寺 첨정僉正(종4품)에 제수됐다.[28] 문집 가운데 〈환해징비宦海懲毖〉라는 부분에서 백경해는 1801년 이후 자신이 가진 새 관직명 뒤에 특정한 관원들의 이름을 기록했다.[29] 그가 그 관직에 임명되는 데 도움을 준 사람이었을 것이다.

백경해의 가문은 적어도 18세기 후반 이전에 저명한 양반가문으로 확고히 자리 잡았지만 1812년 반란에서 백경해의 형 백경한白慶翰(1761~1812)이 순절한 덕분에 더욱더 조정의 관심을 받고 상당한 명망을 누리게 됐다.[30] 백경해 아버지의 자손 가운데 7명이 1831년(순조 31)~1885년(고종 22) 동안 문과에 급제했다는 사실은 그런 측면을 보여준다.[31] 백경해 자신의 경력도 빛나기 시작했는데, 중앙 관직에서 또 다른 어려운 장벽을 뚫고 나아가 1816년(순조 16) 청직 가운데 하나인 사

---

[27] 백경해, 《수와일기》 1799년 4월 13일.
[28] 백경해, 《수와일기》 1801년 4월 1일~1801년 8월 23일.
[29] 백경해, 《수와집》, 〈환해징비〉, 8:1a~15b.
[30] 백경한의 죽음에 관련된 자세한 사항은 6장 참조.
[31] 《수원 백씨 정주족보》.

헌부 장령掌令(정4품)에 임명된 것이다.[32] 평안도 출신은 그런 기회에서 사실상 차단되고 고려되지 않았기 때문에 그것은 평안도 출신의 한 인물에게 큰 영광의 순간이었다. 백경해의 일기 전체에서 몇몇 사람만이 이런 관직의 장벽을 통과한 것으로 기록돼 있는데, 백인환은 1787년(정조 11)에, 이응교는 1799년(정조 23)에,[33] 김초섭金初燮은 1816년(순조 16)에,[34] 백경해의 조카 이기준은 1830년에,[35] 백경해의 둘째 아들 백종걸白宗杰은 1835년(헌종 1)에 그렇게 됐다.[36] 백경해가 관직의 사다리에서 마지막 장애물과 씨름한 것은 왕실 족보 수정에 참여한 포상으로 63세 때 통정대부通政大夫(정3품)의 명예직(당상관 품계)을 받았을 때였다. 마침내 그는 72세 때 당상관 품계인 가선대부嘉善大夫(종2품)의 품계를 받고 75세 때 한성부 윤尹(종2품)이 됐다.

홍경래 난이 일어난 6년 뒤인 1818년(순조 18)의 한 일화는 평안도 출신이 받은 차별대우와 그들의 대응을 보여주는데, 그때 백경해는 가장 높은 관직에 올랐고 평안도에서는 고위 관원으로 존경받고 있었다. 사건은 정주 출신 검사 이형주李衡柱와 경기 출신으로 그보다 낮은 관원

---

[32] 백경해,《수와일기》1816년 10월 17일.

[33] 이응교는 1799년(정조 23) 한성부 판윤에 임명됐다.

[34] 백경해는 김초섭을 그의 호인 '자화'로만 불렀다. 나는 *The Wagner and Song Munkwa Roster of the Chosŏn Dynasty*(동방미디어 제공, http://www.koreaa2z.com/munkwa)를 검색해 그의 이름을 찾았다.

[35] 백경해는 이기준을 그의 호인 '윤지'로 불렀다. 그의 이름을 발견하는 데도 *The Wagner and Song Munkwa Roster of the Choson Dynasty*(http://www.koreaa2z.com/munkwa)의 도움을 받았다.

[36] 백종걸은 사헌부 지평에 임명됐다. 아울러 일기에서 1820년 청직 후보자는 정종현·이찬심·백치락이었다고 언급했다.

조선의 변방과 반란, 1812년 홍경래 난

인 한림 권돈인權敦仁(1783~1859)[37]의 논쟁으로 시작됐는데, 겸사의 품계를 지닌 관원이 입조했을 때 빈청賓廳 안에서 흡연하는 것을 금지해야 하는가 하는 문제였다.[38] 1818년의 이 사건에는 두 유형의 사관史官이 개입됐다. 겸사와 예문관 한림인데, 한림은 겸사보다 품계는 낮았지만 문과 급제자에게 선망 받는 청직이었다.[39] 고위 관원들이 북부 출신 겸사를 무시했다는 것은 이미 서술했다. 그런 상황은 계속 악화된 것이 분명하며, 이 사건이 보여주듯 청요직을 지닌 젊은 중앙 관원도 평안도 출신 겸사를 대놓고 경멸하는 관행을 모방해갔다.

1818년 음력 6월 17일 한림 권돈인은 겸사 이형주에게 평안도와 기타 지역 출신 사이의 구분을 혼동하지 않도록 빈청에서 흡연을 삼가라고 주장해 그를 모욕했다.[40] 이런 직접적 모욕에 격분한 이형주는 약간

---

[37] 권돈인은 조선 후기의 가장 저명한 학자이자 관원의 한 사람인 권상하權尙夏(1641~1721)의 5대손이다. 그의 아버지 권중집權中緝은 군수를 지냈다. 그는 1813년(순조 13) 문과에 급제하고 1845년(헌종 11) 영의정에 올랐다. 서울에 거주하는 안동 권씨의 일원으로 그는 화려한 경력을 누렸다. 이 일화가 보여주듯 명문 출신인 그는 젊었을 때 오만했던 것 같다. 그러나 그 뒤 원숙한 관원이 됐을 때 그는 북부 출신의 등용을 지지했다. 《헌종실록》 헌종 3년 12월 10일(계축).

[38] 이 사건은 백경해의 일기와 문집에 잘 기록돼 있다. 《수와일기》 1818년 6월 17일 및 1818년 7월 3일; 《수와집》, 〈환해징비〉, 8:10b~13b.

[39] 한림은 좁은 의미에서 검열檢閱(정9품)을 말한다. 때로 그것은 예문관에 소속된 봉교奉敎(정7품)·대교待敎(정8품)·검열을 모두 가리키기도 한다. 예문관 자체를 한림이라고 부르기도 한다. 한림에 관련된 좀 더 자세한 사항은 이종일, 《대전회통 연구—권수·이전편》, 297~319쪽 참조.

[40] 16세기 후반 또는 17세기 초반 담배가 조선에 소개된 뒤, 그리고 조선 후기 담배가 인기를 끌면서 일정한 담배문화가 그 밖의 사회규범과 함께 나타났다. 조선 후기의 학자 유득공柳得恭(1749~?)에 따르면 손아랫사람은 손윗사람과 함께 담배 피우지 말도록 권고 받았고, 낮은 신분은 고귀한 신분 앞에서 담배 피울 수 없었다. 유득공, 《경도잡지》, 〈풍속 다연茶煙〉, 3쪽; 이영학, 〈담배의 사회사〉, 125쪽. 백경해는 흡연에

언쟁을 벌인 뒤 퇴청했다. 이 사건으로 모든 평안도 출신 관원이 분노했고, 그들은 집단으로 사직하는 방안을 논의했다. 백경해는 관서 지역(평안도)의 입지는 1812년 반란 이후 점점 더 위태로워지고 있다고 상기시키면서 그들의 생각에 반대했다. 그런 뒤 그들에게 조심하라고 충고했다. 백경해가 조언했음에도 평안도 출신의 겸사 3명은 모두 사직하기로 결정했고, 그 뒤 그들은 부당하게 관서 자리를 비웠다는 이유로 체포됐다. 얼마 뒤 백경해를 포함한 북부 출신 고위 관원 세 사람은 겸사를 회유하고 평안도 출신을 이끌어 사직시키려고 했다는 혐의를 받았다. 며칠 동안 신문과 태형을 받은 뒤 백경해 등은 유배됐다. 그러나 백경해는 형 백경한이 1812년 반란에서 순절한 공로 덕분에 다른 연루자들과 함께 사면됐다. 백경해는 일기에서 겸사와 한림은 모두 사관의 직책이지만 겸사의 품계가 한림보다 높다고 지적했다. 그런 뒤 그는 "이것과 저것을 구분 지으려는 논의는 부질없는 것"이라고 개탄했다.[41]

반대했는데, 흡연은 매우 해롭고 악취가 나며 중독성이 있지만 이로운 점은 하나도 없다고 생각했기 때문이다. 게다가 담배를 재배하면 그 밖의 필요한 작물을 기를 땅이 부족해져 기근을 불러온다고 판단했다. 백경해, 《수와일기》, 1814년; 《수와집》 서, 2:9b~10a; 잡저, 6:14b~15a.
[41] 백경해, 《수와일기》 1814년 7월 3일.

조선의 변방과 반란, 1812년 홍경래 난

차별의 근원에 관한 한 가지 설명

이처럼 정당화할 수 없는 지역 차별은 언제, 어떻게 시작됐는가? 차별은 어떤 근거에서 옹호됐는가? 우리는 1802년(순조 2) 백경해가 평안도 주민을 대표해 쓴 편지에서 대답을 발견할 수 있는데, 거기서 그는 평안도 주민에 대한 사회·정치적 차별과 지역 차별의 구실로 중앙 지배층이 옹호한 편견을 신랄하게 비판했다.[42] 유교문화에 깊은 소양을 지닌 유학자로서 백경해는 자신의 논의를 유교적 도덕에 기초했는데, 그것은 상당히 설득력 있고 타당했다.

그는 매우 일반적인 발언으로 자신의 편지를 시작했다. "한 아버지와 여덟 아들(국왕과 8도를 상징한다)이 함께 사는데 아들들의 귀천貴賤과 비척肥瘠이 어찌 그리 다르단 말입니까?"라고 그는 지적했다.[43] 그런 뒤 그는 관원 등용에서 평안도 출신을 차별하는 문제의 핵심을 폭로했는데, 정약용과 동일한 시각이었다. "(평안도 출신) 문반은 성균관에만, 무반은 수문장청에만 배속되니 하늘의 이치에 통달한 학문과 다른 사람보다 훨씬 뛰어난 재주가 있어도 더 승진할 수 있는 희망이 없습니다."[44] 계속해서 백경해는 강경한 어조로 말했다.

(그들은) 하늘이 우리를 덮어주지 않고 땅도 우리를 감싸주지 않으며 해

---

[42] 백경해, 《수와집》, 〈대관서제인정정부서〉, 4:14b~19a.
[43] 백경해, 《수와집》, 〈대관서제인정정부서〉, 4:15a.
[44] 백경해, 《수와집》, 〈대관서제인정정부서〉, 4:15a.

와 달도 우리를 비춰주지 않고 이슬도 우리에게 내리지 않는 것처럼 (경멸합니다). (그들은 우리가) 사람도 아니고 짐승도 아니어서 어떤 괴상한 귀신인지 모르는 것같이 생각합니다. 우리와 비교할 만한 사물은 없는 것 같습니다. 아! 우리 서쪽 사람이 정말 어떤 죄를 지은 것입니까? 서쪽 사람만이 음양과 오행의 정기를 받지 못했단 말입니까? 말이 달라 서로 통하지 않고 의복이 괴이해 다른 도와 다르단 말입니까? 사람 때문에 땅을 천시하는 것입니까, 땅 때문에 사람을 천시하는 것입니까? 이 세상 모든 나라에서 지역을 나눠 이처럼 심하고 오래 천시하고 버린다는 말은 듣지 못했습니다.[45]

그런 뒤 백경해는 그런 지역적 경멸의 기원을 추적했는데, 그가 보기에 그것은 모두 너무 비통할 정도로 우스꽝스러운 것이었다. 평안도 사람에 대한 정치적 차별은 조선왕조가 개창됐을 때부터 널리 퍼져 있었다는 관습적 믿음과 반대로, 백경해는 왕조 중반부터 차별이 시작됐다고 지적했다. 먼저 그는 조선의 조정은 신라와 고려의 조악한 제도를 개혁해 먼 지역과 가까운 지역 또는 중앙과 지방을 구별하지 않고 관원을 등용했다고, 중심과 외부를 구별하지 않았다고 주장했다. 그러므로 조선 전기에는 평안도 출신이 청직은 물론 판서급 관직에도 임명됐다고 그는 지적했다.

백경해에 따르면 평안도 출신이 청직에 임명되지 못하게 된 것은 왕

---

[45] 백경해, 《수와집》, 〈대관서제인정정부서〉, 4:15b.

조 중반부터 시작됐을 뿐이었다. 한 재상文宰이 여러 번 관반사館伴使(정 3품)가 돼 평양에 오래 머무르면서 황음을 일삼아 평안도의 유학자들에 게 비판받았다. 그 재상은 그런 비판에 불만과 증오를 품었고, 그때부 터 지역적 편견과 차별이 시작됐다고 백경해는 말했다. 그런 공격을 시 작한 재상은 16세기 권력과 재능을 갖춘 학자이자 관원인 소세양蘇世讓 (1486~1562, 1509년 문과 급제)이었다. 이 일화는 1633년(인조 11) 이조판 서 최명길崔鳴吉도 지역 차별의 기원으로 인용했으며 지방지에도 기록 됐다.[46]

그러나 백경해는 그런 정치적 차별을 촉발시킨 사람으로 누구 한 사 람을 콕 집어 비난하지 않았다. 계속해서 그는 당시 사람들이 평안도 출신에 대한 정치적 차별을 정당화하는 널리 퍼진 인식을 분석했다.

첫째, "그곳에는 양반이 없다"는 것이었다. 백경해는 이 첫 번째 주장 은 논리도 근거도 없다고 지적했다. 그는 양반을 고위 문무 관원兩班者, 文武高官之稱也이라고 규정한 뒤 앞서 200년 넘게 평안도 출신 고위 문무 관원이 없었다는 것은 사실이 아니라고 주장했다. 그는 우윤右尹(종2품) 조창래趙昌來(1686~?, 1715년 문과 급제),[47] 양의공襄毅公 김경서金景瑞 (1564~1624),[48] 양무공 정봉수를 그 예로 들면서 그들의 후손은 비슷한

---

[46] 《인조실록》 인조 11년 10월 10일(갑술); 《평양속지》, 〈무담〉, 243쪽; 오수창, 《조선 후 기 평안도사회발전연구》, 21쪽.

[47] 조창래(1686~?)는 1715년(숙종 41) 문과에 급제하고 청직에 임명됐으며 1756년(영조 32) 한성부 우윤에 임명됐다. 오수창, 《조선 후기 평안도사회발전연구》, 203쪽.

[48] 김경서(1564~1624)는 왜란(1592~98)에서 군공을 세워 유명해졌다. 그는 종2품 병마 사에 임명됐는데, 조선의 관직 서열에서 무반이 오를 수 있는 가장 높은 자리였다. 그의 성취에 관련된 자세한 사항은 이시항, 《김장군 유사》 참조.

가문적 지위를 지닌 다른 지역 출신에게 주어진 것과 동일한 명예를 받을 수 없었으며 중앙 관계에 들어간 순간부터 차별받았다고 분개했다. 평안도 출신이 앞으로 등용된다면 그들은 그곳에 양반이 없다는 구실 때문에 비난받아서는 안 된다고 백경해는 결론지었다.[49]

평안도 출신의 저명한 관원 몇 사람의 이름을 들었지만, 백경해는 자신의 시대까지 조선에서 명성을 얻은 그 지역 출신 학자와 관원의 수가 당혹스러울 정도로 적다는 사실을 부인할 수 없었다. 아울러 적절한 가문적 배경은 조선 후기에 양반이 되는 데 결정적이었기 때문에 백경해와 그의 평안도 출신 동료들은 청직에 임명될 자격이 있다는 공식적 승인을 얻기 위해 승산 없는 싸움을 했다. 백경해의 시대 무렵 평안도 지배층이 성리학의 규정에 기초한 성숙한 양반문화를 확립하는 데 성공했다는 것은 의심의 여지가 없다. 그러나 그런 문화적 관행은 백경해와 그의 평안도 출신 동료 지배층의 가문적 가계를 바꿀 수 없었으며, 족보는 중앙 관계에서 높고 명망 있는 자리를 거의 독점하고 있던 중앙 귀족의 두터운 관계망에 편입되는 데 가장 중요한 조건으로 남아 있었다.

둘째, "그 지방은 오랑캐의 땅과 가깝다"는 것이었다. 이 두 번째 사항에 관련된 백경해의 주장은 창의적이고 설득력 있다. 그는 조선이 동쪽의 왜(일본)와 북쪽의 호胡(북방 오랑캐 또는 만주족)와 가깝다는 사실을 독자에게 다시 한번 일깨운 뒤 야만적 본질에서 왜와 호 사이에 어떤

---

[49] 백경해, 《수와집》, 〈대관서제인정정부서〉, 4:16b.

조선의 변방과 반란, 1812년 홍경래 난

차이가 있는지 물었다. 그런 뒤 그는 "오랑캐"와 공간적으로 가깝다는 사실을 거친 본성과 세련되지 못한 문화와 연결 짓는 널리 퍼진 인식의 모순을 지적했다. 달리 말하면 사람들은 평안도가 호와 가깝다는 이유로 비난하지만 영남(경상도)은 왜와 인접해 있음에도 그 가치를 폄하하지 않는다는 것이다. 호와 인접했다는 이런 논의는 지역 차별을 정당화하려는 기만적이고 부당한 계책이라고 백경해는 결론지었다.

왜와 호의 인접성을 주장하면서 백경해는 단순히 물리적·지리적 공간이 아닌 그 이상을 생각했는지도 모른다. 물리적 가까움은 물질적·문화적·인적 접촉을 수반하며, 그것은 혼혈과 문화적 영향으로 이어질 수 있다.[50] 일본과 만주족의 침입이라는 형태로 직접 접촉한 최근의 경험─그것은 조선인이 보기에 그들의 야만적 본질을 가장 극단적으로 대표했다─은 비슷한 영향을 준 것이 분명했다. 백경해는 일본과 만주족이 비슷한 야만적 본성을 공유하고 있다고 판단했고, 그러므로 만주와 물리적으로 가깝다는 것만으로는 북부가 문화적으로 저속하다는 것을 증명할 수 없다고 주장하는 것이 설득력 있다고 생각한 것이 분명하다.

근본적으로 백경해의 세계관은 조선시대 유학자들이 옹호한 중국 중

---

[50] 박사학위 논문에서 나는 죄인을 북부로 이주시킨 것과 북방 종족과 혼혈 및 문화적 혼합이 발생한 것 때문에 북부 출신에 대한 선입견이 형성됐을 수도 있다고 지적했다. 비슷한 맥락에서 황경문은 북부 주민에 대한 편견은 "그들이" 여진족과 "천민"이주자 같은 "조선 전기의 다양한 하층 신분층의 후손이라는 귀족들의 (타당한) 인식"에 뿌리를 두고 있다고 주장했다. Sun Joo Kim, "Marginalized Elite"; Kyung Moon Hwang, "From the Dirt to Heaven", 150쪽.

심의 문화주의(중화사상)와 크게 다르지 않았다. 고대 주周왕조는 중화 문화주의의 상징이었기 때문에 진정한 유교문명의 합법적 소유자는 시간의 흐름에 따라 계속 바뀌었지만 역사 내내 존경받았다(尊周). 중화론의 정수는 화이론華夷論인데 '화'는 유교문명의 계승자인 중화를 뜻하며 '이'는 유교적 변화의 혜택을 수확하지 않은 결과, 날것 그대로의 권력과 힘에만 의존하는 야만족을 말했다. 조선의 지배층은 유교로 변화하는 축복을 받았고 그 결과 조선을 문명화된 세계에 적극 참여한 나라로 승격시킨 것을 자랑스럽게 생각했다. 그들은 이런 의식구조를 소중화 사상으로 발전시켰는데, 거기서 조선은 하위이기는 하지만 유교문명의 합법적 중심으로 간주됐다. 명이 멸망한 뒤 이 소화小華의식은 더욱 발전했고, 그 결과 조선 지식인 가운데는 조선이 합법적 유교문화를 계승했으므로 그 문화를 수호하는 것이 자신들의 책무라고 믿는 사람도 있었다.[51] 자연히 백경해는 자기와 동시대 성리학자들의 말을 빌려 조선 왕조를 문화적 담론의 중심에 놓았다. 나아가 그는 서북 지역은 이 문명화된 영역의 일부며 야만적인 호와 지리적으로 가깝다는 이유만으로

[51] 최근 정옥자는 17세기 중반 명이 멸망한 뒤 유교문명의 유일한 계승자로 조선을 문명의 중심에 놓는 극단적인 "민족주의적" 시각이 조선 지식인 사이에서 나타났다고 강조했다. 정옥자, 《조선 후기 중화사상연구》. 김자현 하부쉬도 조선 지식인은 1644년 청이 중국을 정복해 명을 멸망시킨 것을 오랑캐가 문명세계─조선이 그 일부인 세계질서─의 중심을 정복한 것으로 보았으며 자국과 타국의 위치가 재편된 상상의 지도가 그려진 인식론적 구조를 다시 구축해야만 한다고 느꼈다고 동의했다. Haboush, "Constructing the Center." 조선을 문명의 중심에 놓은 한 가지 사례는 《기자팔조지》인데, 18세기 후반 어느 때 쓰인 것으로 일본 가쿠슈인대학學習院大學에 소장돼 있다. 山内弘一, 〈朝鮮を以て天下に王たらしむ─學習院大學藏「箕子八條志」にみる在野老論知識人の夢〉.

오명을 씌워서는 안 된다고 논박했다.

끝으로 "그곳에는 학문이 없다"는 것이었다. 백경해는 평안도에 학문이 없다는 널리 퍼진 세 번째 편견에 대한 정교한 반론을 구축했다. 그는 평안도 사람이 자신들의 덜 두드러진 학문적 성취를 부끄러워 한다고 인정했지만 그런 부끄러움은 그들의 겸손에서 나왔을 뿐이라고 주장했다. 그는 훌륭한 관원이나 장군이 되도록 태어나는 특별한 부류는 없다고 지적한 뒤 평안도의 42개 군현에 "천지의 올바른 기운"을 부여받은 사람이 하나도 없을 수 있는지 물었다.[52] 백경해는 자신이 손윗사람들에게서 들은 것을 덧붙였다. 곧 조선 전기에 국왕은 변방 출신을 차별하거나 지방의 관찰사나 수령들도 "서토西土"라고 경멸해 부르지 않았다는 것이다.[53] 그 대신 그들은 윗사람을 존경하고 그들을 위해 기꺼이 죽을 수 있는 기초를 마련하기 위해 학교를 세우고 합당한 예의를 권장했다. 아울러 그 지역 출신도 자신을 경멸의 대상인 서인西人으로 간주하지 않았다. 그러므로 북부 출신은 스스로 힘껏 노력했고 다른 사람들의 주목을 받았으며 조정에 추천된 일이 많았다. 그런 사람으로는 태천 출신의 선우협鮮于浹,[54] 평양 출신의 황순승黃順承,[55] 성천成川 출신

---

52 백경해, 《수와집》, 4:166.
53 '서토'는 평안도를 말한다.
54 선우협(1588~1653)은 평안도 사람들에게 "평안도의 공자孔子"로 기억됐다. 그는 관직을 추구하지 않고 당시의 학자들과 토론해 자신의 학문을 닦고 제자들을 가르치는 데 헌신했다. 그의 저작은 《둔암집遯庵集》으로 편찬됐다. 《관서읍지 평양속지》, 〈인물〉, 14:362.
55 황순승은 효행으로 알려져 조정에 관원으로 추천됐다. 그의 증조 황윤후黃胤後(1587~1648)는 1625년(인조 3) 문과에 급제하고 승지 같은 요직을 지냈다. 《평양속지》, 〈효열〉, 116~17쪽. 20세기의 뛰어난 작가 황순원黃順元은 이 저명한 학자들의

의 박합강朴合江, 순안順安 출신의 한정안韓靜安, 영변 출신의 부자父子 윤거형尹居衡[56]·윤제세尹濟世[57] 등이 있었다. 이들은 모두 평안도 출신이 었고 진리를 이해했으며 스승에게 배우고 뛰어난 학문을 성취했다.[58]

백경해가 증명하려고 노력한 대로, 그리고 앞서 언급한 대로 성리학 은 이미 16세기부터 평안도에 퍼지기 시작했다. 평안도에 설립된 첫 번 째 서원인 인현서원仁賢書院은 주세붕周世鵬이 1543년(중종 38) 경상도 풍기豊基에 최초의 서원인 백운동서원白雲洞書院을 세워 서원 설립운동 을 촉발시킨 지 20여 년쯤 지난 1564년(명종 19)에 설립됐다.[59] 수많은 서원과 사우祠宇가 16세기 후반부터 세워졌다.[60] 평안도 지배층은 16세 기부터 좀 더 규모가 작은 사설 서당을 운영했다는 증거도 있었다.[61] 그 뒤 다른 도에서 많은 서원과 사우가 설립된 것과 마찬가지로 〈표 4〉에

직계 후손이다.
[56] 저명한 유학자 윤거형(1654~1715)은 중앙 관직에 추천됐지만 받지 않았다. 《평안북 도지》, 556쪽.
[57] 백경해가 가장 존경한 친척인 백인환은 윤제세에게서 배웠다. 《수와일기》 1797년 4월.
[58] 백경해는 평안도 학자들이 학문을 등한시하면서 조정에서 자신들을 등용하지 않는 다고 비판하는 것을 자주 개탄했다. 그 대신 그는 조정에서 평안도의 뛰어난 학자들 을 찾을 때를 대비해 학업에 최선의 노력을 기울이라고 그들에게 충고했다. 《수와일 기》 1810년 2월 5일; 《수와집》, 〈여박여중서與朴汝中書〉, 4:25a~25b.
[59] 《관서읍지 평양속지》, 〈학교〉, 14:351; 정만조, 《조선시대 서원연구》, 23~32쪽.
[60] 16세기 평안도에 세워진 그 밖의 서원과 사우는 철산의 쌍충사(1572년 건립, 1670년 사액), 희천의 상현서원象賢書院(1576, 1694), 선천의 사교서원(1583), 평양의 무열사武 烈祠(1593), 용강의 오산서원鰲山書院(1595?, 1671), 성천의 쌍충사(1599, 1646) 등이다. 《관서읍지》; 《평안남도지》, 654~55쪽; 《평안북도지》, 434~36쪽; 《동국원사록》.
[61] 정주의 연일 승씨 출신인 승대기(1588~1659)는 1598년 10세 때 집에 있던 서당을 "졸 업"했다. 《연일 승씨 족보》, 16쪽. 조선총독부의 1915년 통계에 따르면 평안북도에만 1,015개의 서당이 있었다. 《평안북도지》, 439쪽.

조선의 변방과 반란, 1812년 홍경래 난

〈표 4〉 17~18세기 각 도에 설립된 서원과 사우

경상	전라	충청	경기	황해	강원	평안	함경	합계
257(55)	142(38)	101(39)	53(42)	39(21)	43(8)	56(24)	33(8)	724(242)

*전거: 정만조, 《조선시대 서원연구》, 142~43쪽. 괄호 안은 사액서원의 숫자.

보이듯 평안도 유학자도 이런 문화운동에 열심히 동참했다.

17~18세기에 설립된 서원과 사우의 총수에서 평안도가 남부 지역, 특히 경상도에 뒤처지는 것은 사실이다.[62] 성리학이 확산된 뒤에도 그 지역의 학문적 깊이는 성리性理에 관한 철학적 논의와 저술이 활발했던 남부의 수준에 이르지 못했을 것으로 생각된다.[63] 평안도의 서원 숫자가 늘기는 했지만 그런 서원들은 북부 출신 학자들이 중앙 조정으로 진출하는 데 필요한 조직적 또는 정치적 뒷받침을 제공하지 못했다. 몇몇 북부 출신 학자는 같은 시대 남부 출신 학자들과 토론에 참여할 수 있는 능력을 갖춘 것으로 알려졌지만, 그들의 학문적 성취는 그리 대단하지 않았다고 하며 주요한 당파와 정치적 관련을 맺는 데 실패했다.

[62] 평안도의 역사를 폭넓게 연구한 오수창은 북부 지역의 성리학 연구는 남부보다 1세기 가까이 늦은 17세기 초에야 확산되기 시작했다고 주장했다. 또한 그는 광해군(1608~23) 말엽까지 건립된 서원 101곳 가운데 인현서원만이 평안도에 있었다고 지적했다. 북부 지역으로 성리학이 늦게 보급됐고 서원이 부재했다는 이런 논의는 다시 검토할 필요가 있다. 오수창, 〈17, 18세기 평안도 유생층의 정치적 성격〉.
[63] 북부 출신의 현존하는 논저가 상대적으로 적기 때문에 그들의 학문적 수준을 가늠하기는 어렵다. 백경해의 성리학 이해를 분석하는 것은 이 책의 범위를 넘는 것이지만 그의 문집에는 유교 고전에 관련된 폭넓은 논의가 실려 있다.

그럼에도 평안도의 낮은 학문적 수준이 그 지역 사람들에 대한 정치·사회적 차별을 설명하는지 그렇지 않은지는 논란의 여지가 있다.[64] 관원의 경력에서 지역 차별은 양반 지배층의 일부 구성원이 소외되는, 그리고 서울과 그 주변에 거주하는 비교적 소수의 양반집단에게 중앙의 정치적 권력이 집중되는 긴 과정의 필수적 요소가 되어왔다. 요컨대 중앙의 권력 경쟁이 중앙 조정에서 사대부를 소외시킨 것은 조선 초기부터 시작된 것이다. 이런 과정에 영향을 받은 첫 집단은 과거 시험 자격을 박탈당한 양반의 서얼과 향리였다. 16세기부터 수많은 사화가 발생하고 그 뒤를 이어 세습적 당쟁이 격화되면서 이런 권력 경쟁에서 실패한 사람들은 중앙권력에 접근하는 데 실패했다.

권력을 공유할 수 있는 영역이 좁아져가는 이런 경쟁에서 북부 출신은 쉬운 먹이였는데, 먼 북부 지역은 15세기 후반에야 조선의 안전한 영토가 되었기 때문이다. 병합을 마친 뒤 국가는 그 지역을 발전시키기 위해 범죄자와 부패한 관원을 포함한 사람들을 남부에서 북부로 강제이주시켰다. 변방 지역에 관련된 유교의 편견은 문명의 중심에서 지리적으로 떨어져 있기 때문에 거칠고 야만적이라는 것이었으며, 그것은 그 뒤 북부 출신이 견뎌야 했던 정치·사회적 차별의 이념적 논거를 제

---

[64] 조선 후기에 널리 퍼진 지역 차별과 선입견에 의거해 평안도 학자들의 학문적 성취가 없었다고 우리가 판단할 수 있는지는 의문스럽다. 현재 조선의 가장 저명한 학자 가운데 한 사람으로 평가되는 이익李瀷은 17세기 후반 이후 권력에서 배제된 남인에 소속됐다. 그의 저술은 1917년에야 간행됐지만 지금은 널리 이용할 수 있다. 유탁일, 《성호 학맥의 문집간행 연구》.

공했다고 생각된다.[65] 아울러 중앙의 제한된 양반 귀족끼리 권력을 나눠 갖는 정치적 경향은 17세기 무렵 확고히 자리 잡았다. 이런 사실들을 고려하면 조선 후기에 북부 출신이 지배적인 지식인 문화를 모방하려고 노력한 결과 비교적 많은 문과 급제자를 배출하는 데 성공한 것은 주목할 만하다. 그리고 그들의 성취가 실제로 제도적 차별을 철폐하고 실력주의가 시작되도록 하는 데까지 확대되지 못한 것은 놀랍지 않다.

백경해는 앞서 논의한 편견의 세 가지 근거는 핑계일 뿐이라고 지적하고, 중앙 관직에 진출하는 데 평안도 출신을 차별하는 관행을 개혁해야 한다고 주장했다. 그는 평안도 출신의 청직 임용을 금지하는 관행은 오랜 전통이므로 바뀔 수 없다는 극도로 경직된 조정의 태도를 비판했다. 실제로 조정은 그것이 하늘이 부여하고 땅이 용납한 어떤 엄청난 원리인 것처럼 그 생각을 고수했다고 백경해는 주장했다. 그는 유교의 격언을 인용해 조정의 대신들에게 호소했다.

3년 동안 (일을) 바꾸지 않는 것은 사람의 큰 도리입니다.[66] 그러나 선유 先儒들은 "그것이 도리가 아니라면 어찌 3년이나 기다리겠는가?"라고 말했습니다. 지금 이처럼 평안도 출신을 (주요한 관직에 임용하지 못하도록) 가로막는 것이 조종의 금석金石 같은 법도입니까? 성현이 쓴 경전의 뜻입니까? 생각하지도 않고 근거도 없는 한 재상의 그릇된 논의일 뿐인데 굳게 지키는 것은 무슨 도리입니까? 설령 서인(평안도인)이 정말 금지해

---

[65] 이 주제에 관련된 자세한 논의는 Sun Joo Kim, "Marginalized Elite," 57~70쪽 참조.
[66] '3년'은 아버지나 국왕에 대한 3년상을 말한다.

야 할 죄를 범했다고 해도 은택은 5대까지 전해지나 벌은 아들에게 미치지 않는 법입니다. 200년(동안 금지한 것)은 참으로 오랜 기간이었다고 말할 수 있겠습니다. 그러나 지금도 금지하니 어찌 원통하지 않겠습니까? 참으로 그렇습니다.[67]

마지막으로 호소하기 전 백경해는 선왕들이 그런 차별적 관행을 폐지하려고 노력한 것을 서술했다. 동시에 그는 신하들이 국왕의 지시를 실행하려고 하지 않았기 때문에 어떤 국왕의 말도 상황을 바로잡는 데 효과가 없었다고 개탄했다. 백경해는 의정부가 자신의 말을 심각하게 받아들이고, 조정에서 그 문제를 논의하며, 선왕들의 큰 자비를 따라 수백 년 동안 지속된 불의를 일소해 평안도 출신이 다른 지역 출신과 동등하게 취급되도록 촉구하면서 글을 맺었다.[68]

실제로 조선의 국왕들은 북부 출신과 북부 이외의 출신이 비슷하게 이 문제를 호소한 수많은 상소와 발언을 읽고 들었다. 그들은 유능한 인물을 등용하는 것이 좋은 정부의 핵심적 요건이라는 유교의 생각을 지지하면서 어떤 지역 출신을 세습적으로 선호하는 관행은 수정해야 한다고 주장했다. 조선의 국왕들은 그런 비판에 전적으로 동의했고 능력과 재능에 따라 사람을 등용하고 승진시키라고 명령했다.[69] 그러나 백경해가 개탄한 대로 아무도 이런 명령에 귀 기울이지 않았으며, 19세

---

67 백경해, 《수와집》, 〈대관서제인정정부서〉, 4:17b~18a.
68 백경해, 《수와집》, 〈대관서제인정정부서〉, 4:19b.
69 인조(재위 1623~49)부터 시작해 북부 출신에 대한 차별 관행을 끝내려는 여러 국왕의 노력에 관한 자세한 사항은 오수창, 《조선 후기 평안도 사회발전연구》, 53~64쪽 참조.

기 후반까지 충분히 현실화되지 않은 것이 분명했다.

평안도 주민의 문화적 정체성

평안도 지배층은 자신들의 사회적·정치적 생활에 심각한 영향을 준 널리 퍼진 편견에 어떻게 대응했는가? 백경해가 의정부에 상소하기 한 세기쯤 전인 1714년(숙종 40) 평안도 지배층은 평안도 암행어사 여필휘 呂必輝(1679~1721)가 그 도의 비유교적인 문화적 특징을 고발한 보고에 맞서 집단적으로 국왕에게 상소를 올렸다.[70] 그 보고에서 여필휘는 평안도 사람은 이적이나 금수와 다를 바 없다고 결론지으면서 30년 동안 그들을 과거에 응시하지 못하게 해야 한다고 제안했다. 숙종(재위 1674~1720)은 여필휘의 제안을 받아들였다.

　여필휘가 평안도를 비판한 핵심은 학문, 장례의식, 결혼풍속, 그리고 사회적 관습과 관련된 풍속이 중심을 이루었기 때문에 상소자들은 평안도의 풍속이 당시 조선의 주류 성리학자들이 받아들인 것과 전혀 다르지 않다고 방어하는 데 초점을 맞췄다.[71] 이것을 증명하는 첫걸음은

---

[70] 1714년 사건에 관련된 자세한 사항은 Sun Joo Kim, "In Defense of Regional Elite Identity and Culture" 참조.

[71] 여필휘의 보고에 항의하는 평안도 지배층의 상소는 한문에 뛰어나다고 알려진 이시항李時恒(1672~1736)이 작성했다. 이시항은 원래 운산雲山 출신이지만, 그의 가족은 아버지 이정한李廷翰 때부터 평안도에 두 번째 거처를 마련했다. 이시항은 어렸을 때부터 남달리 영특하다고 인정받았으며 유상운柳尙運(1636~1707)의 제자가 됐는데, 유상운은 이시항이 젊었을 때 평안도 관찰사를 지냈으며 1696년(숙종 22) 가장 높은

평안도의 역사에서 올바른 문화적 전통의 기원을 찾아내는 것이었다. 그 결과 상소는 평안도의 문화적 계보가 고대문명을 한국에 전해준 전설적 인물인 기자箕子 때까지 거슬러 올라간다는 것을 강조했다. 기자가 만든 지역인 평안도는 "작은 중화小華"라는 명성을 얻었다고 상소는 다시 한번 상기시켰다.[72] 또한 그 뒤 수천 년이 흘렀어도 그 지역에는 기자의 유산이 아직도 남아 있다고 덧붙였다. 그뿐 아니라 현재의 왕조가 앞선 300년 동안 전파한 혁신적 힘은 평안도의 올바른 문화적 특징을 더욱 발전시켰다고 주장했다.[73] 백경해는 의정부에 올린 상소에서 그 지역의 문화적 유산이 또 다른 고대의 문화적 영웅인 단군으로부터 흘러나왔다고 덧붙였지만, 기자와 관련된 이런 역사적 인식을 되풀이한 바 있다.[74]

기자와 단군 숭배는 조선 후기의 문화적 정체성에서 필수적 요소가 됐다. 그 유산이 강조된 것은 조선시대였지만 이르면 삼국시대(?~668)부터 기자는 한국에 문명을 전달한 인물로 인식됐다.[75] 왕조 초기부터 조선 조정은 새 왕조의 개창을 합법화하는 수단으로서 원래 기자가 한반도에 심은 도를 다시 전파하겠다는 의도를 천명했다. 그 뒤 조선의

관직인 영의정에 올랐다. 《평양속지》, 427~28쪽.

[72] 중국인이 한반도의 국가를 "소중화"라고 평가한 최초의 기록은 1287년(충렬왕 13) 이승휴李承休가 쓴 《제왕운기帝王韻紀》로 생각된다(권 하:1b).

[73] 이시항, 《화은선생문집》, 267쪽.

[74] 백경해, 《수와집》, 〈대관서제인정정부서〉, 4:14b.

[75] 기자와 그가 조선에 스스로 망명한 것을 다룬 조선 전기의 문헌과 그런 주장을 뒷받침하는 고고학적 증거가 없다는 지적은 Byington, "A History of the Puyŏ State, its People, and its Legacy" 참조.

지식인들은 기자를 위대한 유교적 성인으로 자주 평가했다. 단군이 한국 민족의 전설적 시조로 추승된 것 또한 조선 전기였다. 그와 함께 조정에서는 평양에 단군과 기자의 사당을 각각 세우고 제사를 지내기 시작했다.[76] 조정이 이런 사당을 유지하는 데 태만했다는 비판도 제기됐지만, 그 뒤 이 두 인물은 조선왕조에서 분명히 실재하는 문화적 상징이 되었다.[77] 평안도 주민은 이 두 문화적 영웅과 같은 공간을 공유했고 그들은 자신이 살고 있는 북부 지역을 다스렸다고 믿었기 때문에 이런 문화적 상징을 자신의 것으로 받아들였다.[78]

기자가 북부 지역에 준 영향의 영속성을 강조하고 그 결과 그의 문화적 유산을 자신의 것으로 인식한 평안도의 지식인들과는 반대로 기자를 특정한 지역에서 분리하려는 경향을 보인 사람들도 있었다. 이를테면 송시열은 기자의 후손으로 알려진 평안도 출신의 저명한 학자 선우협의 문집에 쓴 서문에서 기자가 그 지역으로 가져온 문명은 차츰 쇠퇴했으며 현재의 왕조가 다시 도입하기 전 군사적 문화에 의해 황폐해졌

---

[76] 서영대, 〈전통시대의 단군의식〉; Han Young-woo, "Kija Worship in the Koryŏ and Early Yi Dynasties"; Chai-sik Chung, "Chŏng Tojŏn: 'Architect' of Yi Dynasty Government and Ideology."

[77] 한 가지 사건은 인용할 만하다. 기자의 후손 가운데 하나로 여겨진 선우鮮于씨는 대대로 기자묘箕子廟의 참봉직을 맡았다(《대전회통》, 〈이전 외관〉 평안도, 1:51a). 북부 사람들에게 평안도의 주희朱熹로 알려진 선우협(1588~1653)은 22세 때 그의 아버지가 기자묘의 참봉에 임명됐는데, 기자가 선우협의 꿈에 나타나 조정이 사당을 제대로 예우하지 않는 것을 개탄하는 시를 그에게 남겼다. 선우협, 《둔암전서》, 〈연보〉 및 〈행장〉.

[78] 계몽사상가들은 20세기에 접어들면서 단군과 기자를 지역적 상징이 아니라 국가의 상징으로 확고히 격상시켰다. Schmid, *Korea Between Empires, 1895~1919*.

다고 언급했다.[79] 이런 공식에 따르면 기자의 유산을 이은 후계자는 조선왕조와 그 지식인들이지 평안도나 그 주민일 필요는 없었다. 문화적 영웅을 이렇게 "민족화"한 것은 자신들도 동일한 문화적 기원을 갖고 있다는 북부 지역의 주장을 사실상 부정한 것이었다. 기자의 유산을 자신과 동일시하려는 지역과 국가 사이의 이런 민감한 긴장은 조선 후기 내내 이어졌다. 그 결과 1714년(숙종 40) 상소자들과 1802년(순조 2) 백경해는 모두 기자가 평안도 지역에 남긴 문화적 유산을 언급했지만, 그들의 주장은 다른 지역 사람들에게 대부분 깊은 인상을 주지 못한 것이 분명하다.

상소자들이 자신의 지역적 문화를 옹호하기 위해 나아간 다음 단계는 현재 통치하고 있는 왕조의 정당한 구성원으로 자신들을 확인하는 것이었다. 그 결과 1714년의 상소자들은 지난 300년 동안 평안도 주민은 조선의 국왕들이 보급한 유교적 학문의 영향을 받아 변화했다고 지적했다. 구체적으로 그 상소는 지방 인재를 선발하기 위해 별시를 실시하고 적절한 학문적·가문적 배경을 지닌 사람만 엄격히 임명한 청직의 일부를 그들에게 수여한 숙종의 노력을 언급했다. 국왕의 그런 배려와 격려의 결과 그 지역의 문화는 지식인의 학문을 높이고 오지에 사는 평민까지도 자비와 예절을 공경하게 되는 수준까지 높아졌다고 그 상소는 주장했다.[80] 그 상소는 널리 알려진 유교의 상투적 문구를 사용해 의견을 밝혔다. "8도는 하나의 집이어서 전하의 가르침을 균일하게 받습

---

79 선우협, 《둔암전서》, 〈둔암선생전서 서〉, 3쪽.
80 이시항, 《화은선생문집》, 267~68쪽.

조선의 변방과 반란, 1812년 홍경래 난

니다. 전하는 우리의 부모이시고 관서의 백성은 전하의 자식이며 관서의 풍속은 전하의 가풍家政입니다."[81] 비슷한 방식으로 백경해도 1802년에 쓴 서신에서 평안도는 조선의 8도 가운데 하나라고 강조하고 모든 백성은 출신지에 상관없이 동등하므로 동등하게 취급돼야 한다고 주장했다.

1714년 상소의 내용은 기본적으로 방어적이며 유교이념의 강력한 구심력을 보여준 반면 지역적 정체성을 강조한 백경해의 글은 좀 더 배타적 맥락을 담고 있다. 이를테면 1821년(순조 21) 백경해는 원래 조선 방언의 올바른 발음을 논의하면서 북부 지역이 보존한 독창적인 문화적 자산을 언급했다.[82] 백경해는 현명한 세종이 뛰어난 학자들을 모으고 중국 명 학자들에게 거듭 자문해 독자적 문자方言를 만들고 그것의 올바른 발음을 확립했다고 지적했다. 세종의 치세 이후 방언의 발음은 다른 지역에서는 달라졌지만, 세종은 관서가 동방문명의 발상지였다는 것을 인정하고 방언을 체계화할 때 이 지역의 발음을 기준으로 삼았다고 그는 주장했다. 이를테면 '텬'은 '쳔'이 됐고 '디'는 '지'로 변했다. 그 결과 하늘과 땅을 뜻하는 '텬디'는 '쳔지'로 변했다. 비슷하게 '다'와 '타'는 '쟈'와 '챠'가 됐다. 백경해는 (관서를 제외한) 7개 도는 어째서 발음이 동일한 경로로 변화했는지 궁금해 하면서 관서 사람은 아직도 원래 방언의 올바른 발음을 보존하고 있다고 강조했다. 그는 관서가 방언의 올바른 발음이 나온 근원이라고 설명하는 다른 증거도 들었다. 이를테면

---

[81] 이시항, 《화은선생문집》, 283~84쪽.
[82] 백경해, 《수와집》, 〈아동방언정변설我東方言正變說〉, 잡저, 6:27a~28a.

숙종이 어떤 방언의 발음이 옳은지 신하들에게 물은 것을 보면 그 또한 동일한 의문을 품었던 것이 분명했다. 한 유명한 신하는 관서라고 대답했다. 백경해는 자랑스럽게 결론지었다. "천하의 발음은 중화를 기준으로 삼고, 우리 동방의 발음은 관서를 기준으로 삼는다. 관서는 우리 동방의 문자가 유래한 근본이다."[83]

이어 1821년 글에서 백경해는 중국 중심의 문화주의 영역 안에서 조선의 문화적 중심은 서북 지역이라고 자부했다. 그러나 이런 자찬하는 이론은 어떻게 평안도 방언—백경해는 그것이 다른 지역과 다르고 뚜렷이 구별될지라도 올바른 원래의 발음이라고 생각했다—이 북부 출신을 남부 출신과 구별하는 아주 간단한 방법으로 기능했는지도 알려준다. 걸음마를 배우는 아이라도 말하는 것을 근거로 평안도 사람을 다른 지역 사람과 구별할 수 있을 것이라는 백경해의 주장은 타당했다. 백경해가 널리 알려야 한다고 생각한 언어의 고유성이 지역적 특성을 알아차리는 너무나 효과적인 방법으로 밝혀진 것은 역설적이다.[84]

---

[83] 사회역사학적 관점에서 언어학에 접근한 백두현은 평안도 주민에 대한 사회·정치적 차별과 그 결과 그들이 느낀 열등감이 평안도 방언 화자에게 자신들의 고유한 방언을 보존하도록 만들었다고 주장했다. 이것은 20세기에 한참 접어든 뒤에도 평안도 방언에서는 구개음화가 이뤄지지 않았다는 뜻이다. Paek Tuhyŏe, "On the Correlation between Non-realization of T-palatalization and Regional identity in Pyongan Province."

[84] 나는 2002년 11월 뉴욕에서 열린 국제한국학회Korea International Forum에서 이 연구의 일부를 발표했을 때 만난 한 사업가의 도움으로 이런 관점을 채택했다. 그 사업가는 중국에서 온 한국인이었는데, 일자리를 찾아 남한으로 이주한 연변족이 그들의 독특한 방언 때문에 연변에서 왔다는 사실이 금방 드러나 직장에서 차별받는 것에 좌절감을 느꼈다고 말했다.

조선의 변방과 반란, 1812년 홍경래 난

지역적 정체성과 반란

격문에서 나타난 대로 1812년 반란 세력이 지닌 생각의 핵심인 지역적 정체성은 1714년 상소자들과 한 세기 뒤 백경해가 옹호한 것과 거의 동일했다. 반란 세력은 단군과 기자가 터전을 잡은 장소인 평안도의 중요성을 강조하고, 왜란과 호란 동안 나라를 지킨 군사적 공헌을 내세웠으며, 선우협처럼 뛰어난 학자가 많이 배출된 사실을 강조했다. 이런 문화·군사·학문적 성취를 이뤘음에도 호전적이고 거칠고 야만적이며 세습적 양반의 전통이 없다는 평안도 출신에 대한 편견은 모든 사회신분의 생각에 스며들었다. 그 결과 평안도 출신은 사회적으로 모욕받고 정치적으로 비하됐다. 중앙 조정에 진출하려고 노력한 그 지역 지배층이 이것을 가장 절실하게 경험했을 것은 분명하다. 그러나 그런 좌절은 평안도 전체 주민에게 전달되었을 것이 확실하며, 그들은 마침내 그것을 중앙 정부를 겨눈 자신들의 분노로 내면화했다. 시급히 바로잡아야 하는 문제로 지역 차별을 들었을 때 적어도 공동의 운명이라는 감정이 결속의 기반을 제공한 것은 분명했다.

반란 세력의 증언에서 몇몇 이름이 일부 문과 급제자와 반란 세력 사이의 연결 가능성을 알려주기는 하지만, 흥미롭게도 백경해를 포함한 대과 급제자들은 반란에서 뚜렷한 역할을 하지 않았다. 아울러 〈표 5〉에서 보듯 반란군 주요 지도자 가운데 소수는 문과 급제자의 가까운 친척이었다. 문과 급제자들은 성리학에 입각해 당시 왕조를 섬겼기 때문에 왕조에 반대하는 음모에 가담하지 않은 것 같다. 그러나 평안도 출신 문과 급제자들은, 특히 초기 단계에 반란을 뚜렷이 반대하지 않았다. 반란 동안 정주 출신 문과 급제자와 그들의 동료로 여겨지는 부류가 보인 의심스런 행동과 그들이 반란 최고 지도자들과 연결됐을 가능성을 살펴보면, 그들의 최종 선택은 물론 그들을 둘러싼 사회·정치적 복잡성을 좀 더 분명하게 이해할 수 있을 것이다.

이런 측면과 관련해 우리의 흥미를 끄는 인물은 백경해와 그의 형 백경한, 한호운·김익환金益煥(1753~1833)—이들은 모두 최경림에게 배웠다—과 반란군 지도자 홍경래(?~1812)·우군칙(?~1812)이다. 백경한과 한호운이 충성을 지키다 죽은 것은 이미 언급했다. 그러나 흥미롭게도 조정에서는 그들의 순절을 즉시 인정하지 않았는데, 평안도 주민이 반란 세력을 도왔다는 널리 퍼진 의심 때문이었다. 백경한은 2월 14일 반란군에게 사로잡혀 정주성에 갇혀 있는 동안 반란 반대 세력을 모으려고 했다는 혐의로 2월 28일 살해당했다. 그러나 그의 충성스러운 죽음은 반란이 진압된 뒤인 6월 3일에야 병마사에 의해 중앙 조정에 보고됐다. 조정은 확실한 증거를 모으고 백경한의 지지자들에게서 호소하는 상소를 받은 뒤에야 그의 충절을 사실로 인정했다.[85]

반란이 일어났을 때 서울에 있던 한호운은 4월 말 정주에 도착했다. 그는 홀로 정주성에 들어가 홍경래에게 항복하도록 설득하려고 했다고 알려졌다. 홍경래는 한호운에게 그가 문과에 급제한 뒤 어떤 관직과 우대를 받았는지 물었으며 조정의 편을 드느라 인생을 낭비하지 말라고 말했다. 한호운이 정의와 충성의 유교적 규범을 계속 설교하자 한 반란

---

[85] 백경해, 《수와일기》 1812년 1월 4일~1월 16일 및 1812년 3월 27일; 백경해, 《수와집》, 4:26b~28b; 《진중일기》, 165, 195, 205, 322, 329, 424, 614~16쪽.

군이 창으로 그의 다리를 찔렀다. 마침내 홍경래는 우군칙에게 한호운을 죽이라고 지시했는데, 홍경래와 한호운은 어렸을 때 함께 놀던 사이였고 효자로 알려진 그를 차마 직접 죽일 수 없었기 때문이었다. 정주 출신 동료 최대식崔大寔(1777~?, 1807년 문과 급제)이 그를 위해 호소하는 서신을 쓰고 관찰사가 그것을 심각하게 받아들일 때까지 이번에도 한호운의 순절은 사망한 뒤 열흘 넘게 인정받지 못했다.[86]

왜 백경한은 여러 날 동안 살아 있었고 어째서 한호운은 홍경래를 설득할 수 있다고 생각했는지를 포함해 여러 질문을 제기할 수 있다. 그러나 두 사람은 반란 세력에게 죽음을 당했기 때문에 그 뒤 충신으로 남았다.

1789년(정조 13) 매향 사건 때문에 유배됐던 김익환의 경우는 좀 더 설명하기 어렵다. 반란 세력은 문학적 재능으로 유명했던 김익환에게 자신들이 천명을 받았음을 증명하는 상징적 행위로 정주의 공자 사당에 제사 드릴 제문을 쓰게 했다. 김익환은 "그릇된 의례를 사당에 올리는 것은 반란 세력이 되는 것보다 나쁘다"면서 그것을 거부했다고 한다. 그런 뒤 그는 외쳤다. "내 손을 자르지 않으면 내 붓을 빼앗을 수 없을 것이다." 반란 세력은 그의 용기에 압도돼 감히 그를 해치지 못했다고 한다.[87] 비판적으로 살펴볼 부분도 있지만 그 뒤 1931년 지방지에 실린 이 이야기는 사실이었을 것이다. 먼저 이 일화는 다른 자료, 특히 정주의 양반이자 의병 지도자인 현인복玄仁福이 쓴 《진중일기陣中日記》

---

[86] 방우정, 《서정일기》, 88쪽 및 90쪽; 《진중일기》, 301~2쪽 및 331쪽.
[87] 《신안지 속편》, 64:21~22.

에는 나오지 않아서, 백경한의 죽음에 관련된 기록이 풍부한 것과 대비된다. 김익환의 이름은 조정에서 반란 진압작전에 충성스럽게 기여했다고 인정해 포상한 인물의 명단에도 들어있지 않다. 아울러 그의 동료 백경한은 투옥돼 끝내 죽음을 맞았을 때 어떻게 김익환은 살아남아 정주의 반란군 진영에서 도망칠 수 있었는지도 의문이다. 김익환의 용맹이 반란군의 마음을 설득했다는 일화는 믿기에 너무 극적이다.[88]

반란이 진행되는 동안 백경해의 태도와 행방에도 의심스러운 측면이 있다. 그의 일기에 따르면 그는 반란 세력이 가산과 곽산을 점령한 다음 날 우연히 정주의 관아에 있었다. 그가 그곳에 있는 동안 최이륜崔爾崙이 이끈 반란 세력은 감옥을 열어 동조자들을 풀어주었다. 정주목사 이영식李永植이 위기 상황을 통제할 능력이 없음을 간파한 백경해는 좌수 김이대가 이미 반란에 가담한 것을 모른 채 그에게 최이륜과 그 추종자들을 참수해 반란 세력을 진압하고 그 지역을 방어하라고 설득했다. 김이대를 설득하는 데 실패한 백경해는 집으로 돌아와 반란 세력에게 반격할 동조자를 모으기 시작했다고 한다. 그는 혼란 속에서 며칠을 보냈다고 일기에 썼다(2월 2일 숙모도 사망했다). 그는 반란이 일어난 닷새 뒤인 2월 5일 평양으로 떠나 2월 8일에 도착했다.[89]

백경해 일기의 다른 여러 부분과 비슷하게 1812년 반란에 관련된 부

---

[88] 지방의 유생外方儒生인 김익환은 1788년(정조 12) 성균관 학생의 권당捲堂을 주도해 유배됐다. 그가 이 책에서 말한 정주 출신 인물과 같은 사람인지는 분명치 않다.《승정원일기》 권1642, 정조 12년 5월 29일, 87:522~23;《일성록》 정조 12년 5월 29일, 13:524~25.

[89] 백경해,《수와일기》 1811년 12월 18일.

조선의 변방과 반란, 1812년 홍경래 난

분은 그 사건이 일어난 뒤 그가 상황을 살펴볼 수 있었을 때 쓰인 것이 분명하다. 이 일기와 다른 사료에는 백경해가 처음에는 반란 세력에 가담했다가 나중에 태도를 바꿨다는 뚜렷한 증거가 없다. 그래도 몇 가지 측면은 의심스럽다. 첫째, 그는 자신이 김이대에게 마음을 돌려 반란 세력을 진압하자고 설득하려고 했다는 것을 강조함으로써 자신이 충신이라는 사실을 정당화했다. 그러나 김이대 역시 나름대로 백경해의 동의와 협력을 얻으려고 했을 것이라는 것도 동일하게 가능하다. 백경해와 진사인 김이대의 사회적 지위는 동일하다고 여겨진다.[90] 김이대가 소속된 연안 김씨는 정주에서 문과 급제자를 가장 많이 배출한 가문이었으며 백경해의 가문과 많은 혼인관계를 맺어왔다. 그 지역에서 김이대의 동료 양반 가운데는 이미 준비 단계에서 반란 세력에 가담한 사람도 있었으며, 반란 세력은 영향력 있는 지역 양반이 자신들의 거사를 지지하게 만들려고 계속 노력했다. 아울러 반란 격문에서는 자신들이 거사한 주요 원인이 지역 차별에 대한 불만이라는 것을 강조했다. 자신의 저술에서 뚜렷이 드러나듯 백경해는 부당한 정치적 관행에 대한 분노를 지역 지배층의 다른 구성원들과 공유했으며, 이런 측면을 감안할 때 그는 반란 지도자들의 감정에 충분히 공감했을 것으로 생각된다.

둘째, (김익환의 사례에서처럼) 백경해가 반란 세력에 단호히 반대했다면 정주성이 이미 반란 세력의 손에 넘어간 뒤에야 그곳을 떠난 것은 이해하기 어렵다. 셋째, 그가 평양의 자기 직무로 늦게 돌아온 것에 대

---

[90] 《관서평란록》, 1:444쪽;《안릉일기》, 363쪽. 당시 김이대는 42세, 백경해는 48세였다.

〈표 5〉 문과 및 진사 급제자와 반란 세력

이름(거주지)	급제 상황	반란에서의 역할
김이대(정주)	1805년(순조 5) 진사	정주목사
김창시(곽산)	1810년(순조 10) 진사	핵심 지도자 가운데 한 명
김국범 또는 창배昌培(곽산)	그의 형 김창제는 1810년 문과 급제a	전략가이자 선봉 기병대의 일원
임용(정주)	그의 조카와 삼촌이 진사b	반란군 행정부의 좌수
김사용(태천)	김치정(1783년〔정조 7〕 문과 급제)의 11촌c. 김치정은 반란군 행정부에서 태천현감 후보였으며d, 가산 출신의 김석태(1790년〔정조 14〕 문과 급제)는 김치정 딸의 시아버지	핵심 지도자 가운데 한 명
김익수金益洙 (가산)	김석태(1790년 문과 급제)의 삼촌이자 김건수金健修(1762년〔영조 38〕 문과 급제)의 동생e	가산 영장
김남초金南楚 (정주)	아들 김인수金麟洙는 1819년(순조 19) 문과 급제	반란군 군무軍務를 감독했지만 나흘 뒤 달아남
계남심(선천)	조부 계덕해桂德海는 1774년(영조 50) 문과 급제f	비술秘術에 통달했으며 의주 점령 전략을 고안
계항대(선천)	조카 계향붕은 1805년 진사 급제g	반란군에 곡물 기부
승일술(정주)	승이도承以道(1675년〔숙종 1〕 문과 급제)의 5촌이며 승경항承慶恒(1786년〔정조 10〕 문과 급제)의 8촌h	창감倉監
승정항(정주)	승륜承綸(1774년 문과 급제) 9촌i	반란군 장교

a. 김국범과 김창제의 아버지 이름(한익)은 동일하다. 김국범(김창배로도 알려졌다)·김창제·김창시는 사촌일 수도 있는데, 본관이 광산光山(광주光州)으로 알려졌고 이름의 한 글자(창)가 돌림이기 때문이다. 조선 후기(와 현재까지도) 대부분의 가문은 같은 세대에는 동일한 글자(나 부수)를 사용했다. 김국범의 조카는 김사용의 조카딸과 약혼했다고 한다. 《관서평란록》, 3:318쪽 및 5:90쪽.

b. 《관서평란록》, 5:481. 임용은 모반대역죄로 처결됐다. 《관서평란록》, 5:506쪽.

c. "촌"은 어떤 사람과 친척의 멀고 가까움을 보여주는 표지다. 이를테면 아버지와 아들은 1촌이지만 형제자매는 2촌이다. 혈연관계가 한 세대에서 다음 세대로 수직 이동하면 1촌이 더해지며, 혈연관계가 수평 이동하면 2촌이 더해진다. 이런 방식에 따라 사촌과 삼촌이 결정된다.

d. 《관서평란록》, 3:122~23쪽.

e. 《순천 김씨 철원공파 세보》, 680~94쪽. 김석태는 김건수의 아들이며, 김건수의 6대 직계 후손은 문과에 급제했다. 단천의 의성 김씨 출신 김몽하金夢河의 증언에 따르면 김치정의 한 아들과 김사용의 친척 김석태는 반란이 일어날 것을 미리 알았으며 자신의 누이(김석태의 며느리)를 고향으로 보내 곧 있을 난리를 피하게 했다. 《관서평란록》, 3:122쪽. 족보에 따르면 김익수는 반란이 끝나기 한 달쯤 전 사망했다.

f. 《수안 계씨 인맥보》, 351쪽.

g. 같은 책, 53~54쪽.

h. 《관서평란록》, 2:518쪽 및 《영일 성씨 족보》, 116쪽.

i. 《연일 승씨 족보》, 430쪽 및 427쪽; 《관서평란록》, 2:516쪽. 승응조는 반란군 지휘관의 한 사람으로 지목됐다. 그가 1782년(정조 6) 문과 급제자와 같은 사람으로 생각되지는 않는데, 그가 반란에 가담했다면 그의 손자 승진태가 1846년(헌종 12) 문과에 급제할 수는 없었을 것이기 때문이다. 《순조신미별등록純祖辛未別謄錄》, 22~23쪽 및 《관서평란록》, 4:114쪽.

한 해명은 만족스럽지 않다. 곧 백경해가 반란 세력 지도부에 가담할 것을 고려했을 수도 있다는 추측이 전혀 불합리한 것은 아니다. 적어도 그와 그의 동료들은 반란 세력의 편에 서지 않기로 확고히 결정하기 전 반란 세력의 활동이 진행되는 과정을 면밀히 관찰했을 것이다.

이런 양반들과 반란의 두 최고 지도자 홍경래와 우군칙이 관련됐을 가능성을 조사하는 것도 중요한데, 우군칙의 주요 직업은 풍수風水였다. 앞서 언급한 대로 백경해는 풍수설을 믿었으며, 그의 스승 최경림도 전문적인 지관이었다. 최경림의 지도 아래 백경해의 집안은 조상의 묘소는 물론 집도 옮겼다.[91] 이처럼 풍수설에 관심을 공유한 것은 이런 양반 '고객'과 풍수설의 전문적 제공자인 홍경래·우군칙이 만날 수 있는 문화적 공간을 제공했을 것으로 여겨진다. 그리고 이미 언급한 대로 홍경래와 한호운은 함께 놀던 친구였다. 끝으로 최경림은 원래 영변의 백령방百嶺防 출신이며, 우군칙은 반란 1년 전에 그곳을 방문했는데 반란 지지자를 모으고 반란 거점을 설립하려던 목적으로 생각된다. 기이하게도 1783년(정조 7) 조정은 백령방에 "인근 주민들이 신선이라 부르고 관원들은 요인妖人이라고 지칭하는 사람들이 모였다"고 지목하면서 주의를 기울인 적이 있었다.[92]

---

[91] 1769년(영조 45) 최경림은 백경해의 집터가 부를 가져다 줄 수는 있지만 거기 사는 사람을 해칠 자리라고 생각해 집을 다른 곳으로 옮기게 했다. 백경한, 《부호집鳧湖集》, 〈부호연기〉, 1769년(기축); 백경해, 《수와일기》 1792년 4월 13일, 1806년 5월 1일, 1807년, 1809년; 백경해, 《수와집》, 6:7a~9a.

[92] 백경한, 《부호집》, 〈부호연기〉, 1770년(경인); 《진중일기》, 693쪽. 오수창, 《조선 후기 평안도 사회발전연구》, 247~48쪽에서 직접 인용.

〈표 6〉 관원 출신 반란군 지도부

이름(거주지)	전직 관서	반란군에서의 역할
정경행(철산)	군수	도지휘사
정성한(철산)	영장	용천부사
이상항李尚恒a (정주)	별장. 무과 급제b	우익장右翼將
박성신(곽산)	첨사	곽산군수
이양필c (정주)	첨사	반란군 모집
김이국金理國d (선천)	별장	군관軍官
호윤조e (창성)	권관權管f	반란군 지지자로 의심받음
황종대黃宗大g (정주)	첨사. 무과 급제	좌익장左翼將이었으나 뒤에 반란군에서 도망침
김정한h (용천)	첨사	반란군에 곡식과 돈 기부

a. 《진중일기》, 232쪽 및 《관서평란록》, 1:490쪽.
b. 별장은 중앙 조정에서 임명한 종9품 무반직이다.
c. 《서정일기》, 42쪽 및 《관서평란록》, 3:127쪽.
d. 《관서평란록》, 1:469쪽.
e. 《진중일기》, 348~49쪽.
f. 권관은 중앙 조정에서 임명한 종9품 무반직이다.
g. 《관서신미록關西辛未錄》, 109~12쪽.
h. 《관서평란록》, 3:71쪽 및 4:203쪽.

이것은 정주 양반 중 이 집단이 반란 음모에 연관됐을 가능성을 보여주는 상황적 증거일 뿐이다. 그럼에도 역사는 이들을 왕조의 충신으로 기록하고 있으며, 반란에서 살아남은 이들은 그 이유가 명백하다고 적극 주장했다. 백경해의 경우는 이 장 앞부분에서 논의했고 백경한과 한호운의 사례는 앞으로 6장에서 서술할 것처럼 그들의 충절은 그들이 사는 동안 그들에게 거대한 축복이었으며 그들의 후손에게도 그랬다. 그들의 진정한 정치적 입장은 알 수 없기 때문에 그들의 활동에 관련된 앞으로의 서술은 이용할 수 있는 역사기록에 따를 것이다.

분노를 행동으로 옮기고 반란에 중요한 지원을 제공한 부류는 문과에 급제하지 못한 지역 양반이었지만, 그들의 가문적 배경과 지역사회에서 사회적 지위는 문과 급제자들보다 그리 처지지 않았다. 1805년(순조 5) 진사가 된 김이대는 적절한 사례다. 그는 기존 양반(구향)이자 상당히 저명한 가문인 정주의 연안 김씨 출신이었다. 그의 외증조부 조수달趙壽達(본관 배천白川)은 1708년(숙종 34) 문과에 급제했다. 김이대의 형제 김상대는 파평 윤씨 가문과 혼인했는데 그의 고조부 윤훈갑尹訓甲은 1679년(숙종 5) 문과에 급제했다.[93] 김이대 외에 김창시(본관 광주)도 진사였으며 계획 단계부터 반란에 가담했고 격문을 작성했다.[94]

〈표 6〉에 요약한 대로 상당수의 중앙 관원도 반란을 지원했다. 조상이 몇 세대 전 병자호란에서 뛰어난 공훈을 세운 철산의 하동 정씨 출신인 정경행鄭敬行과 정성한鄭成漢은 반란에 참여하기 전 각각 군수와 영장으로 재직했다. 그들은 반란 세력에게서 각각 도지휘사와 용천부사龍川府使에 임명됐다.[95] 곽산 출신의 박성신은 전 첨사僉使였는데 반란군에게서 곽산군수에 임명됐다.[96] 이 밖에도 많은 무과 급제자가 반란군 지휘부에 참여했다.[97] 개인적 동기는 알려져 있지 않지만 그들은 다른 지역, 특히 서울 출신과 교류하면서 지역 차별을 경험했을 것으로 생각된다. 그들은 분노했고, 홍경래가 이끄는 새 조정에서 더 나은 대

---

[93] 《연안 김씨 개성부윤공파보》, 1:180~81쪽.
[94] 《관서평란록》, 2:596쪽; 《진중일기》, 136쪽.
[95] 《진중일기》, 134, 334~36, 372쪽.
[96] 《진중일기》, 134, 308쪽; 방우정, 《서정일기》, 23쪽.
[97] 선천 출신 원대천·이형태·양제홍·양치제, 정주 출신 이상항·황종대·이인영·이상항, 철산 출신 정창현·김현, 곽산 출신 김대소, 박천 출신 최대원, 영변 출신 이남재, 삭주 출신 이팽년의 아버지가 무과 급제자로 확인됐다.

우를 받으리라고 예상하면서 반란 가담을 결심했을 것으로 여겨진다.

요컨대 북부의 평안도가 15세기에는 왕조의 영토적 국경이자 문화적 주변부였지만 18세기 무렵 전국과 잘 통합된 일부로 변모한 것은 주목된다. 평안도는 군사·재정적으로 안정되면서(다음 장에서 서술) 왕조의 지배층이 수용한 주류적 문화를 빠르게 채택했다. 평안도의 지역 지배층은 중앙의 정치과정에서 동등한 참여자로 인정받으려고 많은 노력을 기울였다. 그러나 그런 노력과 충돌한 것은 중앙 양반의 높아진 신분의식과 그들이 채택한 배제전략일 뿐이었다. 축적된 문화적 역량에서 발생한 지역 지배층의 열망과 그들이 맞닥뜨린 변함없는 정치·사회적 차별 사이의 불일치는 그들의 불만에 연료를 공급했다. 그 불만은 중앙 정치가 허용한 범위 안에서 정의를 추구하도록 상소하고 항의하는 것처럼 전통적인 평화적 방법으로 표출됐다. 그러나 1812년의 반란 세력은 현존하는 왕조를 무너뜨리고 지역 지배층이 핵심적 통치 세력이 되는 새 왕조를 수립해 문제를 해결하기로 결심했다. 일단 분출되자 지방의 이런 감정은 현재 상황에 맞서는 대중운동으로 상당히 쉽게 전환됐다. 그러나 지역 지배층 사이의 내부 분열과 경쟁을 간과해서는 안 되는데, 한 부류는 반란을 주도하고 다른 부류는 그것을 진압하는, 반란 당시 지역 지배층 사회의 양극화된 상태를 설명해주기 때문이다.

3장

홍경래 난의
경제적 맥락

앞 장에서 지적한 대로 평안도 출신은 조선 전기에 견주어 조선 후기에 문과에서 훨씬 좋은 성적을 거두었다. 급제하려면 오랜 기간 학업에 전념해야 했는데, 그것은 상당한 물질적 뒷받침을 받지 못하면 불가능했다. 그러므로 조선 후기에 평안도 출신 문과 급제자가 급증한 사실은 그 지역이 물질적으로 비교적 풍요로웠음을 시사한다. 1년 넘게 준비하고 용병도 포함해 그 지역 전역에서 반란을 일으킨 것 또한 상당한 물질적 지원이 있어야만 가능한 일이었다.[1] 반란에 상인이 가담한 것 또한 특히 주목되며 설명할 필요가 있다. 그러므로 이 장에서는 조선시대 평안도의 경제적 상황, 특히 평안도 지배층이 과거에서 급제할 수 있도록 하고 지역 상인의 출현을 수반한 조선 후기 평안도의 경제적 변화를 분석할 것이다. 아울러 지역 지배층과 상인, 그리고 전체 주민이

[1] 반란군 모집과 반란 세력의 물질적 자원은 5장 참조.

중앙과의 관계에서 일으킨 경제적 갈등도 논의할 것이다.

북부의 경제와 조세 행정

지리적으로 북부 지역은 산이 많고 척박했다. 그곳에는 해안을 따라 작은 평지가 있을 뿐이며, 그것조차 남부 지역의 토지와 비교해 생산력이 그리 높다고 평가되지 않았다. 전체적으로 남부 지역의 논이 가장 비옥하고, 그다음은 경기도와 황해도의 논이며, 함경도·강원도·평안도의 논이 가장 척박하다고 평가됐다.[2] 1404년(태종 4) 토지대장에 등록된 평안도의 경작지는 6,648결이었는데, 전국의 전체 경작지(93만 1,835결) 가운데 0.7퍼센트에 지나지 않았다.[3] 이것은 세종(재위 1418~50) 때 19퍼센트(30만 8,751결)로 급증했으나, 그 뒤 16세기 후반까지 등록된 전체 토지의 10퍼센트(15만~17만 결)가 될 정도로 안정됐다.[4] 왜란(1592~98) 뒤 농경지는 9만 결로 떨어졌고, 호란(1627·1636) 이후인 1646년(인조 24) 무렵에는 4만 7,561결로 줄어, 전란이 그 도에 준 파괴

---

[2] 정약용, 《경세유표》, 1:324쪽; 《세종실록》 세종 25년 11월 2일(계축). 토질에 관련된 자세한 사항은 오수창, 《조선 후기 평안도사회발전 연구》, 135~38쪽 참조.

[3] '결'은 일정한 곡물 수확량을 내는 토지의 면적으로 토질에 따라 2.2~9.0에이커로 변동한다.

[4] 《세종실록》에 30만 결 이상으로 기록된 이례적으로 높은 수치는 당시 경작지의 진정한 분량을 반영한 것은 아니라고 여겨진다. 이것은 과장됐거나 개간돼야 하는 토지를 포함했을 가능성이 있다고 권내현은 지적했다. 권내현, 〈조선 후기 평안도재정운영 연구〉, 44쪽.

적 영향을 보여준다. 1720년(숙종 46) 경작지는 9만 804결, 또는 전체 등록 토지의 6.5퍼센트로 회복됐으며 19세기 중반 무렵 12만 결 이상까지 천천히 늘어났다.[5]

평안도의 경작지는 대부분 밭이었지만 논농사도 세종 때 10퍼센트 정도에서 왜란 직전 17퍼센트 정도로 꾸준히 늘었다.[6] 1807년(순조 7)의 수치는 여전히 경작지의 17퍼센트 정도가 논으로 등록됐는데, 조선 후기의 환경적 조건과 농업기술을 감안할 때 논농사를 지을 수 있는 토지의 최대치를 반영한 것으로 여겨진다.[7] 북부 지역에서 모내기를 도입하기 시작한 시기나 그 여부는 확실치 않은데, 남부 지역에서는 17세기 후반부터 점차 적용돼 생산성을 증가시키는 데 기여했다.[8] 경기도와 개성에서 모내기가 실시된 사례는 18세기 후반 무렵부터 사료에 나타난다.[9] 그러나 조선 후기의 학자 우하영禹夏永(1741~1812)은 북부의 세 도에서 개성 지역에서만 모내기를 하고 있다고 보고했다. 또한 그는 17세기 중반 평안도에서 도입되어 경작되기 시작한 면화는 아직도 뽕나무와 삼베보다 옷감과 침구의 원료로 널리 사용되지 않는다고 지적했다.[10]

농업사회에서 등록된 토지의 분량은 백성의 경제적 복지를 어느 정

---

[5] 권내현, 〈조선 후기 평안도재정운영 연구〉, 44, 60, 90, 173쪽.

[6] 권내현, 〈조선 후기 평안도재정운영 연구〉, 45쪽.

[7] 《만기요람 재용편》2, 전결, 팔도 사도 원장부 전답八道四都元帳付田畓, 202~10쪽.

[8] 염정섭, 《조선시대 농법발달 연구》, 155~74쪽.

[9] 염정섭, 《조선시대 농법발달 연구》, 175쪽.

[10] 우하영, 《천일록》, 160~65쪽.

도 반영하지만, 또 다른 경제적 상황은 국가의 과세 수준과 세수 운영도 고려해야만 한다. 평안도는 북부 국경 지역에 위치했기 때문에 왕조 초기의 행정가들은 그곳의 조세 행정을 약간 특별하게 설정했다. 우선 지세地稅는 다른 도보다 낮았다. 15세기 초 세율은 1결당 20말로 다른 도 세율의 3분의 2 수준이었다. 16세기 무렵 전체 논의 세율은 4말로 줄었지만 평안도의 지주는 논에서 평균 세율의 3분의 2를, 밭에서는 평균 세율의 83퍼센트를 냈다. 임진왜란 동안 도입된 삼수미三手米는 평안도에 부과되지 않았다. 기존의 공납을 대체한 대동미의 세율은 남부의 절반 정도였다. 그러나 평안도 주민은 남부 주민보다 무거운 군역과 역역을 졌고 그때그때 다양한 물품을 납부해야 했다. 다른 도와 달리 대동미는 물론 지세의 수입도 중앙 조정에 보내지 않고 비축해두었다. 특별한 군사적·외교적 상황이 발생할 때 사용하는 것은 물론 일상적인 다양한 소비에 충당하려는 매우 현실적 목적 때문에 그렇게 보관한 것이었다.[11]

왕조 초기부터 북부 지역은 북부 국경 주위와 그 너머에 있는 여진족의 군사적 습격에 취약했다. 조정은 그런 위협에 맞서 그 지역을 방어하기 위해 다양한 방법과 전략을 세웠다. 수많은 보堡와 진鎭을 건설하고 낡은 것은 보수했다. 침략로가 될 수 있는 도로를 따라 위치한 읍치들은 대부분 화기와 성벽을 설치해 방어했다. 남부 지역은 물론 현지

---

[11] 《대전회통》, 〈호전 수세〉, 2:21b~25a; 이중환, 《택리지》, 242쪽(번역본 131쪽); 고석규, 〈18세기 말 19세기 초 평안도지역 향권의 추이〉; 권내현, 〈조선 후기 평안도재정 운영 연구〉, 44~64 및 89~98쪽.

주민 중에서 징집한 군사는 크고 작은 공격을 감시했다. 대규모 침략군에 맞서기 위한 군사전략도 고안됐다.[12] 조정은 군사적 대비와 함께 유화책도 채택해 국경지대의 크고 작은 여진 부족과 도성 사이의 활발한 외교적 교류가 이뤄졌다. '방문자'에게 주는 선물과 그들이 도성을 오가는 사행비용은 도로 인근 주민이 부담해야 하는 의무였다. 그 결과 이런 모든 군사·외교적 요구를 충당해야 하는 평안도 주민의 재정적 부담은 막대했다.[13]

17세기 초 만주 남부에서 급속히 대두한 만주족에 맞서 북부 국경지대에 방어체제를 강화하면서 이런 부담은 늘어났다.[14] 아울러 모문룡毛文龍(철산 해안 바깥의 가도假島에 주둔한 명의 장수)과 (만주족이 요동으로 팽창하면서 몰려나) 피란 온 중국인들은 만주족과의 군사적 충돌에 대비해 그 지역을 방어한다는 구실로 막대한 규모의 군사적 지원을 요구했다. 모문룡의 요구에 맞추기 위한 군사적 준비와 운송비는 평안도 주민에게 엄청난 부담을 더했다. 거기에 더해 명의 피란민은 자주 마을을 약탈하고 무고한 주민을 죽이기까지 했으며, 모문룡은 1629년(인조 7) 명조정에서 그의 행위를 적발해 처형할 때까지 자의적 습격을 용인하거

---

12 이철성, 〈17세기 평안도 강변 7읍의 방어체제〉; Palais, *Confucian Statecraft and Korean Institutions*, pp. 394~441.
13 Kenneth R. Robinson, "From Raiders to Traders."
14 한 민족을 지칭하는 말로서 "만주"라는 용어의 기원은 그리 분명치 않다. 그 이름은 홍타이지皇太極(1592~1643) 때인 1635년 여러 여진족을 통합하면서 채택됐다고 마크 엘리엇은 지적했다. "구분되지 않은 경계였지만 동북아시아의 해당 지역을 만주라고 부르게 된 것은 논란이 많다"는 엘리엇의 견해는 Elliott, "The Limits of Tartary" 참조.

나 이끌기까지 했다. 모문룡이 제거된 뒤에도 명군은 가도에 계속 주둔
했으며 명군과 피란민을 지원하는 재정적 부담은 병자호란 때까지 이
어졌다.[15]

만주족이 중국 북부를 차지하면서 기존의 외교적 비용은 그 지역에
군사 방어체제를 구축하고 명의 군사 활동을 지원하는 재정적 수요로
전환됐다. 만주족이 조선을 침입한 직후 두 나라 사이의 외교사행은 상
당히 자주 일어났다. 1636(인조 14)~1649년(인조 27) 청 사신은 연평균
3.6회 조선을 방문했다. 사행의 숫자는 1650(효종 1)~1659년(효종 10)
연평균 2.8회, 1660(현종 1)~1674년(현종 15) 1.2회로 줄었다가 그 뒤에
는 연평균 1회 미만으로 떨어졌다.[16] 청의 방문이 줄면서 조선 조정에
서 파견한 사신도 자연히 줄었다. 같은 기간 동안 청에 보낸 조공사행
은 연평균 각각 5.85회, 4.5회, 3.2회였다. 18세기에는 연평균 2.5회의
사신이 청에 파견됐다.[17]

외교사절 교류비용에는 국경과 도성 사이를 오가는 데 드는 음식과
숙박, 교통, 호위, 선물이 포함됐다. 한 연구에 따르면 18세기 초 청 사
행을 한 번 맞이하는 데 평안도에서 50만 냥(쌀 1만 7천 섬에 해당)이 들

---

[15] 명군과 피란민의 숫자는 변동했다. 1628년(인조 6) 그 숫자는 2만 6천 명이었으며, 그
들은 곡식 10만 섬 이상을 소비했다. 모문룡이 그 지역에서 가장 활발히 활동했을 때
그는 조선 조정에 많게는 곡식 14만 섬을 요구했으며, 대부분 지방에서 그것을 공급
했다. 《인조실록》 인조 6년 9월 29일(병술) 및 인조 4년 7월 13일(계미). 가도의 명군
이 야기한 재정 유출에 관련된 자세한 사항은 권내현, 〈조선 후기 평안도재정운영 연
구〉, 72~78쪽 참조.
[16] 권내현, 〈조선 후기 평안도재정운영 연구〉, 98~102쪽; 오수창, 〈조선 후기 평안도민
에 대한 인사정책과 도민의 정치적 동향〉, 125~28쪽.
[17] 권내현, 〈조선 후기 평안도재정운영 연구〉, 122~27쪽.

었다. 그 도에서 걷은 지세와 대동미의 3분의 2를 넘는 액수였다.[18] 청과 조선의 관계가 안정되고 사행 횟수가 줄면서 지방 관청과 주민의 재정 부담이 줄었다. 17세기 후반~18세기 초반 경작지와 인구가 점차 늘면서(〈표 7〉 참조) 북부 지역의 경제는 전체적으로 회복됐다.

지배층의 문화적 관행—비용이 많이 드는 의례와 의식, 오랜 기간에 걸친 교육, 복잡한 생활양식을 요구했다—이 17세기 후반 이 지역에서 널리 퍼지기 시작한 것도 북부 지배층이 경제적 잉여를 얻었음을 증명한다. 이를테면 정주의 저명한 양반가문의 하나인 연일延日 승씨 출신의 승대기承大基(1588~1659)는 자기 집의 재정이 17세기 초반 학자의 경력을 뒷받침할 수 없음을 깨닫고 학업을 접고 농업에 헌신했다. 그 뒤 그의 집은 부유해졌고 아들의 교육에 투자하면서 그의 아들 승득운承得運(1618~86)이 1675년(숙종 1) 문과에 급제하고 그의 직계 후손 중에서 문과 급제자가 4명 더 나오는 성과를 올렸다. 정주의 연일 승씨 가운데 다른 4명도 조선 후기 문과에 급제했다.[19]

군사·외교적 비용이 줄었기 때문에 그 지역의 비축곡이 늘면서 중앙 조정은 이런 자금을 자신의 필요에 이용하기 시작했다. 17세기 후반부

---

[18] 권내현, 〈조선 후기 평안도재정운영 연구〉, 112~16쪽. 청 사행이 한 번 올 때 조정에서 쓴 비용은 80만 냥 정도였다. 1637~44년 대청 조공관계에서 발생한 경제적 부담에 관한 다른 연구에 따르면 조공품과 선물을 포함해 총비용은 1년당 81만 냥을 넘었다. 명을 무너뜨린 뒤 청은 조공 분량을 크게 줄였으며, 1645~1735년 1년당 평균 비용은 40만 냥 정도로 감소했다. 1736년 이후 비용은 20만 냥 정도로 더 줄었다. 전해종, 〈청대 한중관계의 일고찰〉.

[19] 《연일 승씨 족보》, 16~18, 76~78, 224, 236~37쪽. 다른 사례는 이 책 2장 참조. 18세기 초 선천의 계원수가 모은 부는 《수안 계씨 인맥보》, 43쪽 참조.

〈표 7〉 평안도의 인구 변화a

연도	평안도		전국		전국 가호당 평안도 가호의 백분율	전국 인구당 평안도 인구의 백분율
	가호	인구	가호	인구		
1404	27,788	52,872	153,403	322,746	18.1	16.3
1406	33,890	62,321	180,246	370,365	18.8	16.8
1454b	41,167	105,444	201,853	692,477	20.4	15.2
1648	39,927	145,813	441,321	1,531,365	9.0	9.5
1657	55,623	184,799	658,771	2,290,083	8.4	8.1
1669	177,912	720,391	1,313,453	5,018,644	13.5	14.4
1678	150,689	706,675	1,342,428	5,246,972	11.2	13.5
1717	167,749	763,340	1,560,561	6,846,568	10.7	11.1
1723	174,373	791,918	1,574,066	6,865,286	11.0	11.5
1726	172,720	734,944	1,567,598	7,032,425	11.0	10.5
1753	297,603	1,267,709	1,772,749	7,298,731	16.8	17.4
1776	296,433	1,274,405	1,715,371	7,238,522	17.3	17.6
1786	299,523	1,288,399	1,737,670	7,356,783	17.2	17.5
1807	302,005	1,305,969	1,764,504	7,561,403	17.1	17.3
1837	214,976	853,048	1,591,963	6,708,529	13.5	12.7
1852	217,141	868,906	1,588,875	6,810,206	13.7	12.8
1864	217,577	872,825	1,703,456	6,828,521	12.8	12.8
1904	194,866	812,997	1,419,899	5,928,802	13.7	13.7

*전거:《증보문헌비고》권 161, 〈호구고〉1, 역대호구.
a. 여러 1차 자료에 기록된 가호 수와 인구 수는 당시 평안도의 가호와 인구의 정확한 숫자를 보여주지 않는다. 그 숫자는 서로 일치하지도 않는다. 곧 특정한 시점에서 실록에 기록된 가호 수는 다른 자료에 수록된 숫자와 일치하지 않는다. 인구 정보의 신빙성이 부족한 까닭은 조선에 관련된 인구학적 연구가 상대적으로 부족한 데 있다. 인구 정보에 그런 약점이 있지만 주어진 수치는 조선왕조의 전체적 인구 변화를 이해하는 데 유용하다. 조선의 인구 변화와 호구 등록에 관한 좀 더 자세한 사항은 《호구총수》; 권태환·신용하, 〈조선왕조시대 인구추정에 관한 시론〉; Michell, "Fact and Hypothesis in Yi Dynasty Economic History"; 손병규 외, 《단성호적대장연구》 참조.
b. 1454년의 정보는 《세종실록지리지》에서 인용.

조선의 변방과 반란, 1812년 홍경래 난

터 평안도의 일부 비축곡은 가뭄으로 피해를 겪은 다른 지역에 구호자금으로 보내졌다. 18세기 초 호조는 줄어든 국가세입을 보충하고 늘어난 국가비용을 충당하기 위해 평안도에서 비축한 전세와 비상자금의 많은 부분을 정기적으로 이용하기 시작했다. 국가는 재정적 어려움에 직면하면 대체로 세율을 올리거나 세입을 늘릴 다른 방법을 찾아 비용을 충당한다. 그러나 유교 규범에서 좋은 정부는 낮은 지대율을 유지해야 한다고 규정하기 때문에 조선은 충분치 않은 세입을 보충할 다른 방법을 찾았으며, 평안도의 비축곡은 국가가 필요로 하는 재원을 완벽하게 제공했다.[20]

전세와 공납은 원칙적으로 중앙 조정의 몫이었고, 북부 지역에서 그런 세입을 비축하도록 정당화했던 군사적 위협은 18세기 무렵 사라졌다. 평안도에서 재원을 가져온 호조의 관행은 중앙 조정의 다른 문무 관서가 구호 활동과 군사적 준비에 조달하는 자금을 마련하기 위해 그 지역에 자금을 요구하는 길을 닦았다.[21] 그러나 그동안 독립적이었던 재원을 중앙 조정의 수요에 전용하는 이런 새 관행은 국가가 지역 자원의 운영을 인수했다는 뜻이었기 때문에 중앙과 지방 사이의 이해 갈등을 불러왔다.[22]

---

[20] 오수창, 《조선 후기 평안도사회발전 연구》, 151~57쪽; 권내현, 〈조선 후기 평안도재정운영 연구〉, 203~13쪽.

[21] 권내현, 〈조선 후기 평안도재정운영 연구〉, 213~34쪽.

[22] 홍경래 난은 "평안도 지역사회와 중앙권력 사이의 충돌이었다"고 앤더스 칼슨은 결론지었다. 그는 조선 후기 중앙과 지방의 관계에서 가장 뚜렷한 변화는 "중앙권력의 영향과 통제가 더욱 강력해진 것"이었고 반란은 "이런 변화에 대한 반작용이었으며 그런 의미에서 그동안 관아의 관리와 자원의 운영을 맡아온 지역 지도층의 권리를

환자還上의 운영과 지역민의 불만

조선 후기 중앙 조정은 지출을 위해 평안도의 비축곡에 의지했을 뿐 아니라 상당수의 중앙 관서는 자금을 늘리기 위해 그 도에서 환자를 운영했다. 18세기 이후 지방 관청들도 세입을 보충하기 위해 식리 활동을 널리 실시했다(官廳殖利). 비축된 다양한 세입은 관청식리의 원금으로 자주 사용됐는데, 봄에 현금으로 농민에게 분배했다가 곡식 가격이 낮은 가을에 곡식으로 납부하게 했다.[23] 이미 서술한 대로 대청관계가 안정되면서 사행에 들어가는 비용이 줄었기 때문에 평안도에서 세금으로 걷은 비축곡은 늘어났고, 그래서 정부는 이자를 받고 비축곡을 빌려주었는데, 이것은 조정이 지출을 감당하는 데, 그리고 지역 관서는 각자의 부를 축적하는 데 상당히 수익성이 좋은 방법이었다.

|환자제도|

조선왕조가 개창됐을 때 환자제도를 설치한 원래 목적은 봄에 곡식이

지키려는 '방어적' 저항"이었다고 주장했다. Karlsson, "The Hong Kyŏngnae Rebellion 1811~1812", p. 275. 칼슨의 연구에 관련된 추가적 논의는 8장 참조.

[23] 이런 교환에서 부채자가 지는 부담의 규모는 이자율을 악화시키는 화폐의 작용과 가난한 농민이 지는 부채의 부담을 비판한 우의정 최석정崔錫鼎의 발언에 잘 서술돼 있다. 쌀이 모자라고 가격이 높은 봄에 어떤 사람이 1냥을 빌리면 시장에서 쌀 2말을 살 수 있다. 가을에 추수한 뒤 그는 이자를 더해 1.5냥을 갚아야 한다. 그러나 그 시기 곡물의 일시적인 시장 가격은 1냥에 5말로 떨어지기 때문에 빚을 갚으려고 1.5냥을 마련하려면 7.5말이 든다. 봄에 현금으로 빌린 곡식 가격의 3.75배 또는 375퍼센트다. Palais, *Confucian Statecraft and Korean Institutions*, p. 930.

모자라는 동안 사람들을 구휼하려는 것이었다. 아울러 비축곡제도는 군량을 공급하고 가격을 안정시키며 유동적 대출자금을 비축하는 데에도 사용됐다.[24] 처음에 환자는 농민에게 무이자로 주었다. 그 뒤 처리와 보관에 따르기 마련인 손실을 보충하기 위해 2퍼센트의 이자가 원곡에 청구됐다. 이렇게 낮은 이자율로는 구휼곡과 그 밖의 비축곡을 다시 채워놓을 수 없었기 때문에 15세기 중반 이후 이자율은 올라갔으며, 농민은 이자는 말할 것도 없고 원금도 갚을 수 없다는 것이 이미 분명했지만 같은 세기 끝 무렵에는 10퍼센트로 정해졌다.

이런 원래의 제도는 16세기 전반에 다시 한번 변화했는데, 그때 조정에서는 기록에 관련된 수수료로 이자의 10분의 1을 호조로 보내게 함으로써 이자를 국가세입의 일부로 사용하기 시작했다. 1650년(효종 1) 이자의 10분의 3은 상평청常平廳 수입의 주요 부분이 됐는데, 이런 정책을 본 다른 관서들도 자신의 지출을 충당하기 위해 환자를 이용하기 시작했다.[25] 18세기 후반 중앙과 지역의 거의 모든 관서는 자금을 늘리기 위해 이자를 받고 비축곡을 대여했다. 그 결과 시간이 흐르면서 환자의 전체 비축곡은 1725년(영조 1) 41만 6,900섬, 1776년(영조 52) 137만 7천 섬, 1809년(순조 9) 999만 5,500섬으로 늘어났다.[26] 이런 전국적 추세에 따라 평안도의 전체 환자액도 17세기 후반 70만 섬 정도에서 18세기 초반에는 100만 섬으로, 18세기 후반에는 190만 섬으

[24] Palais, *Politics and Policy in Traditional Korea*, pp. 132~34.
[25] 문용식, 《조선 후기 진정과 환곡운영》, 18~44쪽.
[26] Palais, *Politics and Policy in Traditional Korea*, p. 138.

로 급증했다.[27]

이런 증가는 대체로 중앙 관서가 수립한 새 정책 때문이었다. 1769년
에는(영조 45) 호조·비변사·상진청常賑廳이 환자를 운영하고 있었다.[28]
1776년(영조 52)에 형조와 한성부도 운영에 참여했으며 1797년(정조 21)
병조와 균역청, 그리고 중앙의 세 군영도 자신들의 환자를 운영하기 시
작해 모두 10개의 중앙 관서가 환자를 통해 평안도에서 자금을 확충했
다. 1797년(정조 21) 평안도에서 빌려준 비축곡은 모두 158만 섬 정도였
으며, 그 가운데 122만 섬은 중앙 관서가 운영했다.[29]

농민은 환자를 갚을 능력이 없었기 때문에 높은 연체율과 비축곡 저
장에 따른 어려움을 고려하면 사실상 국가는 대여 목적으로 방대한 비
축곡을 유지할 수 없었다. 그 결과 환자제도는 여러 방법으로 부패해갔
다. 비축곡은 서류에만 남아 있었고 환자의 원곡은 "기록"돼 있었지만
상환되지 않았다. 원곡은 대부분 아직 상환되지 않은 상태였지만 매년
10퍼센트의 이자는 걷어야 했다. 18세기 후반에 이르면 비축곡의 일부
만 대여해야 한다는 규제는 대부분 무시됐으며 비축곡 모두 이자를 얻
기 위해 분배되어 창고에 비축곡은 사실상 남아 있지 않았다. 달리 말
하면 비축곡제도는 거의 파산했지만 환자는 농민에게 부과된 고정세가

---

[27] 문용식, 《조선 후기 진정과 환곡운영》, 142~62쪽.
[28] 상평청과 진휼청은 필요할 때마다 설치한 독립 관서였다. 17세기 중·후반부터 두 관
서는 자연재해와 기근 때문에 구휼의 필요가 자주 발생하면서 그 임무를 담당하기
위해 선혜청宣惠廳에 소속된 상설 관서가 됐다. 이 두 관서는 기능이 대부분 겹쳤기
때문에 18세기 초에는 첫 글자를 따서 관서는 '상진청', 자금은 '상진곡'이라고 자주
불렸다.
[29] 문용식, 《조선 후기 진정과 환곡운영》, 234~45쪽.

조선의 변방과 반란, 1812년 홍경래 난

된 것이다. 그 결과 19세기 초반에는 비축곡 총액은 줄었지만 농민의 재정적 부담은 가벼워지지는 않았는데 그들이 빌린 원곡의 분량이 늘었기 때문이다.[30]

환자 비축곡의 분량은 각 군현에 고정돼 있었고 지역 관원은 그 제도를 유지할 책임이 있었기 때문에 수많은 문제가 나타났다. 무엇보다 큰 문제는, 농민의 상환이 높은 연체율을 나타냈음을 감안하면, 수입과 지불 준비를 맞추는 유일한 방법은 곡물 비축량을 조작하고 창고대장을 위조하며 농민에게서 곡물을 갈취하는 것이었다. 널리 퍼진 문제는 이자 수입을 얻기 위해 환자가 필요하지 않은 농민에게 독단적으로 강제 분배하는 것이었다.

수령들은 세입을 확실히 수취하기 위해 부유한 가호에 환자를 자주 분배했는데, 평안도에서도 일반적인 관행이었다. 환자가 원래 의도대로 기근을 구휼하려고 시행되면 당연히 가난한 가호에만 분배돼야 했다. 그러나 환자가 행정비용을 확충하려는 방법으로 전환되면 부유한 가호는 환자를 필요로 하든 그렇지 않든 표적이 됐다. 부유한 가호는, 서류로만 대여된 경우도 많았는데, 환자의 일부를 받고 이자를 내도록 강요되기도 했다. 전체적인 조세제도는 부를 좀 더 평등하게 분배하는, 그리고 조세구조에 사회신분을 연결시킨 전통적 체제를 진보적 조세구조를 수립하는 방향으로 움직였지만 부유하지만 힘없는 가호에게서 이

---

[30] Palais, *Politics and Policy in Traditional Korea*, pp. 141~42; 송찬섭, 《조선 후기 환곡제도 개혁 연구》, 9~19쪽. 원칙적으로 비축곡의 절반만 빌려줄 수 있었다. 그러나 18세기 후반 다양한 관서가 새로 설치한 환자는 대부분 이자 수입을 극대화하기 위해 비축곡을 모두 빌려주는 정책 아래 운영됐다.

처럼 자의적으로 이자를 걷은 것은 그들이 국가에 분노하는 핵심적 요소가 됐다.[31]

아울러 지역 관원은 지가 변동을 이용해 비축곡이 남는 지역에서 부족한 지역으로 비축곡을 옮기고, 높은 가격에 곡식을 판 뒤 낮은 가격에 다시 채워넣어 제 주머니를 불렸다. 곡물을 배급하고 상환할 때 사용한 용기를 조작해 이익을 챙기는 것은 조세 관원에게 일상적인 일이었다. 그들은 화폐와 곡식의 환산률을 통제해 환자 거래로 돈을 벌기도 했다.[32] 그들은 개인적 이익뿐 아니라 비축곡을 안정적으로 유지하고 소득을 얻을 필요 때문에도 이런 방법들을 사용했는데, 그렇게 하지 않으면 농민은 기본적으로 궁핍하기 때문에 시간이 흐르면서 비축곡은 줄어들 것이었다.

1812년 홍경래 난이 일어나기 바로 몇 달 전인 1811년 황해도 곡산谷山의 농민 반란은 환자제도의 운영과 관련된 복잡한 문제, 이에 얽힌 수령 및 아전과 서리 같은 지역 유력자와 농민 납세자 사이의 갈등을 드러냈다.[33] 1797~98년 곡산부사로 재직한 정약용은 곡산의 납세 행정이 지역 유력자—지역 양반으로 생각된다—들에 의해 매우 순조롭

---

[31] 고석규, 〈18세기 말 19세기 초 평안도 지역 향권의 추이〉, 368~71쪽.

[32] 문용식, 《조선 후기 진정과 환곡운영》, 181~216쪽; 장동표, 《조선 후기 지방재정연구》, 43~67쪽.

[33] 1811년의 곡산 반란을 전체적으로 살펴본 연구는 한상권의 논문이 유일하다. 북한에서 나온 여러 권짜리 《조선전사》에서 이 반란을 간단히 다뤘다. 한상권, 〈1811년 황해도 곡산지방의 농민항쟁〉; 사회과학원 역사연구소, 〈1811~1812 평안도 농민전쟁〉, 13~15쪽. 곡산 반란에 관련된 이 부분은 《승정원일기》 순조 11년 4월 1일~11년 5월 6일; 《일성록》 순조 11년 3월 1일~11년 3월 14일 기록을 바탕으로 재구성했다.

게 운영됐다고 평가했다. 그 결과 지역 재정은 상당히 좋은 상태며 곡물 비축량은 전혀 부족하지 않았다. 그러나 1809년(순조 9) 후반~1810년 초반 곡산부사가 된 박종신朴宗臣은 창고가 대부분 빈 것을 발견했다. 창감 등의 관원을 심문한 박종신은 비축곡이 모두 그 지역의 부유한 가호에 넘어간 것을 알았는데, 곡식은 하천 운송이 가능해지는 봄에 평안도에서 팔 수 있을 때까지 거기서 보관됐다. 창감과 지역의 부유한 가호富戶는 추수 때와 춘궁기 때의 가격 차이를 이용해 이런 불법 전용과 관곡官穀 판매로부터 이익을 공유하려고 계획한 것이었다. 지역 관원과 서리와 부유한 가호는 이런 전체적 계획을 공모했다.[34]

곡산부의 재정을 책임지고 있던 박종신은 이런 불법적 계획에 가담한 사람들에게 비축곡을 돌려놓으라고 명령했지만, 매우 가혹한 방법을 동원했기 때문에 지역의 부유한 가호와 서리, 향임鄕任에게 큰 분노를 샀다. 이를테면 박종신은 1810년 가을부터 겨울까지 원래 재원에서 사라진 1천 섬이 넘는 비축곡을 향리에게서 걷었다. 또한 그는 곡식 2천 섬을 훔쳤다고 보고된 한 창감과 그 밖의 지역 관원을 투옥하고 그것을 갚게 했다. 박종신이 개혁의 열의로 옳은 일을 한다고 칭송하는 곡산 주민도 있었지만, 박종신의 처사는 너무 심했다. 그는 서리들을 위협했고 개인 용도를 위해 부자들에게서 불법적으로 돈을 걷었다. 그는 범죄 사건을 재판하면서 뇌물을 받았다. 법률제도를 남용하고 죄수

[34] 지역사회의 비양반도 어느 정도 부를 축적할 수 있던 것은 부정할 수 없다고 해도 《승정원일기》에서 부호富戶라고 부른 집단은 그 사회신분을 정확히 알기는 어렵지만 지역 양반 지배층이었을 가능성이 크다. 《승정원일기》 순조 11년 4월 13일.

를 자의적으로 고문하기도 했다. 그 결과 1809년 그가 곡산에 부임한 뒤 100명에 가까운 사람이 고문과 체벌로 죽었다.

이것은 곡산의 이서들이 그 지방의 부유한 가호와 함께 관곡을 전용해 지역과 계절에 따른 가격 차이를 조작함으로써 개인적 이익을 올렸다는 것처럼 들린다. 그러나 이런 상업적 계획은 개인적 이익뿐 아니라 지역 관청의 재정을 확충해 일반 납세자의 조세 부담을 경감시키려는 목적에서 고안되기도 했다. 이것은 박종신이 지역 재정을 전체적으로 면밀히 조사하기 시작한 지 거의 1년 뒤인 1811년 겨울 부유한 가호와 서리와 지역 관원이 어떻게 그 지역의 비축곡 대부분을 감히 다시 이동했는지 설명해준다. 또한 이것은 왜 다양한 지역 신분집단, 이를테면 지역 양반과 서리, 그리고 평민까지도, 당시 부사인 박종신에 반대하는 1811년 봉기에 합세했는지 설명해준다. 요컨대 박종신은 지역 유력자들이 조세 행정의 문제를 해결하려고 고안한 관행을 자의적으로 중단시켰고, 그것이 지역민의 불만을 야기해 반란을 불러온 것이다.

지역 지도자들의 많은 회의를 거쳐 준비된 곡산 반란은 향청과 무청武廳의 주요 향임이 포함된 지역 지배층이 이끌었다. 반란 세력은 부사 박종신이 거주하던 관아를 목표로 삼았다. 그들은 1811년 2월 23일 관아를 습격해 인수印綬(조정에서 부사에게 내린 권력과 권위의 상징)을 탈취하고 박종신을 빈 가마니에 넣고 그를 부 경계 바깥으로 끌고 가 버려두었다. 이런 행동은 수령을 거부한다는 상징이었고 농민이 자신들의 불만을 표출하는 전통적 방법이었으며, 지도자가 천명을 잃으면 백성은 봉기할 권리가 있다는 맹자의 생각을 합리적으로 표현한 것이었다. 그런 뒤 반란 세력은 비축곡을 전용 또는 도용한 혐의로 감금된 창감과 서리 등의 관속을 풀어주었으며 근처 세 읍의 수령이 주도해 상당히 온건한 설득정책을 편 정부의 화해 시도에 저항했다. 마침내 반란은 진영鎭營에서 파견한 관군이 투입되면서 3월 말 진압됐다. 반란 세력에게 적용된 처벌은 가혹했다. 37명이 참수되고 39명이 유배됐다. 대부분 향청이나 무청의 향임이었다. 그 당시 한 관측자는 박종신의 부정이 봉기의 주요 원인이라고 보았지만,[35] 그가 지역 지배층이 주도한 재정적 투기에 개입한 것이 지역 주민 사이에서 폭넓은 불만을 야기한 것 또한 사실이다.

| 민고民庫 |

민고는 여러 잡역雜役과 관용비용을 편리하게 조달하려고 설치된 기구였다. 요역과 현물 공납을 요구하는 대신 백성이 돈이나 곡물로 세금을 내면 관청은 세전稅錢으로 노동자를 고용하고 중개인을 활용해 필요한 물품을 구매했다. 처음에 민고는 작은 규모로 운영됐지만 지역 지출이 늘어나면서 지역 관청은 점점 더 그 제도에 의존했다. 처음에 지역민은 일정량의 돈을 납부한 뒤 더이상 추가 금액을 요구받지 않았기 때문에 이로웠다. 그러나 해가 갈수록 1년당 청구액이 늘어나고 횡령으로 발생한 손실을 메우거나 늘어나는 지출을 감당하기 위해 그때그때 추가 금액이 부과되면서 백성은 민고를 채우기 위해 늘어나는 부담에 시달

35 백경해, 《수와일기》 1810년 윤3월 5일.

렸다.[36] 이를테면 "예전에" 해마다 정주의 민고로 들어오는 수입은 3천 (단위는 냥으로 추정된다) 정도였고, 그것은 모든 비용을 감당하는 데 충분했다. 그러나 1808년(순조 8) 무렵 수입은 6천으로 늘었지만 재정 수요를 감당하는 데 충분치 않았다. 민고는 금을 생산하는 구덩이가 없으면 운영할 수 없을 것이라고 한 서리는 비꼬는 투로 말했다.[37]

늘어나는 지출을 감당하기 위해 민고의 수입원은 다양해졌다. 토지에 부과한 추가세結斂, 환자 이자와 봉족奉足의 분배, 가호세戶斂, 이자 수입殖利이 주요한 수입원이 됐다. 환자는 식량 부족을 덜어주고 결혼식이나 장례식 같은 개인적 지출을 충당하기 위해 대여됐지만 상인과 사업자에게 상업 자본을 공급하기 위해서도 이뤄졌다. 그런 공적 대출의 공식적인 연평균 이자율은 사적 대출의 권장 이자율의 절반인 10퍼센트였다. 그러나 18~19세기 초 실제 이자율은 1년에 최고 50퍼센트였다. 이율은 높았을 뿐 아니라 자의적으로 바뀌었고, 이익을 극대화하기 위해 복리 계산법이 적용되는 경우도 있었다. 게다가 이자는 대부貸付가 계약될 때 원금 분량에서 제외되는 경우가 많았다.[38]

공적 대출의 운영에 개재한 또 다른 심각한 문제점은 부정한 운영자들 때문에 해가 갈수록 원금이 손실된다는 것이었다. 이를테면 1812년 반란 때 안주대도호부의 재정 상황이다. 새로 임명된 병마사는 1812년 초 안주대도호부의 재정 상황을 점검하기 시작했다. 1812년 5월 그가

---

[36] 장동표, 《조선 후기 지방재정연구》, 153~88쪽.

[37] 백경해, 《수와일기》 1808년 3월 22일.

[38] 오영교, 〈조선 후기 지방관청과 식리활동〉; 김덕진, 〈조선 후기 지방 관청의 민고 설립과 운영〉.

중앙 조정에 제출한 보고에 따르면 공적 자금의 10분의 1 이하만이 현금 형태로 금고에 남아 있었다. 회계 장부에는 그 자금이 온전하다고 적혀 있었지만. 자금이 사라진 두 가지 주요 원인은 수십 년에 걸친 관원의 도용과 병마사들의 무모한 운영에 있었다. 그 결과 반란이 일어났을 때 안주대도호부는 진압작전에 자금을 공급하는 데 큰 어려움을 겪었다.[39] 정약용은 민고와 농민에 대한 공적 대출의 해로운 영향을 날카롭게 지적했다. 그는 민고가 중앙 조정의 승인을 받지 않고 지역 관원들이 자신의 권한에 따라 운영했다고 비판했다. 그 결과 그 운영은 부패할 수밖에 없었다고 그는 지적했다.[40]

평안도에서 조세 행정과 환자 운영의 주요 책임은 군현의 향리보다 향청의 향임들에게 있었다. 1796년 우의정 윤시동尹蓍東(1729~97)의 보고에 따르면 영변의 조세 행정은 좌수와 창감(부사가 지역 지배층 가운데 믿을 만한 사람을 선발해 임명했다)이 맡았다. 서리는 엄격히 배제됐고 좌수의 지휘를 받았다. 이런 제도는 지역 서리의 부정과 지역 재정의 도용을 막았다.[41] 정약용도 지역 지배층이 북부 지역의 조세 부담을 백성에게 할당하는 데 주요한 역할을 했다고 지적했다. 곡산부사였을 때 정약용은 지역 지배층이 가을에 각 가호의 소출을 가늠한 뒤 주민에게 조세를 할당했다고 파악했다. 정약용은 향리가 이익을 끌어모으려고 다양한 속임수를 쓰는 남부 지역과 견주어 이런 관행이 합리적이며 사람

---

[39] 《관서평란록》, 1:269~71쪽.
[40] 정약용, 《경세유표》, 지관수제地官修制 부공제賦貢制 6 및 7, 3:1041쪽.
[41] 《정조실록》 정조 20년 2월 25일(신축).

들에게 가장 이롭다고 평가했다.[42]

평안도의 향임과 부민富民은 환자와 민고의 공적 대출 때문에 자주 고통을 겪었다. 강제 대출은 부유한 가호를 대상으로 했을 뿐 아니라 그들은 민고가 건전하게 운영되도록 감독하는 임무도 맡았다. 민고의 감독자는 부민도감富民都監—말 그대로 "부유한 백성의 감독자"—이라고 불리기까지 했다. 부민도감 또한 부임하고 퇴임하는 수령을 위한 잦은 의식에 들어가는 비용은 물론 공납 수송 때문에 초래된 지역 재정의 지출을 보완하기 위해 그때그때 마련된 기준에 따라 선발됐다. 이런 직무를 지닌 사람들이 무거운 부담을 전담하면서 그동안 부유했던 가호는 자주 파산하게 됐다.[43]

이런 상황과 느슨하게 들어맞는 개별 사례들은 1812년 반란 지지자 가운데서 찾을 수 있다. 반란을 모의할 때부터 참여한 곽산 출신 고윤빈高允斌은 관전官錢을 맡고 있었으며, 관고官庫의 감독자로서 역참에 말을 공급하기 위한 자금 500냥을 갖고 있었다. 그는 이자를 받고 자금을 빌려주었으며 대출 이력을 관리하기 위해 회계 장부를 계속 기록했다. 아무튼 고윤빈은 자금을 도용한 죄목으로 반란 직전 투옥됐다. 또 다른

---

42 정약용, 다산연구회 역주, 《역주 목민심서》, 〈호전〉, 세법, 2:355쪽; 정약용, 《경세유표》, 지관수제, 전제 6, 2:586쪽. 조선 후기 지방 서리의 다양한 측면에 관련된 연구는 이훈상, 《조선 후기의 향리》; 연세대학교 국학연구원 편, 《한국 근대이행기 중인연구》; Hwang, *Beyond Birth*, 161~81쪽.
43 《정조실록》 정조 9년 7월 5일(임자) 및 정조 11년 4월 16일(계축); 고석규, 《19세기 조선의 향촌사회연구》, 197~202쪽. 전통시대 중국에서도 부유한 가호가 지역 행정조직의 수장으로 임명돼 조세 수취를 맡았다. Bernhardt, *Rents, Taxes, and Peasant Resistance*, 37~42쪽 참조.

정부 자료에 따르면 고윤빈은 금고에서 1천 냥을 훔쳐 반란 이전에 반란 지도자 가운데 한 사람인 김창시에게 주었다고 한다.[44] 고윤빈이 투옥된 까닭이 김창시에게 돈을 주었기 때문인지, 다른 일 때문이었는지는 분명하지 않다. 그러나 고윤빈이 기금 관리의 책임을 맡고 있었으며 그 관리 때문에 그가 처벌됐다는 것은 분명하다.

비슷한 사례로서 반란에 공감하게 된 안주 출신 집사執事 이인배李仁培는 기금을 높은 이자로 대부해 대금업을 운영해서 자산慈山과 영변을 포함한 평안도 북부 전체 주민에게 군복을 공급했는데, 그런 주민 가운데는 이인배와 인척관계인 사람도 있었다.[45] 이인배는 이런 재정적 모험 때문에 곤경에 빠졌을 가능성이 크지만, 이런 기금 운용 때문에 그가 음모에 가담하게 됐는지는 분명하지 않다. 한 관원의 말에 따르면 일부 반란 세력은 무거운 부채를 지고 있었으며 지역 관청은 그들의 재산을 팔아 부채를 갚으라고 명령했는데, 이것은 공적 대부를 받은 사람들이 재정적 곤란을 겪고 있었기에 그들이 반란에 가담하는 동기가 됐을 수도 있음을 시사한다.[46]

[44] 《관서평란록》, 5:163쪽, 5:468쪽, 3:343쪽.
[45] 《관서평란록》, 1:656~59쪽.
[46] 《관서평란록》, 3:143쪽. 벽동의 권관으로 김창시를 도왔다는 혐의를 받은 호윤조도 자신이 관리하던 비축곡을 전용했기 때문에 재정적 어려움을 겪었다. 《관서평란록》, 1:600쪽 및 3:233쪽.

조세, 농민의 빈곤 그리고 반란

홍경래 난은 빈곤한 농민이 일으킨 조세 폭동의 성격을 갖고 있었는가? 표면적으로는 그렇게 보일 수도 있지만, 대답은 좀 더 복잡하다. 그 지역 출신 한 사람이 증언한 대로 평안도는 반란이 일어나기 전 흉작으로 타격을 받아왔다. 백경해는 1810년(순조 10)의 날씨와 작황을 다음과 같이 보고했다. "올해 …… 평안도는 홍수를 겪었다. 의주·안변 같은 곳이 특히 피해가 심해 백성을 안정시키기 위해 안찰사가 파견됐다. 바람의 피해는 없었다. 전국적으로 밭의 수확은 아주 나빴지만 평안도가 가장 안 좋았다." 1811년 말 그의 평가는 다음과 같았다. "올해 평안도는 가뭄이 혹심했다. 비가 늦은 것부터 바람·우박·해충·서리에 이르는 자연재해가 사태를 더욱 악화시켜 아무 수확도 없게 만들었다. 100년 동안 최악의 가뭄이었다."[47] 백경해는 이런 관찰을 바탕으로 반란 몇 달 전 관찰사 이만수李晩秀에게 즉시 구휼을 시행해야 한다고 조언했는데, 일찍이 없던 흉작으로 백성의 고통이 극심했기 때문이다. 그는 상황이 개선되지 않으면 민란이 일어날 것이라고 예측하기까지 했다.[48]

조정에서는 그 지역의 경제적 고통을 완화하기 위해 어떤 조처도 시행하지 않은 것으로 보인다.[49] 반면 1차 자료들에는 이례적인 흉년 뒤

---

[47] 백경해, 《수와일기》, 1810년 및 1811년 끝부분.
[48] 백경해, 《수와집》, 〈부록〉, 가정, 5a~5b; 백경해, 《수와일기》 1812년 7월.
[49] 반란이 일어난 한 달쯤 뒤 실제로 한 관원은 조정에서 구휼정책을 시행했다면 그 무렵까지 반란 진압작전에 소요된 비용의 3분의 1도 안 들었을 것이고, 사람들이 반란

조세를 걷은 사례가 기록돼 있다. 선천의 집사이자 무과 급제자 출신 원대천元大天은 1811년 음력 11월 환자 상환을 강요하기 위해 읍치 바깥 마을로 나갔다.[50] 가산의 군관 황석주도 환자의 이자를 걷으려고 시골을 순회하고 있을 때 반란 소식을 들었다.[51] 정주의 존위尊位로 반란 직전 환자 상황을 감독하던 이혜갑은 반란이 임박했다는 소문이 그 지역에 퍼지자 주민들이 환자 상환을 거부했다고 보고했다.[52] 가산 출신 김치관金致寬은 아내와 함께 창성昌城의 장인 집으로 도망쳤는데, 특히 작황이 너무 안 좋았을 때 환자 상환의 압력을 견딜 수 없었기 때문이었다.[53] 이처럼 암담한 경제 상황 아래서 강요된 환자 상환은 백성에게 큰 부담이었을 것이 분명하며, 상환을 맡은 관리들도 할당량을 채워야 한다는 책임 때문에 압박을 받았을 것이다.

그 결과 중앙의 부패한 관원들이 일련의 자연재해—유교의 담론에 따르면 하늘이 그 체제를 불만스럽게 생각한다는 증거—를 불러왔고

에 가담하는 것을 처음부터 막을 수 있었을 것이라고 비판했다. 《평서본말》 1812년 1월 24일.

[50] 《관서평란록》, 4:409쪽.

[51] 《관서평란록》, 3:79쪽.

[52] 《관서평란록》, 2:512쪽.

[53] 《관서평란록》, 5:51~54쪽. 김치관의 활동과 행방에 관한 김치관 부인과 김대운(김치관의 장인)의 증언은 믿기 어렵다. 그들에 따르면 김치관과 그의 부인은 1811년 10월 말이나 11월 초 빚을 갚으라는 관청의 압력을 피하려고 반란 기지인 가산의 다복동을 떠나 반란 동안 창성과 위원에 머물렀다. 그러나 김치관 자신의 증언은 1812년 1월 말 그가 반란을 위한 군사적 준비를 목격했고 반란 초기 단계에서 반란군에 참여했음을 보여준다. 그는 2월 말 어느 시점에 정주의 반란군 진영에서 도망쳤으며 집으로 돌아가다가 창성에서 관군에게 체포됐다. 그들이 빚을 갚으라는 압력을 받았든 그렇지 않든, 상환하기 어려웠기 때문에 원래 거주지에서 도망쳤을 것이라고 추정하는 것이 합리적이다. 《순조신미별등록》, 61쪽.

백성에게 커다란 경제적 고통을 야기했다는 반란 세력의 주장은 역사적 상황과 잘 부합하며 봉기를 정당화하는 것으로 인식되었다고 생각된다. 반란 세력의 격문은 다음과 같다.

지금 임금은 어리고 권세 있는 간신은 날로 세력을 떨쳐 김조순金祖淳[54], 박종경朴宗慶[55] 같은 무리가 국권을 농단하니 어진 하늘이 재앙을 내리고 있다. 겨울에 번개와 지진이 일어나고 혜성이 나타나며 바람과 우박이 없는 해가 없다.[56] 이 때문에 큰 흉년이 계속 일어나 굶주린 사람들이 길에 가득하고 노약자는 구렁에 빠졌다. 마침내 살아있는 사람은 거의 모두 죽게 됐다.[57]

---

[54] 안동 김씨인 김조순(1765~1831)은 1785년(정조 9) 문과에 급제했으며, 그가 오른 최고 관직은 영돈녕부사였다. 정조(재위 1778~1800)가 붕어하고 순조(재위 1800~34)가 11세의 어린 나위로 왕위를 이었을 때 정순왕후貞純王后는 1804년까지 섭정했으며 자신을 도와 국정을 처리하라고 김조순에게 지시했다. 그 뒤 안동 김씨의 일원으로서 김조순은 자신의 딸을 순조의 왕비로 들일 수 있었다. 이것은 그 뒤 수십 년 동안 안동 김씨가 왕비 가문으로 정치를 장악하는 길을 열었다. 이홍직,《한국사 대사전》, 1:331쪽.

[55] 순조의 외숙으로 반남 박씨 출신인 박종경(1765~1817)은 1801년 문과에 급제했다. 그는 여러 판서와 훈련도감 대장을 포함한 다양한 관직을 역임했다. 그는 국왕의 인척이라는 지위를 이용해 탐욕스러운 행위를 저질렀다고 대사헌 조득영趙得永에게 탄핵되기도 했지만, 평생 동안 국왕의 큰 신임을 누렸다. 이홍직,《한국사 대사전》, 1:601쪽. 박종경을 탄핵한 조득영의 상소는《순조실록》순조 12년 11월 7일(병자) 참조. 조득영의 비판에 대한 박종경의 대응은《순조실록》순조 12년 11월 15일(갑신) 참조.

[56] 다른 자료에서는 홍수·병충해·안개 때문에 혜성과 자연재해가 발생했다고 언급했다. 강희영,《일승日乘》, 32쪽.

[57]《홍경래 반란기》, 4쪽.

봉기한 며칠 뒤 반란 세력은 가산군수 정시가 자의적인 세금 부과와 부정을 저질렀기 때문에 처형—반란 동안 반란 세력에게 죽은 유일한 지역 수령이었다—한 반면 선천군수 김익선은 관고官庫를 횡령하기 위해 부유한 가호에게서 돈을 뜯어냈기 때문에 하옥했다고 발표했다.[58] 또한 반란 세력은 청북 지역의 수령들이 백성의 바람과 천명이 반란군에게 옮겨왔다는 것을 알았기 때문에 자신들에게 항복했다고 주장했다.[59]

그러나 반란 세력은 반란과정에서 수령들이 저지른 행정적 부패를 적발하는 데 큰 관심을 보이거나 조세제도에 관한 개혁안을 제시하지 않았다. 환자와 민고의 부정한 운영은 사람들, 특히 부유한 사람들이 지역 정부에 불만을 갖게 만들었지만 반란에는 단지 상황적 원인인 것 같다. 대기근은 가난에 시달리는 사람들을 동원하는 데 좋은 이유가 됐지만, 농민이 반란 세력과 자발적이고 일관되게 결속하지 않았다는 사실은 봉기가 빈곤 자체와는 직접적 관계가 없었음을 보여준다.[60]

---

[58] 《평서본말》 1811년 12월 24일; 《홍경래 반란기》, 4쪽. 박천군수 임성고任聖皐에 관련된 정보는 약간 모순되는데, 다른 자료에서는 임성고가 재정 운영을 너그럽게 했다면서 사람들이 그를 살려주라고 간청해 반란 세력은 정주목사 이건주와 함께 그를 살려주었다고 기록했기 때문이다. 방우정, 《서정일기》, 11쪽; 《관서평란록》, 5:375쪽; 《홍씨일기》, 17쪽 참조.

[59] 《평서본말》, 1811년 12월 24일.

[60] 기후 변화와 농업위기, 그리고 농민 봉기를 연결시킨 연구는 이호철, 〈19세기 농업문제의 성격〉; 이호철·박근필, 〈19세기 초 조선의 기후변동과 농업위기〉 참조.

상업경제의 확대와 상인의 반란 가담

조세제도의 개혁과 더불어 조선 후기 상업에서는 일부 중요한 변화가 일어났다. 17세기 대동법은 그동안 각 가호에서 현물로 내던 공납을 토지에 부과한 미곡 납부로 대체했다. 장기적 효과는 논란이 많지만 처음에 이 조세 개혁은 농민의 조세 부담을 전체적으로 가볍게 했다. 농민은 불법적 공납 계약과 일부 요역의 수수료와 추가 요금에서 해방됐지만, 토지에 부과된 조세는 궁극적으로 더 무거워졌다. 그러나 이 장의 앞부분에서 논의한 대로 지역의 전체적인 전세율田稅率은 아직 매우 낮았다. 더 무거워진 전세는 토지 소유자와 토지 임대주가 자신들의 토지를 적게 등록하거나 아예 등록하지 않음으로써 그것을 회피할 수 없다면 부담이 늘어났다는 뜻이었다.[61]

좀 더 중요한 측면은 그 개혁이 상업경제를 크게 신장시킨 것인데, 그동안 각 가호에서 냈던 물품을 정부의 요구에 따라 구매 대행자로 활동한 공인貢人이 공급했기 때문이다. 그 결과 이런 상인들은 상업자본을 축적하기 시작했고 독립적 장인匠人의 출현을 자극했다. 국내 상업의 확대는 국가의 허가를 받지 않은 사상私商의 등장을 촉진했고 이들은 허가받은 서울의 독점적 시전市廛에 본격적으로 도전했다. 사상은 허가받은 독점권에 반대하면서 물건을 자유롭게 사고팔 권리를 요구했

---

[61] Palais, *Confucian Statecraft and Korean Institutions*, pp. 771~814. 대동법의 입안자 김육金堉(1580~1650)에 관한 이헌창의 최근 연구는 이 법의 개념과 규정에 대한 최신의 성과다. 이헌창, 〈김육의 경제사상과 경제정책〉.

고 인가제도에 따라 자신들에게도 공인된 특권을 부여하라고 요구했다. 국가의 공인을 받은 상인은 그 법을 시행해 자신들의 독점적 지위를 보호하라고 압박했다. 사상과 독점권을 공인받은 상인 사이의 이런 경쟁은 18세기 후반 계속해서 진행됐고, 1791년(정조 15) 이른바 신해통공辛亥通共이라는 타협책으로 귀결됐다. 그 법령은 그들이 전통적으로 팔아온 물품에 대해 육의전六矣廛에만 독점적 특권을 승인했으며 육의전이 취급하지 않는 물품은 허가받지 않은 상인도 팔 수 있도록 허용했다.[62]

공식적 감독 아래 수행될 때를 제외하고는 불법이던 해외무역도 확대됐다. 중국과의 합법적 무역은 예정된 조공사절의 보호 아래 수행됐으며, 교역품의 종류와 규모는 규제됐다. 남해안 동래東萊의 지정된 일본인 거주지를 거쳐 실시된 일본과의 무역도 정부가 관리했다. 그런 규제에도 불구하고 조선·중국·일본의 삼각무역은 외교사절에 참여한 공식 역관을 통해 17세기에 발달했는데, 역관은 무역할 수 있는 권리를 가졌고 중국에서 물품을 사기 위한 정부의 재원을 이용할 수 있었다. 아울러 사상은 하인이나 짐꾼으로 사행에 자주 참여했으며 중국 물품을 밀수해왔다. 그 대가로 이 상인들은 사행비용의 일부를 대고 국경에

---

62 재정 개혁과 상업 발전에 대한 자세한 사항은 Palais, *Confucian Statecraft and Korean Institutions*, 771~814쪽 및 964~98쪽 참조. 사상의 등장과 그들이 공인된 상인과 벌인 갈등에 관련된 좀 더 구체적인 연구는 변광석, 《조선 후기 시전상인연구》 참조. 고동환은 《조선 후기 서울상업발달사》에서 조선 후기 상업 중심으로서 서울의 성장, 국내 교역로의 발달, 시장망의 형성을 연구했다. 반면 김대길은 《조선 후기 장시연구》에서 조선 후기 지방 장시의 발달을 탐구했다. 백승철은 《조선 후기 상업사연구》에서 성리학의 상업관은 물론 상업정책에 관련된 조정의 논의를 폭넓게 연구했다.

서 교역품을 심사하던 의주의 감독관은 물론 사절에게 뇌물을 바쳐야 했다.[63]

18세기 초부터 청과 일본의 직접 무역이 확립돼 일본 은의 공급—일본에서 수입한 가장 중요한 품목—이 급감하면서 국제무역의 중개인으로서 역관의 역할은 위축됐으며 사상은 해외무역에서 그들의 경쟁자로 떠올랐다. 역관이 주도한 무역 활동이 상업적 이익은 말할 것도 없고 외교적 비용도 충당하지 못하게 되자 1758년(영조 34) 정부는 새 방법을 고안했는데, 역관이 정부의 은으로 중국에서 방한모자를 사서 조선에 되파는 것이었다. 방한모자의 수입은 처음에 외교적 비용을 충당하는 데 충분한 이익을 냈지만, 정부는 곧 소비재를 사는 데 은을 공급하기 어렵다는 것을 깨달았다. 1777년(정조 1) 방한모자의 교역권은 의주상인灣商과 개성상인松商 같은 사상에게 허용됐고 그들은 모자에 교역세를 납부했다. 사상의 방한모자 수입은 상당히 급감했지만, 18세기 후반 조직적·재정적 자원을 갖고 지방의 상업 이익집단으로 등장한 의주와 개성의 상인은 해외무역에서 그 밖의 품목과 홍삼 같은 특정한 품목의 국내 생산과정까지도 취급하는 데 성공했다. 19세기 무렵 해외무역에 대한 정부의 전반적 통제는 마침내 폐기됐다.[64]

비슷한 추세는 후시後市라고 불린 비정규적 교역소에서도 나타났다. 만주 남부에서 중국으로 들어가는 지점에 개설된 책문후시柵門後市는 압록강의 중국 쪽에 세워진 이전의 해외무역 시장인 중강후시中江後市

---

63 김종원, 〈조선 후기 대청무역에 대한 일고찰〉.
64 유승주·이철성, 《조선 후기 중국과의 무역사》; 이철성, 《조선 후기 대청 무역사연구》.

가 철폐된 1700년(숙종 26) 이후 상당히 활발했다. 후시에 대한 조정의
정책은 18세기 동안 이리저리 흔들렸다. 1727년(영조 3) 조정은 은의 과
도한 유출과 사치품의 유입 때문에 사적 해외무역을 금지하고 후시를
철폐했다. 그러나 무역은 여러 이유로 허용될 수밖에 없었다. 무엇보다
역관과 사신들은 사상의 도움 없이는 조공사절이 필요로 하는 은과 인
삼을 마련할 수 없었고, 사상은 중국과 교역하는 대가로 사행의 일부
비용을 댔다. 국경에서 이런 교역품에 부과된 상업세도 조공사절 비용
의 일부였다. 아울러 중국 관원과 상인들은 후시가 철폐되면서 이익을
잃게 되자 다시 열라고 요구했는데, 그것을 무시할 수 없었다. 그 결과
1755년(영조 31) 후시무역은 다시 허용됐고, 1787년(정조 11) 다시 한번
폐지됐다가 1795년(정조 19) 마침내 다시 열렸다.[65]

　책문후시가 철폐됐을 때 사상들은 압록깅 싱류의 다른 국경 도시들
을 거쳐 물품을 밀수했다. 잠상潛商의 활동은 큰 위험을 감수하면서 이
뤄졌는데, 적발되면 엄벌됐기 때문이다. 1732년(영조 8) 잠상 3명이 잡
혀 압록강가의 위원渭源에서 참수됐으며 며칠 뒤 다른 5명이 의주에서
체포돼 처형됐다. 모두 국경을 넘어 청 상인과 무역했다는 죄목이었
다.[66] 1년 뒤 이지영李之永은 밀수로 참수됐고 벌등만호伐登萬戶도 처벌
됐다.[67] 1760년(영조 36) 개시를 조사하기 위해 북부 지역으로 출발한

65 이철성, 《조선 후기 대청 무역사연구》, 43~50쪽; 《영조실록》 영조 24년 9월 14일(을축).
66 《영조실록》 영조 8년 윤5월 22일(정미); 영조 8년 윤5월 25일(경술).
67 《영조실록》 영조 8년 7월 4일(무자). 이 사건들 외에도 18세기 동안 잠상의 체포와 처벌
　에 관련된 여러 기사가 실록에 실려 있다. 서울의 부유한 상인은 불법 무역으로 유배됐
　다. 《영조실록》 영조 19년 12월 21일(경오). 1764년 의주의 한 잠상은 청인淸人 한 사람

암행어사 엄린嚴璘은 잠상과 잠상을 후원한 사람, 중앙 조정에서 미리 허가받지 않은 불법 무역을 묵인하는 대가로 뇌물을 받은 사람들을 처벌해야 한다고 주청했다.[68] 이런 사실은 불법적 해외무역에 연루된 관원이 있었음을 알려주며, 수령 가운데 일부는 불법 무역을 규제하는 데 태만했다는 이유로 처벌된 까닭도 설명해준다.[69]

정부는 해외무역과 사치스런 소비를 비난했지만 상업의 확대는 막을 수 없었으며 다양한 무역 규제를 가끔씩 강화했지만 효과는 크지 않았다. 이를테면 외교사행에 따라간 상인이 무늬가 있는 비단紋緞 같은 사치품을 사서 조선의 시장에서 되파는 일이 발생하자 조정에서는 사치스런 양반의 생활을 비난하면서 이런 물품의 교역을 금지시켰다. 그러나 무늬가 있는 비단의 불법적 수입은 계속됐고, 마침내 1747년(영조 23) 잠상에 대한 정부의 처벌을 명기한 법안이 제정됐다.[70] 1년 뒤 일부 상인은 그 법안의 허점을 이용해 무늬가 있는 비단 대신 무늬가 없는 비단을 수입했다. 금지의 원래 목표가 빗나간 것을 알아차린 국왕은 두 가지 비단의 수입을 모두 금지했다.[71] 양반 귀족의 사치스런 경향을 개탄하고 사치품 수입을 금지하는 왕명이 거듭 내려졌지만 사상은 계속

을 죽였다. 《영조실록》 영조 40년 1월 9일(신유). 같은 해 사행을 따라 청 도성으로 간 잠상들은 체포돼 먼 지역으로 유배됐다. 《영조실록》 영조 40년 5월 16일(정묘).

68 《영조실록》 영조 36년 11월 29일(기사).

69 1763년 의주부윤은 만상들이 법을 어겼는데도 금지하지 않아 압록강 하류로 유배됐다. 《영조실록》 영조 39년 6월 24일(경술). 몇 년 뒤 또 다른 의주부윤은 잠상을 적발하지 않아 파직됐다. 《영조실록》 영조 45년 7월 4일(갑신).

70 《영조실록》 영조 23년 12월 20일(병자); 영조 23년 1월 12일(임인).

71 《영조실록》 영조 24년 11월 5일(을묘).

위험을 무릅쓰고 그런 물품을 들여왔는데, 소비자의 요구와 높은 이익에 대한 기대 때문이었을 것으로 생각된다.[72]

인삼은 국내 소비와 조공 품목으로 모두 수요가 매우 많았지만 생산은 제한됐기 때문에 인삼 무역은 조선에서 가장 이익이 많이 남는 사업의 하나였다. 자연히 정부는 인삼의 생산과 무역을 엄격히 규제했고, 그것에 대한 상업세는 그 가격의 10분의 1로 책정했다. 이를테면 가장 유명한 인삼 재배지인 강계江界에서 인삼을 사려는 사상은 호조의 허가 문서를 받아야 했다.[73] 당국은 그들이 강계를 방문하는 것을 면밀히 조사했을 뿐 아니라 사고판 사람의 이름, 원산지, 거래량 등 인삼 거래의 세부 사항도 기록했다. 상인은 도성의 시장에서 인삼을 팔기 전 강계에 보관된 원래 교역문서와 맞춰볼 수 있게 하려고 거래를 다시 호조에 보고해야 했다. 아울러 일본에 인삼을 파는 상인은 더 엄격한 감독을 받았으며 10퍼센트의 수수료를 더 내야 했다.[74]

중앙과 지역 관원이 긴밀히 협력해야 하는 이런 규정이 효과적으로 시행됐는지는 의심스럽다. 1686(숙종 12)~1752년(영조 28) 조정은 합법적 교역조건, 불법 거래자와 그들의 공범에 대한 처벌, 부정을 저질렀

---

[72] 《영조실록》 영조 26년 12월 25일(갑오). 1749년 국왕은 무늬가 없는 비단은 물론 무늬가 있는 비단의 수입을 거듭 금지하고 기타 품목의 수입도 줄이라고 명령했다. 범법자는 밀수자를 처벌하는 법에 따라 다스려졌다. 1752년 두 관원이 비단 무역에 관여한 일로 조사받고 처벌됐다. 《영조실록》 영조 29년 1월 5일(신유). 20년 쯤 뒤에도 국왕은 사치품을 구입하느라 은이 유출되는 것을 우려하면서 법을 엄격히 적용하라고 명령했다. 《영조실록》 영조 47년 4월 19일(기축).
[73] 《대전회통》, 〈호전 잡세〉, 2:33a.
[74] 오성, 〈인삼상인과 금삼정책〉, 23~30쪽.

거나 규정을 집행하는 데 태만한 관원의 처벌을 포함해 인삼 무역에 관한 특별 규정을 8회 반포했다. 법률 위반은 사형을 의미했지만 사상은 이런 복잡한 규칙을 회피하고 이익을 극대화하는 방법을 자주 찾아냈다. 오성의 연구에 따르면 인삼의 불법 무역은 일본과 중국의 요구가 커지면서 확대됐고 불법 거래의 이익은 그 위험보다 컸다. 상인은 위험을 최소화하기 위해 농민 생산자, 마을의 중개인, 지방 관원, 그리고 역관 같은 외교관과도 은밀한 관계를 맺었다. 지방 군관과 수령은 불법 사업을 묵인해주는 대가로 뇌물이나 사례를 자주 받았다.[75]

해외무역에 관련된 정부의 전체적 통제는 19세기 무렵 느슨해졌지만, 조정은 선조 초반 불법 월경과 무역을 계속 주시했으며 예방조처는 물론 간헐적 처벌을 실시했다. 1804년(순조 4) 청 상인 5명은 용천 연안의 장자도獐子島를 밀수 거점으로 이용했다.[76] 몇 년 뒤 같은 섬에서 청 상인과 거래하던 조선 상인들이 붙잡혔다. 그들은 쌀 150섬과 수수 70섬을 은화·자기·놋쇠·동전을 포함한 다양한 물품과 교환했다.[77] 이 사건에 놀란 조정은 불법 무역을 엄단하기 위해 1807년(순조 7) 용천군 연안의 또 다른 섬인 신도薪島에 진보鎭堡를 세웠다.[78]

해외무역을 통제하고 단속했을 뿐 아니라 국내의 일부 상업 활동도

---

[75] 오성, 〈인삼상인과 금삼정책〉, 51~52쪽.

[76] 《순조실록》 순조 4년 8월 1일(정사).

[77] 《순조실록》 순조 7년 9월 21일(기미). 김군일金君一은 이런 불법 거래에 사용된 선박의 주인 가운데 한 사람이었다. 같은 이름은 정주성문을 지킨 반란군으로 《진중일기》(260쪽)에 한 번 나온다. 이 두 사람이 같은 인물인지 확인해주는 기록은 없다.

[78] 《순조실록》 순조 7년 12월 22일(기축); 순조 8년 1월 4일(신축).

조선의 변방과 반란, 1812년 홍경래 난

정부의 엄격한 감독을 받았다. 광업은 그 가운데 하나였다. 조선 후기 정부의 광업정책은 정부의 직접 경영, 정부가 임명한 중개인의 반관적 半官的 경영, 정부의 허가를 받고 납세 의무를 진 개인 광산 사이에서 이리저리 바뀌었다. 여러 군영과 그 밖의 정부 관서가 광산에 세금을 부과할 수 있는 권리를 얻으려고 경쟁하면서 중앙 정부가 단일하고 수익성 있는 방식으로 광업을 통제하는 것은 불가능했다. 일관되고 지속적인 광업 감독제도의 부재로 지나친 과세, 조세 관리자와 광산 경영자 사이의 결탁과 불법 운영 같은 여러 문제가 생겼다. 광업세와 허가권이 호조의 손에 들어간 뒤에도 일부 광산은 허가 없이 개인적으로 운영됐다.[79]

해외무역과 국내 상업 활동에 대한 정부의 개입, 표준적이고 안정된 정책의 부재, 불합리한 규제, 그리고 밀수자에 대한 엄벌로 평안도 상인들이 좌절했을 것은 분명하다. 많은 상인이 홍경래 난에 참여했는데, 정부의 상업 규제를 철폐하고 물질적 이익을 실현하려는 열망에 추동됐을 것으로 여겨진다. 더 중요한 것은 자신의 경제적 성공에 걸맞은 더 높은 사회신분을 열망하는 그들의 마음이었을 것으로 생각되는데, 상인은 조선의 사회적 계층 사다리에서 맨 아래 있었기 때문이

[79] 은광업에 관한 규정은 《속대전》에 실려 있다. 기본적으로 호조와 군영 및 정부 관서는 중앙 조정의 허락을 받은 뒤 은광에서 세금을 걷을 수 있었다. 이런 규정은 호조만이 은광과 동광에서 세금을 걷을 수 있도록 개정돼 《대전회통》에 실렸다. 《대전회통》, 〈호전 잡세〉, 2:32b. 조선 후기 광업에 관련된 좀 더 자세한 사항은 鶴園裕, 〈平安道農民戰爭における參加層〉, 64~66쪽; 유승주, 〈조선 후기 광업사의 시대구분에 관한 일시론〉 참조.

다. 상인이 반란에 가담한 이유를 직접 설명한 자료는 남아 있지 않지만, 그들은 지역에서 군직을 가진 사례가 많았는데 무관의 사회적 지위가 상인보다 높았기 때문에 기꺼이 그렇게 했다는 것을 알 수 있다. 정부와 연결돼야 그 지역에서 용이하게 상업 활동을 할 수 있었는데, 사업은 늘 정부의 엄격한 관리 아래 이뤄졌고 상업세의 대상이었기 때문이다.

상인의 가담에 관련된 흥미로운 두 사례는 반란 세력의 자산가 이희저와 반란 세력의 전략가 우군칙이다. 이희저의 신분 이동은 주목할 만하다. 원래 역참의 노비였던 그는 가산에서 매향賣鄕해 향안에 입록되기 전 무과에 급제했다. 그는 광업과 그 밖의 상업 활동으로 부를 쌓은 것 같다.[80] 반란을 준비하는 동안 이희저는 우군칙을 후원했는데, 우군칙은 홍삼을 불법 거래한 혐의로 포도청에 체포된 적이 있었다. 우군칙이 서울 자산가의 물질적 후원을 받아 반란 몇 달 전 운산에서 새 금광을 운영하게 됐다는 소문이 퍼졌다. 우군칙과 이희저가 불법적 광산을 운영하고 그 밖의 상업적 사업을 벌여 반란 자금을 모았을 가능성이 있다.[81] 안주의 부상 나대곤羅大坤은 먼 친척이 이희저와 혼인한 관계를 매개로 반란 세력과 연결됐을 수도 있다. 그는 반란 직전 영변으로 가서 그 지역 음모자들의 활동을 조직했다.[82]

김혜철金惠哲과 그 아들들은 반란에 상인이 참여한 것을 보여주는 또

---

[80] 《순조실록》 순조 11년 12월 20일(갑자). 이희저에 관한 좀 더 자세한 사항은 이 책 5장 참조.
[81] 《관서평란록》, 3:604쪽. 우군칙에 관한 좀 더 자세한 사항은 이 책 5장 참조.
[82] 방우정, 《서정일기》, 13쪽; 《순조신미별등록》, 21쪽; 《관서평란록》, 2:495 및 2:502쪽.

다른 좋은 사례다. 김혜철은 한 군현에서 가장 높은 무관인 중군中軍을 지냈다. 그러나 그는 반란이 일어났을 때 박천의 진두津頭에서 약초점을 운영하고 있었다. 그는 그 지역의 거상巨商으로 알려졌고 마을에서 가장 큰 집을 소유하고 있었다. 17세기 중반 영국 혁명에 관련된 연구에서 지적된 대로 여행자가 이용한 지방의 주막과 여관은 행상·중개인·마부 같은 여행자들이 급진적 견해를 퍼뜨리는 장소이면서 새 소식이 들어오고 토론이 이뤄지는 중심이었다.[83] 시장의 중심지에 있던 김혜철의 상점도 반란 세력이 거사를 준비하면서 회합 장소로 자주 이용하면서 동일한 방식으로 기능했다고 생각된다.[84] 김혜철은 자신과 사업을 했던 상인들에게 반란에 가담하라고 설득했을 가능성이 있다. 그는 군량과 자금, 반란군의 의복을 위한 옷감을 제공했을 뿐 아니라 반란 지도자들과 그 가족을 자신의 집에 묵게 했다.[85] 반란 몇 달 전 김혜철은 고용인 3명을 북부 변경 지역으로 보내 대금을 수금하게 했으며, 이런 전체적 임무는 그 지역에서 반란 동조자를 모으려는 것으로 의심받았다.[86] 그의 아들 김윤지金允之도 상인이었고 반란군에서 주요 무관으로 활동했으며, 다른 아들은 반란군에서 기병이었다.[87]

박천 장시의 부상들이 모두 반란 세력에게 돈과 곡식을 지원했다는

---

[83] Hill, *The World Turned Upside Down*, pp. 44~45.

[84] 곽산에 있던 박성신의 주점도 반란의 회합 장소로 사용됐다. 반란에서 박성신의 역할은 5장 참조.

[85] 김혜철이 반란에 참여한 사실은 《순조신미별등록》, 77쪽, 82쪽, 121쪽; 《진중일기》, 159쪽; 《관서평란록》, 1:450, 3:167, 3:208, 4:229쪽 참조.

[86] 《관서평란록》, 1:423 및 3:208쪽.

[87] 《순조신미별등록》, 77~78쪽; 《진중일기》, 134쪽.

정부의 주장은 실제 상황을 과장한 것이지만, 김혜철과 그의 아들들 외에도 많은 상인이 반란에 가담했다.[88] 박천의 상인 최여윤崔汝允은 계획 단계부터 반란 세력에 가담했으며 반란 세력에게서 박천 중군에 임명됐다. 개성의 부상 박광유朴光有는 자금을 지원하고 준비 회합에 참여했으며 반란군 부원수의 배비장陪裨將으로 활동했다. 반란군의 수문장 권경백과 임사항은 박천에 살던 개성상인이었다.[89] 조정 관원들은 일부 개성상인의 가담에 분노했지만, 가담 결정은 그들 개인 스스로 내린 것이기 때문에 그들의 참여가 개성상인 전체를 대표한 것은 아니었다.

의주상인의 역할은 매우 흥미롭다. 반란 초기 반란 세력은 개성상인 홍용서洪龍瑞에게서 말 13마리에 실린 중국 물품을 징발했다가 양제홍 梁濟弘의 중재로, 반란 세력에게 바친 일부를 빼고 대부분 돌려주었다. 무과에 급제한 양제홍은 의주·개성상인과 거래하던 부상이었다. 반란 세력의 집사였던 양제홍은 반란 세력이 홍용서의 중국 물품을 징발했을 때 군수품의 수합과 분배를 감독했다. 조정은 홍용서가 자신의 교역품의 일부를 자발적으로 주었다고 생각해 그를 매우 의심했다. 홍용서와 양제홍은 몇 차례 심문받았으며, 홍용서를 위해 중국 물건을 산 의주상인 임상옥林尙沃도 체포됐다.[90] 그러나 임상옥은 체포됐을 때 의주

---

88 《관서평란록》, 3:21~25쪽.
89 《순조신미별등록》, 77~78쪽; 《관서평란록》, 3:21쪽.
90 양제홍은 기회주의자였다. 반란 세력이 패배해 정주로 퇴각하자 의병에 참여했으며, 앞서 반란군에 참여했던 것을 속죄하려고 반란 세력을 체포하는 데 모든 노력을 기울였다. 끝내 관군에 사로잡힌 그는 심문받으면서 반란에 자발적으로 참여하지 않았

에서 조정을 지지하는 의병을 이끌고 있었으며 곧 석방돼 정부가 의주에서 중국인에게 물건 사는 것을 도왔다. 그런 도움의 포상으로 임상옥은 그 뒤 지방 수령이 됐다.[91] 반란 세력이 어떻게 의주상인 중개인의 창고에 숨겨진 물건을 알았고 왜 그것을 돌려주었는지 전체적 사건과 관련해 이해하기 어려운 문제도 일부 있지만, 의주상인 전체가 반란 음모에 깊이 개입했을 가능성은 아주 적다.

그 뒤 1862년(철종 13) 진주민란과 1890년대 동학 봉기가 일어났을 때 상업은 더 발달했을 것으로 생각되는데, 반란 지도부에 상인이 주목할 만큼 참여한 사례는 없었다. 평안도는 중국과 지리적으로 가깝고 불법적 무역은 물론 조공무역에 참여할 수 있는 가능성 때문에 1812년 당시 남부보다 상업이 발달했을 것으로 생각된다. 그러나 평안도 상인들은 변덕스러운 무역 규제와 부패한 관원들의 수탈 때문에 더 많은 억압을 받았다. 일부 상인들에게 반란 지원은 어려운 선택이 아니었을지도 모르는데, 그들이 하고 있는 사업의 본질 때문에 이미 위험에 빠져 있었기 때문이다. 아울러 일부 상인은 반란에 참여해 더 높은 사회적 지위를 얻고자 했다.

홍경래 난의 경제적 배경에 관련된 이런 논의는 제도는 물론 개인적 층위에서 반란의 재정적 원인이 복잡한 구조를 갖고 있다는 사실을 보

다고 부인했다. 양제홍의 활동은 《관서신미록》, 49~52쪽; 《관서평란록》, 2:10~16쪽, 4:235쪽, 5:18쪽, 5:137쪽, 5:190쪽 참조.
[91] 《관서평란록》, 2:11쪽, 5:144쪽, 5:158쪽, 5:496쪽; 稲葉岩吉 編, 《平安北道史》 下, 903쪽.

여준다. 지역 지배층은 지방의 조세 적립금이 중앙 재정에 통합되는 것을 그동안 지방이 관리해온 지방 재원에 국가가 개입한 것으로 해석하면서 불만을 가졌을 수도 있다. 매향과 조세, 환자 운영처럼 지방에서 관리해온 사안이라고 여겨진 분야에 중앙이 점차 압력과 개입을 늘린 것도 국가에 대한 반감을 불러왔을 것이다. 그리고 상인의 재력이 커졌지만 사회적으로 상승할 수 없다는 모순은 평안도 출신 급제자가 늘어났지만 지역 차별 때문에 중앙 관원으로 성공하지 못한다는 사실과 반란 세력의 마음에서 연결되어갔을 것으로 생각된다.

그러나 반란 세력은 유교적 담론의 겉옷 — 곧 국가가 백성의 경제적 곤경에 주의를 기울이지 않았다는 태도—을 걸쳤다. 대중 반란에 관한 다른 연구들이 보여주듯 경제적 곤궁만이 농민 갈등을 불러온 것은 아니다.[92] 서리·홍수·가뭄·우박·병충해·유행병 같은 자연재해 때문에 일어난 생태적 취약성은 사회적 불만의 독립적 원인으로 간주되지 않는다. 그러나 유교 국가가 자연적 위기에 민감하게 대응하지 못한 것은 대중의 분노를 불러왔다고 생각되는데, 국가는 그런 어려움에서 제 백성을 구조할 도덕적 책임이 있으며 국가가 그런 기대에 부응하지 못할 때 백성은 봉기할 수 있다는 믿음이 유교이념에 깊이 스며 있기 때문이다. 이것이 바로 반란 세력이 자신들의 난을 정당화하기 위해 이용한 담론이었다.

White, *Ikki, Social Conflict and Political Protest in Early Modern Japan*, p. 77; Little, *Understanding Peasant China*, pp. 159~68.

조선의 변방과 반란, 1812년 홍경래 난

4 장

예언과
대중 반란

풍수설과 예언은 대중의 지원을 동원하고 반란을 정당화하는 데 중요한 정치적 도구였다. 홍경래와 우군칙 같은 핵심 지도자가 지관이었을 뿐 아니라 왕조 교체에서 풍수설과 예언적 신앙은 동조자를 모으는 데 핵심적 역할을 했다. 반란 세력은 격문에서 현존하는 왕조를 무너뜨리려는 자신들의 정치적 움직임이 왕조 교체에 대한 대중의 믿음에서 나타난 대로 천명에 따른 것이라고 분명히 언급했다. 이 장에서는 풍수설과 예언이 한국의 정치문화에서 필수적 요소가 된 과정을 검토하고 어떻게 반란 세력이 이런 대중의 믿음과 관행을 자신들의 것으로 만들었는지 검토할 것이다.

풍수설—한국에서 전개된 이론과 실천

풍수설은 한국사에서 가장 지속적이고 널리 퍼진 신념체계 가운데 하나다. 그것은 중국에서 생겨났으며 이론적 내용에서 음양오행설에 많은 영향을 받은 것으로 생각된다. 풍수설에 따르면 음과 양이 서로 작용해 우주가 생겨났을 때, 피가 인체에 흐르는 것처럼 음과 양의 기운이 지구를 채우고 그 표면 아래서 순환했다. 혈관에 상처가 나면 병으로 이어지는 것처럼, 잘못된 절터를 잡는 행위와 같이 지표의 어떤 핵심부를 잘못 다루면 음양이 지하에서 순환하는 것을 방해하며 그것은 인간사회의 조화를 깨뜨릴 수 있다. 반대로 상서로운 곳에 절·탑·집을 짓거나 도시·궁궐을 건립하는 것은 지하의 기운을 다시 활성화하고 왕조·가족·가문·도시의 번영을 연장시킨다고 믿었다.[1]

　모리스 프리드먼Maurice Freedman의 중국 풍수설 연구는 한국의 동일한 전통을 이해하는 데 중요한데, 그에 따르면 풍수설은 신의 의지에 의존하지 않기 때문에 풍수설에서는 봉사하거나 회유할 신은 없다고 지적했다. 풍수설은 어렴풋이 표현되어 있지만 우주를 통제하는 어떤 원리에 입각하고 있는데 현명한 전문가는 그 원리를 알 수 있다고 한다. 한마디로 말하면 풍수설은 하나의 기술이며 사람은 자신의 이익을 위해 그것을 사용할 수 있다는 것이다. 이 견해로부터 두 가지 결과가 나온다. 하나는 풍수가는 다른 종교적 실천자가 공유하지 못하는 존경

---

[1] Joe, *Traditional Korea*, p. 165; 이병도, 《고려시대의 연구》, 21~30쪽; Yoon Hong-Key, "The Image of Nature in Geomancy."

을 받는다는 것이다. 그들은 교육받았고 그래서 교육받은 사람들의 호기심을 끈다. 두 번째 결과는 풍수설의 신념은 종교의 변화에도 넉넉히 살아남는다는 것인데, 그 이론은 어떤 지배적 종교에도 적대적이지 않으며 그 기본 개념의 일부, 이를테면 인간과 자연 사이의 조화를 유지해야 한다는 원리를 종교와 공유하고 있기 때문이다.[2]

풍수설은 자연 안에서 활동하는 힘에 대한 인간의 응답이지만, 성공에 집착한다. 어떤 사람이 풍수설에 관심을 갖게 되는 것은, 어느 정도 성취를 이미 이뤘지만, 자신과 자손이 더 번영하기를 바라기 시작할 때다. 이미 성공했다면 그는 자신의 지속적 성공을 보장할 모든 풍수적 예방을 하지 않을 수 없다. 그 결과 풍수설의 기본 개념이 형성된다. 곧 모든 사람은 원칙적으로 평등하고 자신의 지위를 개선하려고 합법적으로 노력할 수 있다는 것이다. 달리 말하면 모든 사람은 학문, 부의 축적, 종교에 의지한 행운의 추구를 통해 자신과 후손의 상황을 향상시키는 조처를 추진할 권리를 부여받았다.[3]

풍수설의 위상은 모호했다. 그것은 국가 제례에는 포함되지 않았지만 정부는 중요한 능묘와 건물의 위치를 선정하고 보호하는 데 풍수설을 동원했다.[4] 공식적으로 풍수설은 국가의 공식적 행동에 해로운 영향을 준다는 비판을 받았지만, 조정은 반란 세력의 조상 묘를 훼파해 반란에 대응하는 경우가 많았다. 그리고 지식인은 풍수설이 미신적이고

[2] Freedman, *Chinese Lineage and Society*, p. 124.
[3] Freedman, *Chinese Lineage and Society*, p. 125.
[4] Freedman, *Chinese Lineage and Society*, p. 316.

무지한 사람을 호도한다고 비난하기도 했지만, 조상의 묏자리를 고를 때는 지관의 조언에 크게 의존했다. 이를테면 조선 후기의 학자 안정복 安鼎福(1712~91)은 부와 성공·장수를 바라는 탐욕 때문에 조상을 길지에 모시는 관행을 지적하면서 풍수설에 지나치게 의지하는 것은 좋지 않다고 경고했다.[5]

이런 모호함은 풍수설과 국가의 공식 이념이 사상의 근본 원칙을 일부 공유한 데서 기원했다. 풍수설의 주요한 원천인 《역경易經》은 동아시아 전통에서 풍수설과 성리학을 포함한 모든 사상체계의 연결고리였다. 대대로 이 고전은 행동방식을 결정하는 수단은 물론 학자와 사회 지배층에게 도덕과 형이상학적 사색의 기초를 늘 제공했다. 그 결과 정통적 형이상학과 점술, 그리고 풍수설의 대중적 체계는 서로 이어지게 됐다.[6]

풍수가의 지위는 풍수설 자체와 비슷하게 중간 정도였다. 전문적 풍수가는 학문의 본체를 깊이 아는 사람이었기 때문에 어떤 의미에서 사회적 지배층의 일원이었지만 평민도 보수를 지불하고 그의 도움을 받을 수 있었다. 기본적으로 풍수가가 다루는 형이상학—우주는 기가 스며든 음양 사이를 운행하고 오행의 작용으로 변동한다—은 유학자들이 공유한 학문적 형이상학이었지만, 그들은 자신의 형이상학을 누구나 이용할 수 있게 했다. 그러면서 풍수가는 지식인과 평민이라는 사회의 두 주요 계층을 중재했다. 조정에서 근무하는 것이 이상인 진정한

---

5 안정복, 《순암선생문집》, 〈여씨향약부조〉, 15:22a~22b.
6 Freedman, *Chinese Lineage and Society*, p. 322.

학자는 가까운 동료들과 함께 존경할 만한 점술 행위에 참여할 가능성이 충분했지만, 그런 재능을 공개된 시장에서 팔려고 하지는 않을 것이었다.[7] 풍수가는 일종의 지식인이었지만 완전히 그렇지는 않았다. 그는 지식인과 평민 사이에서 균형을 잡으면서 어느 쪽에도 분명히 소속되지 않았다. 지배층은 풍수가들이 대중과 관원 이외의 부류와 가까워진 결과 오염됐다고 보았다. 그러나 바로 그 결속이 평민에게 다가간 풍수가의 힘이었다.[8] 그 결과 풍수가는 평민보다 높아졌지만, 지배층과 연결되어 활동했음에도 가문적 배경이 그의 사회적 지위를 결정한 관건인 조선의 상황에서는 사회 지배층에게 경시됐다.

풍수설의 의사擬似과학적 생각은 전통시대 한국사 전체를 휩쓸었다. 풍수설은 당(617~907)과의 문화교류가 매우 활발해진 통일신라시대(668~935)에 한반도에 들어왔다.[9] 풍수설이 대중에게 큰 인기를 끈 것은 통일신라 후반이었다. 그런 정치·사회적 혼란기 동안 대중의 지지를 얻으려고 시도한 지역 호족들은 자신의 지역에 근거지를 세우고 그곳이 풍수적 힘의 축복을 받았다고 주장함으로써 자신의 정치적 지배를 정당화했다. 군사적 측면에서도 풍수설은 전략적 요충지를 발견하는 데 유용했다. 그 결과 후삼국시대의 정치 지도자들은 정치와 군사적 이유 모두에서 풍수설에 의존하는 경향을 보였다.[10]

---

[7] 이를테면 백경해의 스승 최경림은 지관이었으며 백경해 조상의 길한 묏자리를 선정하는 데 핵심적 역할을 했다. 백경해, 《수와일기》 1799년 4월 13일.
[8] Freedman, *Chinese Lineage and Society*, pp. 323~29.
[9] 이병도, 《고려시대의 연구》, 28쪽.
[10] 최길성, 〈고려·조선의 풍수사상〉.

10세기 고려왕조의 개창과 함께 풍수설은 왕실의 강력한 지지를 받았는데, 한 역사학자는 고려왕조의 흥망은 풍수설 이론과 밀접히 관련되어 있다고까지 말했다.[11] 고려왕조의 개창자 왕건 스스로 풍수적 힘을 신봉했으며 당시 풍수이론에 가장 뛰어난 인물이던 도선국사道詵國師(826~98)에게 조언을 구했다.[12] 한반도를 통일하는 과정에서 왕건은 절과 탑을 세울 부지, 군사 기지, 수도인 개성 자체를 선정하는 데 풍수설에 자문을 구했다.[13]

풍수설에 대한 왕건의 믿음은 〈훈요십조訓要十條〉에 잘 나타나 있는데, 거기서 그는 자신이 한반도의 산과 강의 보호하는 힘을 받아 통일을 이뤘다면서 후손들에게 당부했다. "모든 사원은 도선이 산수의 순역順逆을 살펴 건립한 것이다. 도선은 '내가 선정한 것 외에 함부로 더 창건하면 지덕을 손상시켜 왕업이 영원하지 못할 것'이라고 했다.……이것을 유념해 지켜라."[14] 이 지시에 나타난 왕건의 주요한 관심은 사원을 "함부로 더 창건"해 발생하기 쉬운 경제적 낭비를 막으려는 데 있었다고 여겨진다. 아무튼 풍수설에 대한 믿음을 분명히 표현한 그의 이 지시로 풍수설은 국무를 처리하는 데 고려해야 할 중요한 요소가 됐다.[15]

고려왕조 내내 국무가 풍수설에 좌우된 사례는 수없이 많다. 이를테

---

[11] 이병도, 《고려시대의 연구》.
[12] 村山智順, 《朝鮮の占卜と豫言》, 29~36쪽. 고려 왕실의 이념적 기반은 Rogers, "Pyŏnnyŏn T'ongnok" 참조.
[13] 이병도, 《고려시대의 연구》, 41~55쪽.
[14] 《고려사》, 2:15a.
[15] Joe, Traditional Korea, p. 193.

조선의 변방과 반란, 1812년 홍경래 난

면 문종(재위 1047~82)은 개성의 지력이 다했다고 생각되자 왕실인 왕씨의 지배를 연장시키기 위해 길지에 이궁離宮을 건립해 재위하고 있는 국왕들이 이어하도록 했는데, 아직 신선한 그곳의 지력을 받게 하려던 의도로 여겨진다.[16] 그리고 숙종(재위 1095~1105)은 풍수가의 조언으로 지금의 서울 일대인 남경을 재건하고 그곳에서 봄을 보냈다. 이것은 왕위 계승을 둘러싼 유혈분쟁 이후의 불안한 정치 상황을 안정시키려는 조처였으며, 그는 상서로운 풍수적 힘에 의지해 나라의 번영을 기도했다.[17] 예종(재위 1106~11)은 서경을 확장하는 야심적인 건축계획에 착수했으며, 서경의 관서를 개성과 비슷하게 높임으로써 왕권을 강화했다. 평양의 뛰어난 풍수적 입지는 이미 왕건의 〈훈요십조〉에서 확고히 언급됐는데, 고려를 위협하던 동북부의 여진족을 예속시키려는 군사원정을 추진하기 위해 예종은 그곳의 지덕을 이용하려고 했다.[18]

국왕뿐 아니라 반란 세력도 풍수적 힘을 이용하려고 했다. 이를테면 묘청은 1135년 반란에서 풍수설을 이용해 우위를 차지하려고 했다. 평양이 왕조의 도성으로 더 적합하다는 풍수적 견해는 고려왕조가 시작될 때부터 있었다. 자연재해가 나라를 휩쓸거나 권력투쟁으로 사회가 혼란스러워질 때마다 일부 관원과 풍수가들은 개성의 지기가 다했으니 평양으로 천도해야 한다고 주장했다. 많은 국왕이 이런 주장에 따라 평양을 재건하고 확대했으며 그런 유리한 지기를 얻으려고 그곳을 방문

---

16 이병도, 《고려시대의 연구》, 138~56쪽.
17 이병도, 《고려시대의 연구》, 157~70쪽.
18 이병도, 《고려시대의 연구》, 175~89쪽.

했다. 인종(1122~46) 때 이자겸李資謙과 척준경拓俊京의 유혈 권력투쟁이 끝난 뒤 일군의 평양 출신 고위 중앙 관원은 평양으로 천도하려고 시도했으며 국왕도 지지했다. 이 집단의 지도자인 승려 묘청은 불교와 풍수설과 음양론을 결합해 평양으로 천도하자고 국왕을 설득했다. 그러나 개성에 기반을 둔 유교적 관원들은 그 계획을 강력히 반대하면서 하늘은 현재의 수도를 유지하는 것을 지지한다고 주장했으며, 묘청이 보여준 이른바 신비한 징후는 거짓이라는 것을 입증해 그 주장을 뒷받침했다. 마침내 묘청과 그 세력은 천도 기회가 사라졌다고 판단되자 평양에 자신들의 왕조를 세우고 개성의 조정에 맞서 반란을 일으켰다.[19]

이성계도 조선왕조를 개창하면서 왕조 교체를 정당화하기 위해 풍수설을 활용했다. 왕건이 도선을 이용한 것과 마찬가지로 그도 나옹대사懶翁大師와 무학無學대사를 이용했다. 도성을 한양(지금의 서울)으로 선정하고 옮기는 것과 관련된 토론은, 새로 수립된 왕권을 강화하는 과정의 일부였는데, 당시 풍수설의 인기와 밀접히 관련됐다. 그러나 새 왕조의 권력이 확립되고 사회가 안정되자마자 양택陽宅 풍수—위대한 인물의 출현은 지기와 밀접히 관련되어 있다는 믿음이 포함되어 있다—는 잦아들고 그 대신 음택 풍수—지하의 기운은 묻혀 있는 조상의 뼈를 거쳐 후대의 행복에 영향을 준다고 믿었기 때문에 현명하게 묏자리를 선정해야 한다고 강조했다—가 선호됐다.[20] 음택 풍수는 조상 숭배—성

---

[19] 이병도, 《고려시대의 연구》, 190~244쪽.
[20] 이병도, 《고려시대의 연구》, 23~24쪽. 윤홍기는 양택 풍수가 음택 풍수보다 먼저 나타났다고 판단했다. 윤홍기, 〈풍수지리설의 본질과 기원 및 그 자연관〉.

리학의 사회관계의 오륜 가운데 하나인 효의 확장이었다—를 강조한 성리학과 조화되었는데, 성리학에서는 부모가 죽은 뒤에도 그를 향한 헌신의 형태로 조상 숭배를 실천했지만 풍수설은 후손의 이익만을 위해 조상의 묏자리를 이용했다.[21]

아무튼 왕조 교체를 완수하고 안정된 사회·정치구조를 확립하고 나면 통치자는 더이상 풍수적 힘을 강조할 필요가 없다. 반대로 풍수론은 그것의 미신적 본질 때문에 사람을 오도한다는 비난을 받았다. 그럼에도 풍수적 생각은 계속 인기를 끌었는데, 사람들에게 길한 곳에 조상의 묘를 씀으로써 번영과 성공을 얻을 수 있다는 꿈을 주었기 때문이다. 특히 풍수설은 《정감록》 같은 문헌에 체계화된 왕조 교체의 예언적 신앙의 기초를 놓았으며, 1812년 반란 세력은 그 책에 크게 의지했다.

《정감록》은 풍수설과 지진·일식·월식·혜성 같은 초자연적 징조를 바탕으로 조선왕조의 미래를 예측한 예언서의 모음이다. 그것이 언제 편찬됐는지는 정확하지 않지만, 비슷한 예언적 사상은 조선왕조가 개창되기 전에도 있었다.[22] 그 책의 주제는 조선의 지배가 군사 반란과 비극적인 자연재해와 함께 끝나면 정씨를 가진 한 남성이 계룡산에 새 왕

---

[21] 마르티나 도이힐러에 따르면 유학자는 어떤 사람의 기를 보존하기 위해 몸을 묻는 것이며, 기는 살아 있던 몸과 죽은 몸 사이를 순환한다고 믿었다. 조상이 땅속에서 평화를 누린다면 후손은 이 세상에서 평화를 누릴 수 있다. 유학자에게 묏자리의 중요성은 죽은 사람과 산 사람 사이의 연결을 유지하는 데 있으며, 길한 묏자리는 두 사람의 안녕을 보장하는 것이었다. 그러므로 그 선정과 안장은 장례절차에서 가장 중요한 사안이었으며, 15세기 이후 묏자리를 선정하는 데 풍수학에 점차 더욱 의지하게 됐다. Deuchler, *The Confucian Transformation of Korea*, 197~200쪽.

[22] 배혜숙, 〈영조 연간의 사회동향과 민간사상〉.

조를 세우리라는 것이다. 아울러 《정감록》은 풍수설을 토대로 이런 자연적·인위적 사건에서 피신할 수 있는 열 곳의 길지를 제시했다. 많은 이본이 있는 《정감록》에 수록된 예언은, 세부 내용은 다르지만, 모두 이 씨 왕실의 종말과 정씨 왕실의 흥기를 예언한 것으로 모아진다. 이를테면 조선왕조가 300년 동안 지속될 것이라고 한 판본도 있고, 400년 또는 500년이라고 말한 이본도 있다.

《정감록》의 이본들에 담긴 이런 종말론·묵시록적 함축은 천년왕국설의 전통에서 발견되는 일정한 이념적 요소를 보여준다.[23] 그럼에도 이런 독특한 예언적 전통은 천년왕국설이라고 부르기는 어려운데, 리처드 에머슨Richard Emmerson이 주장한 대로 모든 종말론적 믿음이나 묵시록의 형태가 반드시 천년왕국설은 아니기 때문이다. 천년왕국설은 지구 종말 이전에 지상의 삶이 놀랍게 좋아지리라는 초자연적 영감을 받아 나타난 것이라는 로버트 러너Robert Lerner의 견해에 에머슨은 동의한다. 또한 그는 분석적 도구로서 유용하려면 '천년왕국설'은 종교적 동기와 목표를 내포해야 하므로 대부분의 세속적인 사회 또는 정치운동의 목표를 식별하려고 그 용어를 사용하는 것은 그 개념을 너무 넓게 정의하는 것이라고 지적했다.[24] 한국의 상황에 비추면 《정감록》에는 종

---

23 이를테면 남북조시대 도교에는 주기적으로 세계가 새로워지며, 현재 주기의 종말은 인간을 심판하고 구원하려고 개입하는 신비한 존재와 재앙의 출현으로 나타난다는 많은 예언이 있었다. 불교도 중국에 전파되면서 다양한 종말론적 사조를 수용했다. Ownby, "Chinese Millenarian Traditions." 그 뒤 중국의 민중 신앙에 나타난 다양한 천년왕국설, 특히 백련교에 관련된 사항은 Naquin, *Millenarian Rebellion in China* 참조.
24 Emmerson, "The Secret."

조선의 변방과 반란, 1812년 홍경래 난

교적 측면에 관련된 언급이 전혀 없기 때문에 《정감록》의 예언을 언급한 1812년 반란을 천년왕국운동으로 규정하기는 어렵다.[25]

실제로 대중운동과 모반이 도용한 대부분의 예언은, 《정감록》에서 얻은 것을 포함해, 본질적으로 세속적이고 정치적이었다. 이런 운동들은 많은 사람이 참여하는 천년왕국운동에서 관찰되는 신 숭배, 종교적 경전, 규정된 의례, 강력한 내용의 주문이나 성가, 또는 종교단체를 수반하지 않았다. 홍경래 난을 포함해 수많은 모반에서 나타난 대로 최고 지도자를 '정진인鄭眞人'이나 그저 '진인'이라고 부른 표현은 《정감록》의 예언에서 가져온 것이 분명하다. 도교나 불교에서 득도한 사람을 가리키는 '진인'이라는 용어를 사용한 것은 새 왕조의 지도자로 예상된 인물이 특별한 자질을 지닌 사람으로 그려졌음을 보여준다.[26] 진인에 관한 민담을 연구한 조동일은 진인이 악과의 투쟁에서 지지 않는 신과 투쟁의 삶을 사는 영웅, 신비에 싸인 인생을 영위하는 신비주의자와 어느 정도 특징을 공유했다고 지적했다.[27] 그러나 다양한 측면에서 분명히 드러난 대로 진인은 종교적 지도자도, 환생한 부처도, 미륵(미래불)

[25] 앤더스 칼슨은 《정감록》의 종말론 개념은 순환론적 역사관에 깊이 빠져 있으며, 현존하는 사회 질서의 대안은 새 왕조를 수립하는 것이었기 때문에 《정감록》에 담긴 사상을 천년왕국설로 해석해서는 안 된다는 데 동의했다. Karlsson, "Challenging the Dynasty." 예언서에 담긴 순환론적 역사관이 반드시 천년왕국설을 부정하는 것으로 해석할 필요는 없다고 여겨지는데, 일부 도교와 불교에 있는 천년왕국설의 전통은 시간과 역사를 순환적인 것으로 인식했기 때문이다. Ownby, "Chinese Millenarian Traditions," pp. 1518~19 및 p. 1524.

[26] 諸橋轍次, 《大漢和辭典》, 8:201쪽. 절충주의는 많은 민간 신앙 전통에 널리 퍼져 있다. Tai, *Millenarianism and Peasant Politics in Vietnam*, p. 33.

[27] 조동일, 《민중영웅 이야기》, 86~107쪽.

도 아니며 초자연적 힘을 지닌 세속적 지도자일 뿐이었다.

그럼에도 왕조 교체의 예언은 강렬한 종교운동보다 현존하는 왕조에 더 큰 위협이 됐는데, 그런 예언은《정감록》에서 서술된 대로 그 자체로 파괴적이고 천년왕국의 신봉자는 겁劫 또는 영겁永劫의 전환이 예상될 때 폭력에 의존하기 때문이다.[28] 또한 그런 책들에 실린 예언은 생략과 오기가 많고 다양한 해석과 이후의 내용 조작이 가능했기 때문에 매우 복잡했다. 그런 예언서의 내용은 반왕조적이고 반란 세력의 의도에 부합될 수 있다는 바로 그 이유 때문에 국가는 그것의 소유와 유포를 금지했으며 이런 이단적 전통을 근절하기 위해 그 책들을 불태웠다. 그러나 예언적 전통과《정감록》같은 체제 전복적 책들은 살아남았을 뿐 아니라 새로운 지도자 아래서 더 나은 삶을 바라는 대중의 지지를 얻었다.[29]

《정감록》같은 유형의 전통이 끈질기게 유지되고 폭넓은 호응을 받은 요인은 그것이 천명이라는 이념에 내포된 유교의 도덕과 연결된 데 있었다. 그 이념은 나라를 다스리는 권한은 하늘에게서 부여받은 것이므로 하늘은 도덕적으로 부패한 지도자에게서 그 권한을 박탈할 수도 있다는 것이었다. 하늘은 자연재해와 초자연적 징조를 통해 지도자에

---

[28] 명·청대 백련교의 우주론과 역사는 Naquin, *Millenarian Rebellion in China*, pp. 9~18 참조. 백련교와 베트남 천년왕국과 브우선끼흐엉寶山奇香의 유사성은 Tai, *Millenarianism and Peasant Politics in Vietnam*, pp. 27~33 참조. 에릭 홉스봄은 천년왕국설 연구에서 모호하고 비현실적이라도 미래와 더 나은 세상에 관한 공통된 시각은 천년왕국운동에 참여한 이들에게 강력한 동기를 제공할 수 있었다는 것을 보여주었다. Hobsbawm, *Primitive Rebels*, pp. 57~107.

[29] 모반자들이 이용한 여러 예언적 기록에 관련된 사항은 백승종, 〈18~19세기《정감록》을 비롯한 각종 예언서의 내용과 그에 대한 당시대인들의 해석〉 참조.

조선의 변방과 반란, 1812년 홍경래 난

게 하늘의 불만을 전달한다. 대중 반란은 지도자에 대한 하늘의 분노를 대표하며 도덕적으로 올바른 새 지도자를 세우는 합당한 방법이었다. 오랫동안 유지된 이런 정치사상은 한국사는 물론 중국사 내내 대중 반란과 왕조 교체에 이용됐다.[30] 《정감록》에서 미래 변화를 위한 모든 예언은 풍수적 담론을 빌렸지만 왕조 교체에 관련된 그것의 기본 개념은 유교에서 발원한 것이었다.[31]

한국사에서 예언적 신앙을 이용한 것 가운데 가장 잘 알려진 사건은 17세기 후반 정여립鄭汝立의 음모였다. 서인이 정여립과 동인에게 그릇된 혐의를 씌운 것이라고 주장한 학자도 있지만, 정여립이 반왕조적 계획을 마음에 품었던 것은 분명하다.[32] 전체적 사건은 예언의 민간 신앙과 밀접히 관련되었다. 대중의 지지를 얻기 위해 정여립은 한문으로 민요—"목자망, 전읍흥木子亡, 奠邑興"—를 지어 퍼뜨렸다. 이것은 말놀이인데, 첫 구절의 첫 두 글자인 목과 자는 위 아래로 더하면 왕실의 성인 '이李'가 되고 두 번째 구절의 첫 두 글자인 전과 읍은 옆으로 더하면 '정鄭'이 된다. 그러므로 그 노래는 조선왕조의 멸망과 정씨가 세운 새 왕조의 흥기를 상징적으로 암시한 것이었다. 정여립은 뽕나무에 말갈기가 자란 집의 주인은 국왕이 될 것이라는 널리 알려진 속담이 이뤄진 것처

---

[30] 통일신라에서 고려로, 고려에서 조선으로 이어진 왕조 교체를 서술한 공식 역사서들은 천명에 관련된 유교의 도덕적 개념을 빌려왔다. 《삼국사기》와 《고려사》 참조. Hurst, "The Good, The Bad and The Ugly"도 참조.

[31] Perry, *Challenging the Mandate of Heaven*, p. ix.

[32] 이희권, 〈정여립 모반사건에 관한 고찰〉; 김용덕, 〈정여립 연구〉.

럼 보이게 하려고 말갈기를 뽕나무에 심었다는 말도 있었다.[33] 사실《정감록》은 정여립과 그 추종자들이 조선왕조 개창 때부터 전해진 예언에 바탕해 자신들의 음모를 정당화하려고 편찬했을 가능성이 있다.[34]

조선 후기 동안《정감록》의 내용과 그 밖의 예언을 선전하면서 수많은 정치적 음모, 대중의 종교적 모의, 공공시장이나 문에 선동적 편지를 붙이는 사건—괘서掛書 사건—이 일어났다. 한 사례는 1688년(숙종 14) 범죄와 고통이 없고 순수함과 광명만 있는 다음세상을 다스리는 미륵불 신앙에 바탕한 음모였다. 이 음모에서 일종의 천년왕국설에 바탕한 공상적 이상주의인 미륵불 신앙은 용 신앙, 그리고《정감록》에 서술된 예언적 전통과 결합됐다. 그 음모의 핵심 지도자인 승려 여환呂還은 추종자들을 경기도 양주楊州에 모았다. 이 음모의 추종자들은 미륵불이 세상에 곧 내려올 것이며 왕조 교체가 그 얼마 뒤 이어질 것이라고 믿었다. 또한 그들은 여환의 부인인 무녀 용녀부인龍女夫人이 새 왕조를 다스릴 아들을 낳을 것이라고 믿었다. 또 다른 무녀 계화戒化는 자신이 정 진인이라고 주장하면서 그 음모에서 중요한 역할을 했다. 음모자들은 1688년 음력 7월(7월 27일~8월 25일) 엄청난 비가 내려 서울을 완전히 무너뜨릴 것이라고 예언했다. 도성이 무너지면 자신들이 입성해 새

---

[33] 자세한 사항은 村山智順,《朝鮮の占卜と豫言》, 570~71쪽 참조.

[34] 村山智順,《朝鮮の占卜と豫言》, 645~48쪽. 반면 백승종은 1739년(영조 15)《조선왕조실록》에《정감록》이 처음 기록된 것을 바탕으로《정감록》은 18세기 초반 이후 평안도 출신이 한국어 방언으로 처음 썼을 가능성이 크다고 주장했다. 그런 뒤 그는 18세기 후반 무렵 그 책은 한반도 전역에서 나타난다고 지적했다. 백승종, 〈18세기 전반 서북지방에서 출현한《정감록》〉.

조선의 변방과 반란, 1812년 홍경래 난

왕조를 세울 것이라고 그들은 말했다. 이런 예언에 의지한 반란 세력은 8월 10일 서울로 가서 비를 기다렸지만 허사였다. 그들은 양주로 돌아와 하늘의 응답이 없음을 분개했다. 그 뒤 그들의 음모는 발각됐고, 모든 지도자와 추종자는 체포돼 처벌됐다.[35]

1697년(숙종 23) 《정감록》을 이용한 승려들이 또 다른 계획을 주도했다. 주요 지도자는 중국 승려 운부雲浮였는데, 그는 명이 멸망한 뒤 조선으로 와서 금강산에 거주했다. 초자연적 힘을 지녔다고 알려진 운부는 당시의 많은 저명한 승려와 유명한 도적 장길산張吉山과 연합했다. 계획에 따르면 그들은 조선을 정복하고 정진인을 국왕으로 옹립한 뒤 중국을 침공해 최진인崔眞人 아래 황실을 세우려고 했다. 음모자 가운데 한 사람이 조정에 계획을 밀고하면서 그들의 계획은 무산됐다.[36]

18~19세기 내내 예언적 전통에 큰 영향을 받은 모반이 증가하고 선동하는 격문이 붙었다는 보고가 이어졌다. 영조(1724~76) 때는 다른 시대보다 많은 음모가 발각됐다.[37] 모반이 빈번하게 일어난 것은 주기적인 자연재해로 백성의 삶이 불안해지고 노론의 권력이 공고해진 뒤 많은 양반 지배층이 정치적으로 소외된 것을 반영한 결과였다. 무지한 백성과 지식인 모두 자신의 삶이 사회·정치적 혼돈과 변화는 물론 불확실한 자연재해로 위협을 받을 때 미신적이지만 체제를 전복하려는 이

---

35 1688년 모반에 관련된 자세한 사항은 정석종, 〈조선 후기 숙종 연간의 미륵신앙과 사회운동〉 참조.
36 자세한 사항은 정석종, 〈숙종 연간 승려세력의 거변계획擧變計劃과 장길산〉 참조.
37 영조 때 모반에 관한 배혜숙의 연구에 따르면 모반은 평균 3년에 한 번씩 발각됐다. 배혜숙, 〈영조 연간의 사회동향과 민간사상〉, 89~91쪽.

념에 빠지기 쉬운 경향이 있었다.

1755년(영조 31) 윤지尹志의 음모는 당시의 정치적 분위기를 보여준다.[38] 그는 전라도 나주羅州로 유배됐고, 그곳에서 반란을 계획했다 (1728년〔영조 4〕이인좌李麟佐 난에 연루됐기 때문으로 생각된다). 그는 반란의 전략적 거점과 거사 시기를 선택하면서 《정감록》의 예언적 전통에 크게 의존했다. 특히 《정감록》에 기록된 왕조 교체의 예언과 그 징조는 다른 지역에서 공모자를 모으는 데 상당히 유용했다. 실제로 예언적 신앙은 당시 지식인과 일반 농민 모두에게 널리 퍼져 있었는데, 《정감록》 같은 책은 언문으로 나와 있었고 사람들 사이에서 구전되기도 했기 때문이다. 그러므로 조선 후기의 수많은 음모에서 보이듯 모반자들은, 예언에 대한 믿음과 상관없이, 예언적 신앙에 의존했고 예언서의 내용을 조작한 것이었다.[39]

홍경래 난의 예언적 신앙

홍경래 난에서 예언적 전통, 특히 《정감록》의 영향을 간과해서는 안 된다. 반란의 지도자 홍경래는 지사地師였다. 그는 평안도 용강龍岡의 마을 사당里社 뒤쪽에 아버지의 묏자리를 선정하면서 그 자리가 큰 음덕

---

[38] 배혜숙, 〈영조 연간의 사회동향과 민간사상〉; 이상배, 〈영조조 윤지 괘서사건과 정국의 동향〉.
[39] 이상배, 〈조선 후기 한성부 괘서에 관한 연구〉; 같은 이, 《조선 후기 정치와 괘서》; 조광, 〈19세기 민란의 사회적 배경〉.

을 베풀 길지라고 자부했다. 그 공언은 자신이 그런 특별한 묏자리의 풍수적 힘의 도움을 받아 국왕이 될 운명이라는 뜻이었을 것이며, 그것은 그의 반란에 정당성을 부여했다.[40]

반란의 공동 지도자 우군칙도 풍수였는데, 홍경래는 가산의 한 절에서 그를 처음 만났다. 풍수설과 예언적 전통에 관한 공통의 관심이 두 사람의 친밀한 우정에 기반이 된 것은 분명하다. 1801년(순조 1) 두 번째 만났을 때 그들은 얼마 전 있었던 지진과 일식 같은 자연재해와 초자연적 징후를 이야기하면서 1812년(임신년) "세상을 구할 사람濟世之人"이 이끄는 무장 반란이 일어날 것이라고 예측했다.[41] 그들은 60간지의 임신년에 무장 반란이 일어날 것이라고 예언한 《정감록》의 〈감결勘決〉장의 서술을 해석해 그렇게 예측한 것으로 생각된다.[42]

반란에서 재정을 관리한 이희저와는 우군칙이 이희저 아버지의 묏자리를 정해주면서 연결됐다.[43] 그렇게 하면서 우군칙은 이희저에게 "앞으로 이루 말할 수 없는 축복을 받을 것"이라고 말했다.[44] 우군칙의 예언을 믿은 이희저는 우군칙을 후원하게 됐고, 나아가 우군칙과 홍경래의 계획을 지원하게 됐다.

실제로 우군칙은 자신의 풍수적 기술을 사용해 평안도 사람들과 개인적 관계를 맺었으며 그들을 반란에 가담시켰다. 곽산의 양반 김국범

---

[40] 《진중일기》, 131쪽.
[41] 《진중일기》, 691쪽.
[42] 《신역 정감록》, 〈감결〉, 14쪽 참조.
[43] 《진중일기》, 132쪽.
[44] 《진중일기》, 132쪽.

은 반란 4개월 전 우군칙이 김창시 삼촌의 묏자리를 선정하려고 김창시의 서재에 갔을 때 거기서 만나게 된 것으로 생각된다. 그 모임에서 그들은 임박한 반란을 논의했으며 김국범은 모사로 반란 세력에 합류했다.[45] 우군칙은 자신의 외가 친척으로 박천에 살았으며 반란군을 모집하는 데 중요한 역할을 한 강득황姜得璜의 묏자리도 선정했다.[46] 반란군 모집을 돕고 반란 세력의 군관이 된 김여정도 우군칙이 자기 아버지의 묏자리를 잡아줄 때 그를 만났다.[47] 풍수는 길한 묏자리를 잡는 데 널리 참여했을 뿐 아니라 모든 신분에서 그런 요청이 들어왔다는 것은 중요하게 지적할 필요가 있다. 이것은 19세기 전반 북부 주민이 풍수를 후원할 수 있는 일정한 재정적 잉여를 누렸으며 예언적 신앙에 투자해 더 나은 경제적 상황과 더 높은 사회적 지위를 얻으려고 열망했음을 보여준다.

한 반란 격문은 반란이 형성되는 데《정감록》과 그 밖의 민간 신앙이 준 영향을 또렷이 보여준다. 격문은 백성이 정부의 부정과 자연재해로 큰 고통을 겪고 있다고 주장한 뒤 이렇게 말했다.

---

[45] 《관서평란록》, 3:321~33쪽.
[46] 《관서평란록》, 4:225쪽 및 3:619쪽. 강득황과 그의 아버지는 하급 군관이었으며 상업 활동으로 생계를 이었다.
[47] 《관서평란록》, 3:604~7쪽 및 3:621~22쪽. 반란이 일어났을 때 김여정은 박천 진두의 시장에서 선원들에게 음식을 팔았기 때문에 광부가 되라는 그의 제안에 쉽게 설득된 가난한 사람을 만날 기회가 많았다. 그는 그들에게 돈과 음식과 술도 제공했다.

다행히 오늘 세상을 구제할 성인이 청북 선천 검산劍山의 일월봉日月峰 아래 군왕포君王浦 부근의 가야동伽耶洞 홍의도紅衣島에서 탄생하셨다.[48] 그는 태어나면서부터 신령했고, 다섯 살 때에 신승神僧을 따라 중국으로 갔다. 성장한 뒤에는 폐사군이 있던 강계와 여연閭延에 머물렀으며[49] 그곳에 산 지 5년 만에 명明의 세신유족世臣遺族을 거느리게 됐다. 그 뒤 그는 철기 10만으로 조선을 평정하기로 결심했다. 그러나 이곳 관서는 성인께서 나신 곳이어서 차마 공격할 수 없었다. 그래서 먼저 관서의 호걸들에게 군사를 일으켜 백성을 구제하게 하니 우리 군의 의로운 깃발이 이르는 곳에서는 소생할 것을 기다리지 않는 사람이 없다.[50]

이 격문에서 반란 세력은 자연재해와 천문 변화의 빈번한 발생으로 나타났듯 조선왕조의 친명이 끝났다고 주장해 자신들의 반란을 정당화하려고 했다. "세상을 구세할 성인"은 정진인, 구체적으로는 '정제민鄭濟民'이나 '정시수鄭時守'라는 이름을 가진 인물로 생각되는데, 홍경래는 1810년(순조 10) 우군칙을 절에서 만났을 때 그를 우군칙에게 소개했

---

[48] 홍의도는 실재하지 않았을 가능성이 크다. "일월봉"이나 "군왕포" 같은 지명들은 그곳에서 태어났다고 하는 구원자의 성스러운 지위를 높이려고 사용된 것이 분명하다.

[49] 세종 때 북부 변경지대를 자주 침입한 여진족을 막기 위해 압록강 상류에 4군을 설치했다. 그러나 희박한 인구, 척박한 토양, 여진족과의 끊임없는 충돌 때문에 행정조직으로서 그 군을 유지하기가 매우 어려워 1459년(세조 5) 4군은 모두 폐지됐다.

[50] 《홍경래 반란기》, 4쪽. 이 격문에 따르면 구원자—정진인—는 중국 명 왕조의 후예를 지휘했는데, 이것은 그의 군대를 만주족胡軍이라고 지칭한 다른 자료와 상충된다. 처음부터 정진인과 그의 군대에 관련된 이야기는 반란에 대중의 지지를 얻으려고 만든 선전으로 여겨진다.

다.[51] 우군칙의 진술에 따르면 정시수는 추종자를 결집한 뒤 반란을 일으키려고 계획했으며, 우군칙에게 반란에 가담하라고 요청했다. 일부 반란군은 정씨 성을 가진 남성鄭哥이 자신들의 최고 지도자라고 막연히 언급했지만, 반란 동안 그가 참여한 흔적이 보이지 않는 것으로 미뤄 정시수는 기껏해야 명목상의 우두머리였던 것으로 생각된다.[52] 아울러 한 반란자는 50년 쯤 전 널리 퍼진 한 장군의 탄생 이야기가 반란 세력에 의해 조작됐다고 진술했다. 그 이야기에 따르면 아주 흉칙하게 생긴 아기가 선천의 쌔꼴이라는 마을에서 태어났지만 어머니가 땅에 묻었다. 아기의 울음소리가 들리지 않는 것을 의심스럽게 여긴 이웃사람들은 그 아기가 장군이 되려고 태어났기 때문에 울지 않는 것이라는 소문을 지어냈다. 그 소문은 그 지역 사람들에게 상당히 널리 퍼졌으며, 반란 지도자들은 그 이야기를 가져와 아기 장군, 곧 정진인이 백성을 구하려고 일어났다는 주장으로 발전시켰다.[53]

《정감록》의 예언과 부분적으로 들어맞는 이 이야기는 반란 이전 끔찍한 가뭄에 시달리던 사람들을 뒤흔들 만큼 충분히 강력했다. 반란군이 승리할 것이라고 믿게 만든 주요 요소 가운데 하나는 가산 관아를 처음 공격한 자신들이 정진인의 선봉대라는 홍경래의 발언이었다.[54] 반란 세력은 그 지역에서 점령을 확대한 때는 물론 정주로 후퇴한 뒤에

---

51 《진중일기》, 692쪽.
52 《관서평란록》, 3:167쪽.
53 《관서평란록》, 4:335~40쪽.
54 《관서평란록》, 3:606~7쪽.

조선의 변방과 반란, 1812년 홍경래 난

도 대중의 지지를 받기 위해 정진인에 대한 믿음을 거듭 언급했다.[55] 당시 황해도에 잠시 거주하던 강희영姜羲永이 일기에서 반란 세력의 우두머리는 정씨라고 보고한 것을 볼 때 이런 이념적 정당화는 널리 퍼진 것이 분명하다.[56] 또한 정진인이라는 인물에 구현된 예언적 신앙은 다양한 신분 배경을 지닌 사람들은 물론 부유한 사람과 가난한 사람을 통합하는 강력한 기반이 된 것으로 보인다.[57]

실제로 반란의 많은 참여자, 특히 반란에 헌신하고 반란군이 도착하기 전 관아를 운영한 내응內應과 지역 지배층은 정진인에 관한 이론에 깊이 감동했다. 곽산에서 약국을 운영하던 가난한 지역 양반 김대훈金大勳은 정진인과 임박한 무장 반란 소식을 김창시에게서 들었다.[58] 사실 1812년 반란에 지원을 얻기 위해 정진인의 초자연적 탄생과 그가 무장 반란을 준비했다는 이야기를 유포한 사람은 김창시였다. 역시 지역 양반이던 김창시는 1811년 10월 말이나 11월 초 김대훈·고윤빈과 만났을 때 홍경래와 우욱(우군칙)이 이미 정진인을 만나 반란군을 일으키라는 명령을 받았다고 말했다. 정진인은 평안도와 황해도를 점령한 뒤 반란을 지휘하러 내려올 것인데, 모두 7년 정도 걸릴 것이었다.[59] 무장 투

---

55 《관서평란록》, 4:494쪽;《진중일기》, 698~702쪽.

56 강희영, 《일승》, 30쪽.

57 허버트 P. 빅스Herbert Bix는 도쿠가와 시대의 농민항쟁 연구에서 18세기 일본의 경제가 복잡해지면서 민간 신앙은 농민봉기에서 계급적 단결의 새로운 기반을 제공했다고 결론지었다. Bix, *Peasant Protest in Japan*, pp. 215~28.

58 《관서평란록》, 5:86~89쪽.

59 대체로 《정감록》은 왕조 교체가 일어나는 동안 유혈 충돌이 오랫동안 일어날 것이라고 예언했다. 이를테면 〈감결〉에서는 12년 동안 혼란스러울 것이라고 예측했다. 《신역 정감록》, 21·27쪽 참조.

쟁을 벌이는 7년 동안 어떻게 살아남을지 김대훈이 걱정하자 김창시는 친구인 그를 보호하겠다고 약속하기까지 했다. 그의 말을 굳게 믿은 김대훈은 반란 동안 종사관從事官으로서 반란군의 재정과 실행계획을 감독했다.[60]

첨사(종3품)로 재직한 바 있는 그 지역의 또 다른 인물 박성신도 예언적 신앙을 믿게 됐다.[61] 그가 정진인 이야기를 가까운 친척들에게 들려주면서 설득한 것을 볼 때 그가 모반에 참여한 것은 그런 믿음과 밀접히 관련되어 있는 것으로 보인다.[62] 그는 반란 세력에 의해 곽산군수에 임명됐을 뿐 아니라 그의 두 아들은 군관으로 반란에 참여했다.[63]

정주 출신의 수리首吏 최이륜은 반란 7년 또는 8년 전 홍경래가 공부하기 위해 몇 달 동안 서당에 왔을 때 그를 처음 만났다. 1811년 12월 말과 반란 1개월 전인 1812년 1월 초 홍경래는 반란의 근거지인 가산 다복동多福洞으로 최이륜을 초대했으며, 임박한 무장 반란을 정진인이 지휘할 것이라고 그에게 말했다. 그 이전부터도 최이륜은 음모에 깊이 개입했다. 반란 세력에 의해 정주목사로 임명된 최이륜은 관아의 군적 男丁案을 이용해 군대를 모으고 군수품 준비와 수송을 관리했으며, 반란 초기 농민들에게 환자를 배급했다. 그는 자신의 형제·아들과 함께 4

---

[60] 반란에서 김대훈의 역할은 《관서평란록》, 5:90~91쪽 및 4:450쪽 참조. 김대훈은 모반대역죄로 참수된 반란 세력 가운데 한 사람이었다.

[61] 방우정, 《서정일기》, 23쪽.

[62] 《관서평란록》, 5:110~14쪽 및 3:302쪽; 《관서신미록》, 81~83쪽.

[63] 《진중일기》, 158 및 308쪽; 《관서평란록》, 1:515쪽. 박성신과 그의 아들들은 모두 참수됐다.

개월 동안 저항한 뒤 정주가 관군에게 함락될 때까지 그곳의 반란군 진영에 머물렀다.[64]

정진인 이야기와 무장 반란은 《정감록》에 예언된 대로 왕조 교체를 분명히 요구했다. 반란 세력은 수령과 그 밖의 지역 관원을 임명해 당시의 국가조직을 접수했을 뿐 아니라 준왕조적 관료체계를 수립했다. 홍경래는 변경 지역의 협력자들에게 비밀편지를 보내면서 봉투에 "왕"이라고 썼다.[65] 영변 향청의 좌수 김우학金遇鶴은 영변부사뿐 아니라 그 뒤 영의정까지 승진될 것을 약속받았다. 가장 높은 지역 무관이던 영변의 남익현南益顯은 훈련대장訓將, 같은 지역의 이익수李益秀는 이조판서에 임명되기로 예정됐다.[66] 김우학에게는 지역 양반으로 반란군의 부원수副元帥가 된 김사용이 접근했다. 김사용은 변신술과 초자연적 능력을 보여주면서 김우학의 관심을 끌었다.[67] 김사용이 정진인에 대해 김우학에게 말했는지는 알 수 없지만, 영변의 김우학과 그 밖의 협력자들이 그에 대해 들었을 가능성은 충분하다.

《정감록》 예언대로 풍수설에 바탕한 왕조 교체의 이론은 반란을 합법화하고 지원자를 동원하는 데 결정적 역할을 했지만, 예언과 변신술에 대한 대중의 믿음도 반란 세력의 이념에서 핵심 요소였으며 반란 지도자들의 신화에 가까운 능력과 권위를 증가시키는 데 중요했다. 가장

---

[64] 이런 사례 외에도 정진인과 그의 역할에 대한 널리 퍼진 믿음이 반란 세력을 모으는 데 큰 영향을 주었다는 증거는 많다. 《관서평란록》, 1:19쪽 및 2:503쪽.
[65] 《순조기사》, 10:35b.
[66] 《진중일기》, 229~30쪽.
[67] 《관서평란록》, 4:129쪽.

널리 알려진 것은 홍경래의 속임수를 둘러싼 이야기들이다. 반란 초기 홍경래는 10장(20.8미터)이나 되는 나무를 뛰어넘을 수 있다면서 자신의 무예를 추종자들이 믿게 했다.[68] 그 뒤 반란 세력이 정주성에서 포위됐을 때 홍경래는 자신이 칼을 한 번 휘두르면 총탄 20발을 막을 수 있다고 자랑했다. 그런 놀라운 기술을 증명하기 위해 그는 동료들에게 자신을 둘러싸게 한 뒤 공포탄을 자신에게 쏘게 하고 자신은 말에 올라 칼을 휘두르면서 총탄을 막는 것처럼 위장했다. 충직하지만 어리석은 추종자들은 그를 '진도 장군眞道將軍'이라고 불렀다.[69]

앞에서 말한 김우학과 김사용의 사례는 변신술에 대한 믿음과 의존을 보여준다. 김사용은 반란군의 군관을 선발할 때 자신의 관상 지식도 사용했다고 한다.[70] 또한 그는 자신이 문을 뛰어넘어 건물 안으로 들어간다고 추종자들이 믿게 하려고 긴 대나무 장대에 신발을 끼워 문의 지붕 위에 쌓인 눈에 발자국을 남겼다. 그의 신이한 힘을 믿은 그의 무리는 그를 '비 장군飛將軍'이라고 불렀다.[71] 천문과 변신술에 통달했다고 널리 알려진 선천의 계남심은 반란 세력에게 모사로 초빙됐다. 계남심은 전문 지식이 없다고 부인하고 병을 핑계로 무리에서 이탈하려고 했지만, 남의 말에 잘 속는 김대훈의 요청에 따라 앞으로 전개될 군사행동의 운명을 예측했다.[72] 그리고 김대훈을 끌어들인 반란 세력의 모사

---

[68] 《진중일기》, 142쪽. 1장=10주척=2.08미터다. 그러므로 10장은 20.8미터 정도다.
[69] 《진중일기》, 241쪽.
[70] 《관서평란록》, 1:470쪽.
[71] 《진중일기》, 142쪽.
[72] 《관서평란록》, 4:332~37쪽.

김창시는 이미 서술한 대로 관군의 추격을 피해 도망치면서 자신의 미래를 직감했다.[73]

황해도 성천 출신 박정용朴正用은 점쟁이였는데, 반란 세력에서 서기관書記官이나 종사관으로 활동했다. 그는 점술이나 변신술에 능통하다는 부랑자들을 반란 세력으로 모집한 죄목으로 기소돼 반역죄로 참수됐다.[74] 반란 세력은 구성龜城에서 맹인 박원보에게 자신들의 앞날을 예언해달라고 요청하고 하늘에 제사를 지내기도 했다.[75]

예언과 마술적 힘에 관련된 민간 신앙에 의존한 것은 반란 세력만이 아니었다. 반란 세력의 전멸이 늦어지자 관군도 산 정상에서 하늘에 제사를 지내 도움을 빌었다. 순무중군巡撫中軍이 이끈 그런 행위는 하늘이 조정의 편이라는 것을 상징적으로 주장함으로써 대중의 지지를 얻으려는 것이 분명했다. 난이 평정된 후 가장 명예로운 충신 가운데 하나로 인정받은 임지환林之煥은 안주대도호부에서 보낸 명령을 전달하러 의주로 가다가 반란 세력에게 죽은 군관이었는데, 그 또한 반란 세력에게 사로잡히자 나무에서 가지를 뽑아 자신의 운명을 점치기도 했다.[76]

더욱 흥미로운 것은 반란 세력과 정부 모두 동일한 하나의 "초자연적" 현상—혜성—을 자신들에게 유리하게 해석한 것이다. 반란 세력은 1811년에 혜성이 출현하자 당시 왕조를 하늘이 반대하는 징조라고

---

[73] 《관서평란록》, 1:67쪽.
[74] 박정용이 반란에 가담한 기록은 열거하기에 너무 많다. 가장 대표적인 것들은 《관서평란록》, 5:89쪽, 5:486쪽, 1:466쪽;《순조실록》 순조 12년 9월 20일(기축) 등이다.
[75] 《관서평란록》, 4:32쪽.
[76] 《관서평란록》, 4:358쪽 및 4:388쪽.

해석했다. 반대로 반란 세력을 마지막으로 공격하기 전 관군의 최고 사령관 가운데 한 사람은 큰 승리를 예언했는데, 작년에 혜성이 119일 동안 하늘에 나타났는데 반란 기간을 첫날부터 세면 다음날까지 꼭 119일이 되기 때문이라고 했다. 그는 다른 장수들에게 반란 세력이 멸망하는 것은 사람이 하는 일이 아니라 하늘의 계획이라고 장담했다.[77] 동일한 혜성은 1811년 봄과 여름 내내 중국에서도 관찰됐다. 1813년의 계유지변癸酉之變을 연구한 수전 내퀸Susan Naquin은 당파의 지도자들은 혜성을 새로운 겁劫의 도래가 임박하고 자신들의 사업에 상서로운 축복이 있을 것이라는 예언을 뒷받침하는 것으로 생각하는 경향이 있었지만 황실은 그것을 나라의 큰 영광을 상징하는 것이라고 선언했다고 지적했다.[78]

이런 사건들은 모두, 사회적 지위와 정치적 지향에 상관없이 사람들이 예언과 변신술에 관련된 다양한 민간 신앙에 강한 영향을 받았음을 보여준다.[79] 특히 삶이 자연재해·가뭄·전염병으로 타격을 받았을 때, 그리고 자신의 사회·정치적 상황이 위험에 빠졌을 때 사람들은 좀 더 나은 삶의 조건을 약속한 대중 신앙에 더욱 쉽게 영향을 받았다. 지역

---

[77] 《진중일기》, 643쪽.

[78] Naquin, *Millenarian Rebellion in China*, p. 89.

[79] 이문건李文楗(1494~1567)이 쓴 일기와《양아록養兒錄》은 지방에 사는 이 지식인의 일상이 마술적 힘의 축복과 저주에 얼마나 깊이 의존했는지 보여준다. 그와 그의 가족은 질병 치료뿐 아니라 가정에 침입한 나쁜 기운을 막고 행운을 불러들이기 위해 일상적으로 여러 무당과 점쟁이를 후원했다. 이문건,《양아록》; 이복규, 〈조선 전기 사대부가의 무속〉; 이복규, 〈조선 전기 사대부가의 점복과 독경〉; 김현영, 〈의, 점, 무〉. 조선 후기 양반 사족은 자신의 부인이 무당과 점쟁이를 후원하는 것을 막지 않았다. Walraven, "Popular Religion in a Confucianized Society," pp. 160~98.

조선의 변방과 반란, 1812년 홍경래 난

양반조차 예언적 신앙에 따라 반란 세력에 가담했는데, 그들은 공동체 안에서 벌어진 격렬한 권력투쟁과 자신들의 향촌 기구와 부를 국가가 점점 더 많이 통제하면서 고통을 겪었기 때문이다. 새 왕조에서 주연이 될 것이라는 약속은 자신의 정치적 열망을 이룰 수 없던 소외된 지배층에게 대단히 강한 호소력이 있었다. 반란 지도자들로서는, 그들이 정부의 정치에 불의를 강력히 느끼고 민생의 악화를 참으로 걱정하든 아니든, 대중의 지지를 얻기 위해 널리 퍼진《정감록》의 예언적 전통에서 언급된 대로 새 시대가 도래할 것이라고 선포할 필요가 있었다. 현명하다고 평가할 수 있는 이 목표는 왕조 교체를 용인하는 유교의 주류적 정치문화에 합치될 뿐 아니라 역사상 최악의 가뭄으로 최저생활을 간신히 영위하는 위기에 처한 사람들의 고통스런 마음을 감동시켰다.

2

1812년
홍경래 난

5 장

반란 세력
지도부와
참여자

기존 연구에 따르면 1812년 반란은 10년 넘게 준비됐다고 하는데, 1차 자료에서는 가장 잘 알려진 두 주모자인 홍경래와 우군칙이 1800년에 처음 만났다고 서술했다.[1] 그다음 10년 정도 넘게 반란계획이 무르익었고 같은 마음을 지닌 사람들이 연결됐다. 이 장에서는 반란의 주요 인물과 그들이 반란에 헌신하게 된 요인을 밝히기 위해 그런 과정을 따라갈 것이다. 또한 반란을 위한 물질적 준비도 서술할 것인데, 그것은 봉기 이전 몇 달 동안 압축적으로 진행됐다.

[1] 《진중일기》, 691쪽.

핵심 지도부의 구성

|홍경래|

홍경래의 사회적 지위에 대해서는 약간 논란이 있다. 외숙에게 배웠고 사마시를 치렀다는 널리 알려진 이야기를 근거로 보통 그는 몰락한 양반으로 간주됐다.[2] 이 이야기는 의심스럽다. 믿을 만한 자료 가운데 적어도 두 가지에 홍경래는 평민으로 나와 있다. 한 자료는 그가 평안도의 도호부에 소속된 평민 군사였다고 기록했으며,[3] 다른 자료에서는 역시 평민을 뜻하는 상한常漢이었다고 적었다.[4] 오수창은 당시 가장 큰 권력을 지닌 관원이었을 김조순이 홍경래를 "한천한 필부寒賤之匹夫"라고 부른 것을 근거로 그가 평민이었다고 주장했다.[5]

홍경래는 가난했고 토지나 노비를 소유하지 못했지만 어느 정도 교육을 받았으며 습득한 풍수적 지식은 생계의 원천이 됐다.[6] 마을 사당里社 뒤에 아버지를 안장한 뒤 홍경래는 평생 자신에게 음덕을 내려줄 매우 좋은 묏자리를 선택했다고 스스로 말했다.[7] 지사地師였던 홍경래는 여러 곳을 두루 다녔으며, 자신의 반왕조적 모험을 지원할 양반을 포함

[2] 이우성·임형택 편, 〈홍경래〉, 118~61쪽 및 366~84쪽.《홍경래 임신사략》과 거의 동일한 〈홍경래〉에 관한 평가는 〈부록 1〉 참조.
[3] 강희영,《일승》, 29쪽.
[4] 백경해,《수와집》,〈부록〉, 가정, 6a.
[5] 오수창,《조선 후기 평안도사회발전 연구》, 262쪽.
[6]《관서평란록》, 2:214쪽.
[7]《진중일기》, 131쪽.

해 다양한 신분의 사람들과 알게 됐다.[8]

홍경래는 여행하는 동안 북부 지역 전역에서 반란 동조자를 모았다. 홍경래는 반란 지지자를 규합하면서 두 가지 이념을 제시했는데, (1) 민생의 어려움과 이례적인 자연재해는 지금의 왕조에서 천명이 떠난 것이라는 유교의 일반적 가르침과, (2)《정감록》에 서술된 왕조 교체의 예언적 신앙이라는 널리 퍼진 전통이었다. 유교의 가르침과 정진인 출현설에 바탕한 그의 주장은 농촌 지역의 불만 세력, 특히 평안도의 소외된 지배층을 모으는 데 큰 설득력을 발휘했다. 추종자들에게 고통에 빠진 사람들을 구하러 정진인이 올 것이라고 확언하는 홍경래의 자신감 있는 연설 또한 반란 기간 동안 대중의 지지를 모으는 데 상당히 효과적이었다.

정부 보고에 담긴 홍경래의 외모와 성격에 관한 부정적 서술과는 반대로 홍경래는 자격이 충분한 반란 지도자였던 것 같다. 반란 몇 달 전 홍경래는 자신의 어머니·아내·아들·형제·조카를 포함한 14명의 가문 구성원을 고향인 용강에서 반란 근거지인 가산 다복동으로 이주시키기로 결정했다.[9] 그는 마을 사람들과 작별하면서 자신의 뜻이 이뤄질 것이라고 장담했다.[10] 가족들의 증언에 따르면 그는, 자신이 그 지도자 가운데 한 사람이 될 것이라고 밝히지는 않았지만, 무장 반란이 곧 일어날 것이라고 말했다.[11] 또한 그는 정주 출신으로 반란 세력에게 희생된

---

[8] 《관서평란록》, 3:711쪽 주석.
[9] 《진중일기》, 131쪽 및 412쪽;《관서평란록》, 2:214쪽.
[10] 《진중일기》, 131쪽.
[11] 《관서평란록》, 2:198쪽.

백경한을 합당한 예우에 따라 장례하도록 지시함으로써 유교의 도덕적 가르침을 지킨 자애로운 지도자임을 보여주었다. 백경한은 반란 초기 단계에서 가담하지 않겠다고 저항하면서 지금의 왕조에 계속 충성하는 것이 "옳다"고 생각했던 인물이다.[12] 그리고 홍경래는 반란군의 손에 죽은 유명한 효자 한호운의 죽음을 안타깝게 여겼기 때문에 한호운의 아들에게 아버지의 시신을 수습해 장례를 치르게 했다.[13]

홍경래는 자애로운 지도력을 보여줌으로써 많은 사람의 지지를 받았지만, 그를 대규모 반란의 지도자로 만든 것은 남다른 체력과 무예, 그리고 효과적인 전략이었다. 홍경래는 협력자들의 도움을 받아 반란 준비를 지휘했으며, 정주성이 관군에게 포위되어 반란이 시작된 4개월 뒤 함락될 때까지 대원수로서 반란을 직접 지휘했다. 홍경래는 관군이 정주성을 점령했을 때 사살됐다. 그는 반란의 우두머리로 사후에 처벌됐다(擧兵逆魁律).

| 우군칙 |

우군칙은 서자였다.[14] 다른 자료에 따르면 그는 가산의 역노驛奴 우오월금禹五月金의 조카였다.[15] 그의 어머니는 한 사람 이상의 남성과 관계를 가진 것이 분명한데, 우군칙에게는 아버지가 다른 형異父同母兄이 있었

---

[12] 《관서평란록》, 4:479쪽; 《진중일기》, 306~7쪽 및 614~16쪽.
[13] 《진중일기》, 619~21쪽. 한호운과 백경한의 순절에 대한 조정의 의심은 이 책 2장 참조.
[14] 《진중일기》, 132쪽.
[15] 《순무영등록》, 2:227쪽.

기 때문이다.[16] 그는 우용문禹龍文으로도 불렸으며, 1812년 체포됐을 때 37세였다.[17] 부인은 군인 집안 출신인 것 같은데, 1812년 5월 우군칙이 관군의 수색을 피해 도망치려고 할 때 그를 체포한 구성龜城 우장령牛場嶺의 방수장防守將 정몽량鄭夢良이 우군칙의 부인과 관련됐기 때문이다.[18] 또한 우군칙에게는 첩 백씨가 있었는데, 그녀의 아버지는 군량감관軍糧監官으로 반란군에서 활동했다.[19] 우군칙의 두 동생과 아버지가 다른 형도 반란에 가담했다.[20]

홍경래와 마찬가지로 우군칙도 풍수였다.[21] 두 사람은 1800년 가산의 청룡사靑龍寺에서 처음 만나 풍수책을 공부했다. 1801년 두 번째 만났을 때 그들은 이미 급격한 사회 변화를 예고한 초자연적 징조에 호응해 사람들을 큰 고통에서 건질 "진인"이 이끄는 무장 반란의 가능성을 논의했다.[22] 우군칙의 풍수 활동은 반란 세력의 재정 담당자 이희저 같은 동조자들을 모으는 데 효과적 도구가 됐으며, 그는 반란의 이념적 뒷받침을 제공하는 데 핵심 역할을 했다. 반란 세력이 가산을 처음 공격하기 시작했을 때 우군칙은 신사神師라고 자칭하면서 학창의鶴氅衣를 입고 흰 깃털로 만든 부채羽扇를 들고 하늘의 징조를 관찰해보니 자신

---

16 《관서평란록》, 3:153쪽 및 4:127쪽.
17 《진중일기》, 691쪽.
18 《홍씨 일기》, 135쪽; 《진중일기》, 695쪽; 《관서평란록》, 4:490쪽.
19 《관서평란록》, 1:583쪽 및 4:89쪽.
20 《관서평란록》, 5:613쪽 및 4:127쪽.
21 《관서평란록》, 3:607쪽.
22 《진중일기》, 691~92쪽.

들을 돕는 것이 분명하다고 선언했다.[23]

우군칙은 다양한 재정적 사업에도 참여했다. 그는 홍삼의 불법 무역 혐의로 포도청에 체포된 적도 있었다. 그가 서울의 재력가에게서 물질적 후원을 받아 운산에서 새 금광을 운영한다는 소문도 있었다.[24] 그는 처이모부 강득황에게 돈을 빌려주었는데, 강득황은 그 돈으로 사채업을 했다.[25] 우군칙과 재정 담당자 이희저는, 일부에서 주장하듯 그들이 새 광산을 열려고 계획했다거나 광산 경영에 실패해 반란을 일으켰다는 명확한 증거는 없지만, 반란 자금을 모으기 위해 불법 광산을 경영하고 그 밖의 상업 활동을 했을 가능성이 있다.[26]

또한 우군칙은 무예에 통달했는데 수련 과정에서 얼굴에 상처가 많이 생겼으며, 몇 번의 전투에서 반란군을 직접 지휘했다.[27] 1812년 6월 초 사로잡힌 뒤 심문을 받으면서 자기가 반란에 자발적으로 참여한 것은 아니라고 부인하면서 1810년 홍경래가 자신을 위협하고 또 다른 핵심 지도자인 김창시가 1811년 초 다시 위협해 억지로 가담하게 됐다고 했지만, 우군칙이 반란의 가장 적극적인 주모자 가운데 하나였던 것은 의심의 여지가 없다.

23 《진중일기》, 136쪽.
24 《관서평란록》, 3:604쪽 주석.
25 《관서평란록》, 4:225쪽.
26 鶴園裕, 〈平安道農民戰爭における參加層〉; 정석종, 〈홍경래란의 성격〉.
27 《관서평란록》, 1:607쪽.

|이희저|

이희저는 역노였지만 무과에 급제할 능력이 있었다.[28] 그는 매향도 했으며, 가산군수 정시(반란 세력에게 죽은 유일한 지방관)가 그의 가입을 취소할 때까지 향회에 남아 있었다. 그는 자신의 정치·사회적 지위를 상승시키려는 이 시도가 무산되자 크게 좌절한 것 같다.[29] 그의 재력은 반란에 주요한 물질적 자원을 제공했다. 그는 우군칙과 홍경래의 가족들을 지원했을 뿐 아니라 반란을 준비하는 기간 동안 선봉대 대부분의 거처를 제공했다. 그는 광업과 그 밖의 상업적 사업을 운영해 부를 축적했을 것으로 생각되지만 정확한 방법은 알려지지 않았다.[30]

이희저는 오랫동안 우군칙과 알았지만, 우군칙이 이희저의 진정한 신뢰를 얻은 것은 이희저의 아비가 세상을 떠나자 길한 묏자리를 잡아주고 그가 큰 부와 명망을 갖게 될 것이라고 예언한 뒤였다.[31] 1809년(순조 9) 이희저는 대정강大定江을 따라 가산과 박천 사이에 위치한 전략적 요지로 널리 알려진 다복동으로 이주했고 그곳에 기와집을 지었다. 학식과 재능이 있고 여러 기술과 무술에 뛰어난 평안도 사람들이 다복동으로 많이 모여들었고, 그곳은 반란의 주요한 근거지가 됐다.[32] 이희저의 가문이 그 지역의 군관·향리·부호대고富戶大賈와 맺은 가문

---

28 《진중일기》, 132쪽.
29 방우정, 《서정일기》, 11쪽.
30 《순조실록》 순조 11년 12월 20일(갑자).
31 《진중일기》, 132쪽 및 691쪽.
32 강희영, 《일승》, 67쪽.

적 혈연은 추종자를 모집하고 반란군을 조직하는 데 중요했다. 이를테면 군량감관軍糧監官으로 반란을 적극 지원한 정주 출신의 부유한 집사 이침李琛은 이희저의 고종사촌이었다. 그의 또 다른 사촌 이응저李膺著도 반란에 적극 참여했다. 이응저는 안주의 상인 이양신의 사위였으며, 반란을 재정적으로 지원하고 영변에서 내응으로 활동한 나대곤의 채권자였다.[33]

이희저가 반란군을 지휘한 것 같지는 않다. 거병 10일 뒤 반란군이 백천의 송림松林에서 패배한 뒤 다복동의 그의 거처는 완전히 불탔다. 홍경래를 포함한 다른 반란 세력과 함께 이희저는 가족을 데리고 정주성으로 피신해 반란 마지막 날까지 그곳에 머물렀다. 그는 정주성이 관군에게 함락된 뒤 지역 의병에게 잡혀 참수됐으며 사후에 모반대역률로 처벌됐다.

|김창시|

김창시는 1810년(순조 10) 사마시에 급제한 지역 양반이었다.[34] 정부의 보고에 따르면 김창시는 무거운 빚을 갚을 방법이 없었기 때문에 반란에 가담한 경솔한 인물이었다.[35] 그러나 그에게는 공식적으로는 그의 아버지 소유인 계집종婢 2명과 자신의 소유인 계동이라는 사내종이 있

---

33 《관서평란록》, 2:502쪽.
34 《관서평란록》, 2:596쪽.
35 《진중일기》, 133쪽.

었다.[36] 김창시가 홍경래나 그 밖의 반란 지도자들과 연결된 경로는 분명치 않다. 우군칙은 김창시가 1811년(순조 11) 4월 무렵 자신을 방문했으며 자신을 억지로 반란에 가담시켰다고 진술했다. 억지로 반란에 참여하게 됐다는 우군칙의 진술은 믿을 수 없지만, 적어도 우군칙·김창시·홍경래가 이 무렵 서로 알았으며 반란계획이 진행되고 있었다는 것을 보여준다.[37]

김창시의 가족이 반란 음모에 참여한 것은 납득할 만하지만, 김창시는 평안도 전역에서 지역 양반과 좋은 관계를 맺어온 것으로 보이며, 그것은 그가 반란 지지자를 모으는 데 큰 도움이 됐다.[38] 그는 《정감록》에 의지해 지지자를 규합했다. 김대훈·고윤빈·박성신·김지욱·양재학楊載鶴은 모두 그 지역의 양반으로 친구 사이였으며 반란 행정부에서 문·무관으로 중요한 역할을 했다. 김창시는 내응을 매우 신중하게 모았으며 지역 사무에 상당한 힘을 행사할 수 있던 지역 양반들에게만 접근했다. 이를테면 김창시는 선천의 실력자가 누구인지 알아본 뒤 고위 군관이던 유문제劉文濟와 최봉관崔鳳寬에게 접근해 포섭했다.[39]

김창시는 반란에서 모사로 활동했다. 그는 1812년에 무장 반란이 일어날 것이라는 소문을 민요 형태로 퍼뜨렸다.[40] 잘 알려진 대로 그는 지

---

36 《안릉일기》, 479쪽; 《순조신미별등록》, 94쪽; 《관서평란록》, 3:361쪽.
37 《진중일기》, 693쪽.
38 김창시의 동생 김창재金昌才, 조카 김창근金昌斤과 김창근의 외삼촌 계응렬桂應烈은 반란에 가담한 것으로 밝혀져 참수됐다. 《평서본말》 1812년 1월 25일; 《순조신미별등록》, 94쪽.
39 《관서평란록》, 5:466쪽.
40 《진중일기》, 135쪽.

역 관원들에게 보낸 반란 격문을 작성했다. 송림에서 패배한 뒤 그는 정주 북쪽에 주둔한 반란군에 합류한 반면 홍경래 등의 반란 세력은 정주를 방어했다. 1812년 2월 21일 반란 세력이 곽산 전투에서 불리해지자 김창시는 변경 지역으로 가서 벽동碧潼의 권관權管 호윤조胡允祖에게 지원을 요청하려 했지만 도중에 자신의 부하에게 살해됐다.[41]

|김사용|

김사용은 매우 가난한 지역 양반으로 아버지는 향청의 좌수였다.[42] 그의 먼 친척 김치정金致正(1749~?)은 정랑正郞(정5품)이었는데 정부는 김치정이 반란에 가담한 혐의가 없다고 판단했지만 반란 행정부에서 그는 태천현감의 후보였다.[43] 가산 출신 김석태金錫泰(1790년 문과 급제)는 김치정과 사돈이었으며, 김석태의 삼촌 김익수金益洙는 반란 세력에게서 가산의 영장으로 임명됐다. 김국범의 조카는 김사용의 조카딸과 약혼했다.[44] 김국범은 문과 급제자 김창제金昌濟의 형제였으며 반란 세력을 도운 혐의로 참수된 구성 출신 장봉검의 외사촌이었다.[45] 반란을 지지하기로 한 결정은 그 자신이 내린 것이 분명했지만 김사용을 둘러싼 이런 복잡한 혼인망은 협력자를 모으는 데 동원됐다.

---

41 《진중일기》, 348~89쪽.
42 《관서평란록》, 3:322쪽.
43 《관서평란록》, 3:123쪽 및 4:117~18쪽. 김치정은 태천에 거주하는 의성 김씨였다. 그는 1783년(정조 7) 문과에 급제했다.
44 《관서평란록》, 5:90쪽.
45 《관서평란록》, 4:90쪽, 4:135쪽, 2:662쪽.

조선의 변방과 반란, 1812년 홍경래 난

무예와 변신술에 능통한 김사용은 반란 한 달쯤 전 영변 향청의 좌수 김우학을 포섭했으며, 곧 김우학의 거처로 자신의 가족을 옮겼다. 그는 반란 세력의 부원수로 빛나는 활약을 펼쳤다. 반란 세력이 점령한 읍치는 대부분 그가 관할했다. 1812년 2월 중·하순 관군이 진영으로 접근해 반란군이 흩어지자 김사용은 홍경래와 반란 세력이 농성하던 정주로 도망쳤다. 그는 반란이 마지막으로 진압되기 한 달쯤 전 치러진 전투에서 죽었으며 사후에 반역죄를 선고받았다.[46]

반란 연결망의 구축 — 점령 지역 외부

주요 음모자들은 같은 생각을 품은 사람을 넓은 지역에서 모으려고 했다. 일부 반란 세력은 함경도와 충청도에도 공모자가 있으며, 남쪽의 일본이나 쓰시마섬에서도 자신들을 지원하려고 곧 일제히 봉기할 것이라고 말했다.[47] 이처럼 모호하게 규정된 집단이 실제 존재하는 것으로 밝혀진 것은 없었지만, 청북 지역 바깥에 지지자가 일부 있었음은 확인할 수 있다.

홍경래는 북부 지역을 두루 다니는 동안 반란을 지지할 가능성이 있는 많은 지역 지배층·무인·평민과 접촉했다. 홍경래는 북쪽으로 함경

---

46 《관서평란록》, 4:500쪽;《진중일기》, 654쪽 및 656쪽; 방우정,《서정일기》, 78쪽.
47 《순조신미별등록》, 23쪽, 76쪽;《안릉일기》, 399쪽;《관서평란록》, 4:114쪽;《순무영등록》, 2:257쪽.

도 홍원洪原까지 갔으며 김만호의 집에 머물렀는데, 그가 반란의 명분에 공감했는지는 알려지지 않았다.[48] 1811년 7월 말과 8월 초 의주 출신의 방랑자 김경담은 가산 출신의 이영춘·홍여숙을 희천의 명월사에서 만났다. 이것은 이희저와 홍경래가 이영춘과 홍여숙이라는 가명으로 여행한 것으로 보인다. 이영춘은 김경담에게 무장 반란계획을 말하고 국경 지역의 상황을 반란 세력에게 염탐해주면 부와 명예를 주겠다고 약속했다. 김경담은 이런 임무로 5냥을 미리 받았다. 김경담은 임무에 실패했지만, 이 이야기는 반란 지도자들이 거사하기 전 정보를 수집하기 위해 어떻게 동조자를 모으려고 했는지 보여준다.[49]

아울러 압록강가에 위치한 창성 출신 강석모와 강계 출신 김택련이 반란 지도자들과 서신을 주고받았으며, 초산楚山 출신 김석모, 위원 출신 김씨, 그리고 삭주朔州 출신 이팽년이 모두 공모자였다는 반란 세력의 증언도 있었다.[50] 이팽년은 변경 지역의 내응으로 그곳에서 반란군을 모집했다는 혐의를 받았지만, 이들이 반란에 적극 가담했다는 것을 증명하는 사례들에 관한 정부의 구체적인 보고는 없다.

이팽년의 개인적 배경은 상당히 흥미롭다. 그의 아버지는 무과에 급제하고 부유한 가정을 이뤘다. 이팽년 자신은 그리 성공하지 못했고 아버지가 세상을 떠난 뒤 곧 가산을 모두 탕진했다. 그는 면포와 가정용품을 팔아 근근이 살았다. 가뭄이 닥치면 임시로 다른 일을 하기도 했

48 《진중일기》, 698쪽; 《관서평란록》, 3:712쪽.
49 《관서평란록》, 3:218쪽.
50 《진중일기》, 260쪽.

조선의 변방과 반란, 1812년 홍경래 난

다. 그는 너무 가난해 가족을 부양할 수 없었고 아들을 삭주의 서리 집에 사환使喚으로 보내야 했다. 정부의 심문을 받자 그는 음모에 가담한 것을 강력히 부인했고 자신은 그 지역에 권력 기반도, 반란을 지원할 수 있는 자금도 없다고 말했다. 조사한 정부 관원은 그를 믿지 않았지만, 조정에서 그를 최종적으로 어떻게 처결했는지 알려주는 보고는 없다.[51] 이팽년이 반란에 물질적 지원을 할 수 없었음은 분명하지만, 그 지역에서 반란 동조자를 모을 수 있는 일정한 영향력은 있었다고 여겨진다. 이팽년 자신은 가문의 높은 명망이나 지위, 부를 가질 수는 없었지만, 그의 집안은 여러 대에 걸쳐 그 지역에서 살았고 그의 아버지는 무관으로서 명성을 쌓았던 것이 분명했다. 실제로 이팽년은 가난한 양반 김사용과 비교될 수 있는데, 김사용의 아버지는 향청의 좌수였다.

홍경래도 황해도에서 황주 출신의 군관 윤씨와 중화 출신의 10명 넘는 반란 세력을 모았으며, 그들은 반란 동안 용력勇力과 군사적 지도력을 보여준 장사층壯士層을 구성했다.[52] 몇 사람은 양반 칭호를 가졌거나 군사적 직업에 종사했지만 이 집단의 사회적 지위를 파악하기는 어렵다. 그들이 선기善騎와 군관 같은 지휘직을 가진 사례가 많았음을 감안하면, 특히 군사 분야에 소속된 사람은, 소외된 지역 지배층이었다고 보는 것이 안전할 것이다. 그럼에도 출중한 무예를 지녔으나 가난하고 토지를 소유하지 못한 농민일 가능성을 간과해서는 안 된다.[53]

---

[51] 《관서평란록》, 4:106쪽, 4:406쪽, 5:125쪽.
[52] 《관서평란록》, 3:712쪽.
[53] 《관서평란록》, 3:335쪽. 오수창은 반란 당시 평안도에서 '장사壯士'라는 사회 세력이 나타났다고 주장했다. 그는 홍총각·이제초·양시위楊時緯·김을룡을 이 특정한 집단

우군칙도 남부를 돌며 반란 동조자를 모았다. 그는 황해도 황주 출신 유종열과 장지한에게 반란 세력에 가담하라고 설득했다. 우군칙은 황해도 재령 출신 김이곤과 몇 사람에게 반란군이 되라고 설득한 것으로 보인다.[54] 한 반란자는 다양한 지역에서 군관과 지역 양반을 설득해 반란 세력에 끌어들인 것은 우군칙이었다고 진술했다.[55]

김창시가 평안도 바깥에서 동조자를 모으려 했을 수도 있다는 간접적 증거가 있다. 반란이 일어나기 몇 달 전 김창시는 경상도 언양彦陽에 살고 있는 외가인 창녕 성씨 가문의 한 친척을 방문했다. 성창훈은 관원의 부패, 실정失政, 백성의 고통을 우려한 김창시에게 공감했다. 성창훈의 가족은 그 뒤 김창시와의 관계 때문에 정부의 가혹한 보복을 당했지만, 그들이 반란에 참여하겠다고 약속했는지는 알려지지 않았다.[56]

김창시는, 명의 충신의 후손으로 변경 지역에서 여러 군직을 지낸 창성 출신의 호윤조와도 알았다. 그들은 서로 오래 아는 사이였다. 반란 몇 달 전 호윤조는 김창시를 만나 그가 1년 전 소과에 급제한 것을 축

의 가장 대표적 인물로 들었다. 오수창에 따르면 대체로 장사는 무예에 능숙하며 다양한 직업에 종사한 사회의 빈곤층이었다. 그들은 여러 전투에서 핵심적 역할을 했으며 반란에 가장 적극 가담한 부류로 밝혀졌다. 오수창, 《조선 후기 평안도사회발전 연구》, 291~305쪽. 자료에서 장사로 불린 사람들이 군사 지휘부를 구성한 것은 분명하지만, 이 집단이 평안도에서 두드러지게 반왕조적인 사회·정치 세력을 형성했는지는 의문스럽다.

[54] 《순무영등록》, 2:212쪽; 《진중일기》, 768쪽. 반란 초기 황주·재령·중화에서 소요가 널리 일어났다는 보고가 있었다. 이것이 홍령래 난과 직접 관련됐는지는 분명치 않다. 《평서본말》 1811년 12월 28일.

[55] 《진중일기》, 261쪽.

[56] 남연숙, 〈조선 후기 향반의 거주지 이동과 사회지위의 지속성〉 2, 71쪽.

조선의 변방과 반란, 1812년 홍경래 난

하했다. 만났을 때 호윤조는 자신이 관리하던 관곡을 유용해 곤경에 빠져 있었다. 호윤조가 김창시에게 협력하겠다고 약속했고, 김창시가 반란 격문에서 자신들은 명 왕조의 신하의 후손에게서 지원을 받았다고 언급한 것은 호윤조를 염두에 두었을 가능성이 있다. 호윤조는 반란 세력과의 관련을 강력히 부인하면서 그 지역에 자신이 관할하는 군인은 단지 몇 명뿐이었다고 주장했다.[57]

서울에서도 반란 세력의 접촉이 있었다. 서울에 살던 양반 한기조韓箕朝는 반란 세력에게 공감하는 편지를 쓴 죄목으로 참수됐는데, 그 편지에서 그는 반란 지도자를 "성명聖明, 일월日月, 상제上帝"라고 불렀다. 이런 표현은 국왕에게 쓰이는 것이었다.[58] 영유永柔 출신의 유한순俞漢淳은 반란 세력의 첩자로 남문 벽과 장용영壯勇營 문에 반란을 부추기는 서신을 붙여 도성 주민을 선동하려고 했다. 그는 반란 세력에게 서울의 상황을 계속 알려주기도 했다. 그는 김사용에게 설득돼 반란에 가담했으며, 서울과 박천의 반란 거점을 오가면서 김창시의 감독 아래 자신의 첩보를 보고했다.[59]

중앙 조정은 청북 지역 이외의 지역과 특히 서울에서 활동하던 반란 동조자를 매우 우려했다. 이진채李振采와 그 일파의 주도로 먼 왕족을 추대하려는 음모가 1812년 3월 말 발각됐다. 이진채는 특별한 힘을 가졌다고 주장하면서 지지자를 모았는데 거기에는 전·현직 관원도 들어

[57] 《관서평란록》, 3:234쪽, 1:600쪽; 《진중일기》, 348~89쪽 및 427쪽. 명이 멸망한 뒤 명 피란민에 관련된 정책은 Duncan, "Hyanghwain" 참조.
[58] 《순조신미별등록》, 289쪽.
[59] 《안릉일기》, 548쪽; 《홍 씨 일기》, 65쪽; 《순조실록》 순조 12년 2월 21일(갑자).

있었다. 음모자들은《정감록》의 일부 내용을 빌려 세 개의 정치체—즉 이씨 왕실, 평안도의 반란 세력, 그리고 그들 자신의 세력—가 나타날 것이라고 예언했다.[60] 음모자들은 장기적인 혼란을 예상하면서《정감록》에서 말한 대로 특정한 지역에서 재난을 피할 수 있을 것이라고 예언하기도 했다.[61] 조정은 자연히 음모자들과 북부의 반란 세력의 연결에 초점을 맞추어 조사했지만, 두 집단이 긴밀히 연결됐다는 결정적인 증거는 발견하지 못했다.[62]

요컨대 반란 지도자들은 황해도에서 무예에 뛰어난 소수의 인물과 서울의 첩자 몇 명을 빼면 청북 지역 바깥에서 중요한 지원을 얻지 못한 것이다. 반란 세력이 점령한 군현에서 드러난 대로, 반란 세력이 군현 점령을 내부에서 돕겠다고 약속한 동조자들은 반란 세력이 자기 지역에 오지 못하자 반란군에 대한 충성 약속을 쉽게 바꿨다. 그들은 반란 세력의 도움 요청을 무시했고, 심문을 받으면서 반란 세력과의 연관을 부인했으며, 마침내 반란 진압작전에 가담했다.

[60] 《신역 정감록》, 〈삼한산림비기〉, 56쪽, 66쪽.
[61] 《신역 정감록》, 〈감결〉, 21~23쪽, 27~28쪽.
[62] 이 사건에 관한 자세한 사항은《순조실록》순조 12년 2월 21일(갑자), 순조 12년 3월 3일(을해), 순조 12년 8월 8일(무신);《추안급국안推案及鞫案》, 〈죄인진채등추안〉, 1~182쪽.

조선의 변방과 반란, 1812년 홍경래 난

청북 지역에서 내응의 모집

조정이 인정한 대로 내응의 지원은 반란 세력이 첫 가산 공격을 시작한 뒤 청천강 이북 지역을 성공적으로 점령하는 데 매우 중요했다.[63] 반란 지도자들은 친족관계와 교우 범위를 이용해 반란 훨씬 이전부터 내응의 연결망을 구축했다. 찰스 틸리Charles Tilly가 주장한 대로 개인적 불만만으로는 집단행동으로 구체화되지 않으며, 일정 수준의 조직과 동원이 필요하다.[64] 혼인·친족·촌락 같은 기존의 제도적 구조와 집단은 그런 동원의 원천을 제공하곤 했다.[65] 내응을 찾으면서 반란 지도자들은 반란 세력을 지지하도록 다른 사람들에게 영향을 줄 수 있는 지역 유력자들을 물색하려고 했다.[66] 그들은 향청과 무청에서 사무를 맡고 있는 전·현직 향임과 무임을 포섭하는 데 성공했다. 반란 지도자들은 자연재해와 이례적인 천문 변화는 현재 왕조가 천명을 잃었으며 《정감록》에 예언된 대로 정진인이 이끄는 무장 반란과 왕조 교체가 임박했음을 뜻하는 것이라고 주장함으로써 그들의 지지를 얻을 수 있었다.

조정에서 관직을 받은 사람들은 그 지역에서 최고의 존경을 받은 것으로 생각되는데, 관직은 그 자신뿐 아니라 후손에게도 권위를 더해주었기 때문이다. 중앙에서 임명된 관원 몇 사람—이를테면 철산의 하동

---

[63] 《진중일기》, 186쪽.
[64] Tilly, *From Mobilization to Revolution*, pp. 7~8.
[65] 반란의 연락망과 단체의 형태는 吉川友丈, 〈洪景来の乱における反乱主導部の戰略と意識〉 참조.
[66] 《관서평란록》, 5:125쪽 및 5:466쪽.

정씨 출신인 정경행·정성한, 곽산 출신의 박성신, 그리고 변경 지역에서 중·하위 무관 몇 명—을 끌어들이기는 했지만, 반란 세력은 문과에 급제했거나 중앙 관원들을 반란에 가담하도록 설득하는 데는 그리 성공하지 못했다.[67]

박성신은 북부 출신이 오를 수 있는 가장 높은 무관직이라고 알려진 첨사를 지낸 적이 있었으며, 반란 당시 중군이었다. 그 지역의 다른 양반들은 그를 "주인主人"이라고 불렀으며 그의 집을 자주 방문했다. 박성신의 집에서는 술을 빚어 팔았기 때문에 많은 사람이 들렀다. 박성신 사촌의 증언에 따르면 김창시와 그 밖의 반란 지지자들이 박성신의 집에서 자주 만났고 임박한 무장 반란에 대해 이야기했는데, 정제민과 그를 따르는 1만 명의 만주족이 이끈다고 했다. 박성신은 반란 세력에게 500냥과 쌀 15섬을 제공했으며 반란군이 점령한 곽산에서 군수를 맡았다.[68]

반란 이전에 수령으로 재직한 적이 있는 정경행은 노비 6명을 둔 부유한 양반가의 가장이었다. 그는 처에게서 적어도 두 아들과 첩에게서 두 아들을 두었다. 한 아들은 반란이 일어났을 때 갑암甲巖의 권관이었다. 중앙 조정은 정경행이 반란 조직에서 청북 도지휘사라는 최고직을 가진 것도 모르고 반란이 일어난 며칠 뒤 그를 곽산군수에 임명하기까

---

[67] 앞서 중앙에 임명된 관직을 지녔다가 반란에 가담한 군관들에 관한 자세한 사항은 2장 참조.
[68] 《진중일기》, 158쪽; 《관서평란록》, 5:462쪽 및 5:111~13쪽; 방우정, 《서정일기》, 23쪽; 《안릉일기》, 427쪽. 박성신과 그의 두 아들은 반란에 적극 가담했으며, 모두 관군을 피해 도망가다가 구성 출신의 전 만호 김지환에게 죽음을 당했다.

지 했다. 중앙 조정은 관원을 지낸 양반이 왕조를 배신하고 정부를 적대시할 수 있다는 데 충격을 받았다.[69]

정성한도 영장으로 근무한 적이 있으며, 반란이 터졌을 때 정경행과 함께 조정에서 생각한 곽산군수의 후보자 가운데 한 사람이었다.[70] 반란 세력에 의해 용천부사로 임명된 그는 그 지역의 부자들에게서 곡식을 걷어 반란 세력에게 제공했으며 신도新島의 진보鎭堡로부터 조정의 인장을 빼앗기도 했다. 모두 국가에 대한 심각한 범죄였다.[71]

정경행과 정성한의 먼 친척인 정복일鄭復一은 오랫동안 철산의 장교였다. 그는 제 친족들을 음모에 가담하도록 이끌었을 뿐 아니라 그 지역에서 내응을 조직했다는 혐의를 받았다.[72] 그는 반란 이전 몇 달 동안 김창시와 공모했고 반란 동안 철산부사로 활동했으며, 촌락에서 반란군을 모집하고 반란 세력에게 식량과 무기를 제공했다.

저명한 양반가문인 철산의 하동 정씨 출신 세 사람이 반란을 지원하

---

[69] 《관서평란록》, 3:229~39쪽, 3:396~420쪽; 《진중일기》, 168쪽, 225쪽, 279~80쪽, 336쪽; 《순조실록》 순조 12년 2월 6일(기유).

[70] 영장을 속오군의 최고 야전지휘관으로 임명한 것은 왜란 때 시작됐다. 지휘관으로서 영장은 외침에 신속히 대응하기 위해 처음부터 수령의 군사적 업무를 모두 인수했다. 중국에서 청이 건국된 뒤 북방의 군사적 위협이 상당히 줄어들면서 18세기 영장의 주요 기능은 지역 안보를 유지하는 것으로 기울어졌다. 또한 북부에서 수령은 경상·전라·충청의 하삼도와 달리 영장을 겸임했다. 이런 제도는 1895년(고종 32) 폐지됐다. 서태원, 《조선 후기 지방군제 연구》; 김우철, 《조선 후기 지방군제사》, 87~110쪽.

[71] 《진중일기》, 370~72쪽; 《순조신미별등록》, 137~38쪽; 《안릉일기》, 491쪽; 《홍씨일기》, 3쪽, 57쪽.

[72] 《관서평란록》, 1:65쪽; 《순조신미별등록》, 59쪽; 《진중일기》, 334~35쪽.

기로 결정한 것은 홍경래의 영향으로 생각된다.[73] 앞서 언급한 대로 철산의 하동 정씨는 위세 있는 지역 양반가문이었지만, 그 출신 세 사람—정경행·정복일·정성한—이 반란 지도부에 참여하고 물질적 지원을 하기로 결정하면서 가문 전체의 운명은 일시적으로 위험에 빠졌다.

철산 출신 세 정씨의 깊은 연루 때문에 가문 전체는 큰 고난을 겪었다. 세 사람의 가족과 가까운 친척은 체포·고문·참수·유배되거나 노비가 됐으며, 그들이 살았던 마을은 불태워지고 약탈됐다. 처벌을 피하려고 황해도로 내려갔던 철산의 하동 정씨 일부는 그 가문의 일원이라는 이유만으로 반란 동조자로 의심받았다.[74] 북부 변경 지역의 한 산길에서 잡힌 정달도 반란 지도자를 배출한 "반역" 가문인 철산의 하동 정씨로 의심받았다.[75]

가장 중요한 지원은 지역 행정을 사실상 운영했으며 향촌에서 권력과 권위를 가진 향청과 향임과 무임들이 제공했다. 대부분의 좌수와 중군—반란 세력이 거병한 지 10일 만에 점령한 7개 군현(가산·박천·철산·선천·정주·곽산·태천) 향청과 무청의 최고직—은 반란 세력의 주장에 공감했다. 그 결과 그들은 반란군이 도착하기도 전에 각 군현을 반란군에게 넘겼으며 반란 세력에게 항복하라고 각 군현의 수령들을 압

---

73 《진중일기》, 698쪽;《관서평란록》, 4:494쪽
74 《관서평란록》, 2:162~79쪽.
75 《관서평란록》, 5:171~74쪽. 그러나 그 가문 출신 여러 사람이 의병장으로 진압작전에 참여했기 때문에, 적어도 지방에서, 가문의 명성은 곧 부분적으로 회복됐다. 한 사례는 정현박鄭顯璞인데, 그는 그 뒤 1822년(순조 22) 문과에 급제했다.《하동 정씨 세보》, 589쪽;《순조실록》순조 14년 6월 20일(기묘); 순조 12년 6월 9일(경술).

박했다. 〈표 8〉에서 보듯 그들은 그 뒤 각 군현의 수령이나 영장의 관아를 접수했다.

정주의 유력한 두 양반 관원은 음모에 참여했고 이 중요한 지역을 장악하는 데 중요한 역할을 했다. 홍경래는 정주의 수리首吏 최이륜의 서재를 이용하려고 몇 달 동안 그의 집에 머물 때 그와 친교를 맺었다.[76] 그 뒤 심문받으면서 최이륜은 반란이 일어나기 한 달 전 홍경래가 자신을 다복동으로 초청해 거사계획을 말해줘 그제야 알게 됐다고 주장했다. 그러나 다른 자료에서는 최이륜과 그의 아들들이 1811년 10월 말이나 11월 초에 음모에 가담했다고 밝혔다.[77] 최이륜은 반란 열흘 전 반란 세력에게 술과 고기를 제공했으며 김사용과 그의 군대가 정주를 접수하러 오자 군현 경계 바깥 10여 리까지 나가 그들을 기다리면서 환영했다. 그 뒤 정주목사이자 참모로서 최이륜은 반란군을 모집하고 군수품을 공급했다.[78]

김이대는 반란이 일어났을 때 정주 향청의 좌수였다. 그도 김창시와 마찬가지로 진사였다.[79] 김이대도 1811년 10월 말 또는 11월 초 반란 모임에 참여했으며 최이륜에 이어 정주목사를 맡았다. 그 직책을 맡으면서 김이대는 최이륜에게 관인官印을 내놓으라고 강요해야 했는데, 민사를 감독한 지역 양반 김이대와 군사 관련 업무를 담당한 또 다른 지

[76] 《관서평란록》, 4:494쪽; 《진중일기》, 698~702쪽.
[77] 《순무영등록》, 2:227쪽.
[78] 《관서평란록》, 5:470쪽 및 2:514쪽. 최이륜은 반란군이 정주에서 패배한 뒤 도망치려다 체포됐으며 모반대역죄로 처벌됐다.
[79] 《관서평란록》, 1:444쪽; 《안릉일기》, 363쪽.

역 양반 최이륜 사이의 권력투쟁을 보여주는 한 사건이다. 이것은 정치적 열망이 반란에 참여한 지역 양반들의 주요 동기 가운데 하나였음을 보여준다.[80]

중군 이정환李廷桓과 그의 아들인 군관 이침도 정주의 반란 동조자였다. 이침은 부유한 인물로 반란군의 군량감관이 됐으며 반란 지도자들의 가족에게 거처를 제공했다. 이침과 그의 아버지는 반란군에서 우영장右營將으로 활동했다.[81] 중군 정진항鄭陳恒은 1811년 10월 말과 11월 초 다복동에 모여 반란을 준비한 사람들 가운데 하나였으며, 반란 세력의 정주 점령을 도왔다.[82] 무과 급제자였던 이상항李尙恒과 중군 백종회白宗會는 준비 단계에서 반란 세력에 가담했으며 민고감民庫監과 군관으로 반란군에서 활동했다.[83]

선천 출신으로 그곳의 전직 중군인 최봉관은 김창시에게 설득돼 반란 세력에 가담했는데, 김창시는 최봉관이 그 지역에서 큰 영향력을 행

---

[80] 《관서평란록》, 2:514쪽; 《진중일기》, 181쪽; 《순무영등록》, 2:227쪽.

[81] 《순조실록》 순조 12년 9월 20일(기축); 《관서평란록》, 2:133쪽; 《진중일기》, 134쪽 및 141쪽. 이침은 반란과정에서 몇 번 충성을 바꿨다. 그는 핵심 지지자 가운데 한 사람으로 알려졌거나 주모자 가운데 한 사람으로 지목되기까지 했다. 그와 그의 아버지는 관군의 포위에 저항하기 위해 정주의 다른 반란 세력과 합류했다. 그러나 3월 중순 그는 반란 세력의 방어선에 결정적인 타격을 주기 위해 관군에 있는 자신의 친척과 몰래 협력하려고 시도했다. 이것은 반란 세력에게 발각됐고 그는 간신히 참수를 모면했다. 반란 세력이 패배한 날 그와 그의 아버지는 우물에 빠져 자살하려고 했다. 그의 아버지와 형제는 관군에게 피살됐으며 그는 체포돼 대역죄에 처해졌다. 《관서평란록》, 5:469쪽 및 5:506쪽; 방우정, 《서정일기》, 11쪽 및 69쪽; 《진중일기》, 434쪽 및 662쪽.

[82] 《관서평란록》, 2:133쪽; 《순무영등록》, 2:227쪽.

[83] 《관서평란록》, 2:515~18쪽 및 4:220쪽; 《순무영등록》, 2:227쪽.

조선의 변방과 반란, 1812년 홍경래 난

사하고 있다고 생각했다. 최봉관은 반란 세력에 무기를 제공했고 관곡을 도용해 반란 세력에게 보급했다. 그는 반란 지도자에게서 인신印信을 받았으며 우영장으로 활동했다. 그는 철산 출신의 내응 정복일·김익명金益明과 주고받은 서신에서 관군을 "적"이라고 불렀다. 그는 반란 기지를 "북영北營"이라고 부르고 도성에서 온 사람들을 "남인南人"이라고 부름으로써 중앙 조정의 지역 차별에 증오를 나타냈다.[84]

유문제는 선천의 또 다른 주모자였다. 부유한 방영防營 중군인 그는 반란 세력에게 무기와 식량을 제공했고, 반란군은 그를 선천의 영장으로 임명했다.[85] 선천 출신 원대천은 무과 급제자로 선천을 반란군에게 넘기는 데 주도적 역할을 한 또 다른 동조자였다.[86]

김익수는 가산 향청의 좌수였으며 전직 정랑(정5품) 김석태의 삼촌이었다. 홍경래의 지휘를 받은 그는 반란 세력을 위해 음식과 물품을 준비했으며 반란 동안 영장을 맡았다.[87] 가산 중군이던 강윤혁은 반란군이 가산을 공격하기 전 그들에게 음식과 술을 제공했다.[88] 박천에서도 좌수 김성각金成珏과 장교 한일항은 각각 군수와 영장을 맡았으며 반란

---

84 《안릉일기》, 491쪽 및 521쪽; 《관서평란록》, 5:466쪽 및 2:516쪽; 《진중일기》, 371쪽. 최봉관은 모반대역죄로 처벌됐다.

85 《진중일기》, 138쪽 및 694쪽; 《순조신미별등록》, 126쪽; 《관서평란록》, 4:409쪽 및 5:303쪽. 유문제는 도망치다가 사로잡혀 참수됐다. 유문제의 친척으로 철산 출신의 홍득정은 부유했으며 반란 세력에게 곡식을 제공하겠다고 약속했다. 유문제는 사로잡혔을 때 홍득정의 산채山寨에 숨어 있었다. 《관서평란록》, 3:85쪽.

86 《관서평란록》, 4:409쪽 및 5:506쪽. 원대천은 모반대역죄로 처벌됐다.

87 방우정, 《서정일기》, 42쪽 및 153쪽; 《관서평란록》, 3:123쪽.

88 방우정, 《서정일기》, 11쪽; 《관서평란록》, 3:123쪽 및 1:552쪽; 《진중일기》, 138쪽.

세력에 음식과 무기를 제공했다.[89]

태천에서도 그 지역의 행정에 상당한 영향력을 행사하던 지역 양반들이 반란 세력에 가담했다. 반란 세력은 창감 변대익邊大翼을 그곳 현감으로 임명했다. 그는 영변 향청의 좌수 김우학의 사위였다. 그의 세 사촌은 모두 박천 출신으로 친척 한신행韓信行의 중개로 반란에 가담했는데, 한신행은 이희저와 매우 가까웠으며 우영장으로 활동했다.[90] 군관 박윤식은 변대익의 지휘 아래 중군으로 활동했다.[91] 향청의 좌수 김윤해金允海는 다복동의 반란 기지를 방문한 사람들 가운데 하나였으며 자기 지역으로 온 반란 세력을 환영했다.[92]

김사용이 반란 세력에게 끝없는 환대를 베푼 향청의 좌수 김우학과 접촉했다는 것은 이미 언급했는데, 새 왕조를 세우는 데 성공하면 그에게 영의정 자리를 약속했기 때문으로 생각된다. 중군 남익현과 또 다른 지역 양반 이익수는 각각 훈련대장訓將과 이조판서에 임명되기로 했다. 그들과 김우학의 사위인 태천 출신 변대익은 반란 세력에게 면포·돈·음식을 제공했다.

아래 사례들은 향촌사회의 이익집단이 어떻게 반란의 인적 연결망 형성에 기반을 제공했는지를 보여준다. 1811년 10월 말과 11월 초 청

---

89 《관서평란록》, 4:509~10쪽.
90 《순조신미별등록》, 81쪽 및 21쪽;《안릉일기》, 411쪽;《관서평란록》, 2:607쪽 및 3:120쪽.
91 《관서평란록》, 2:498쪽 및 2:507쪽.
92 《진중일기》, 172쪽;《순무영등록》, 2:245쪽 및 2:292쪽. 태천의 모반 동조자들은 1812년 2월 말 관군이 태천을 수복하자 대부분 자살하거나 참수됐다.

조선의 변방과 반란, 1812년 홍경래 난

천강 남안南岸에 위치한 안주—평안도의 대도호부 가운데 하나—의 전·현직 무관 20여 명은 자신들 집안의 장례식 기금을 모은다는 구실로 계契를 조직했다.[93] 향청의 좌수를 지낸 지역 양반도 있었고 중군도 있었는데, 중군 가운데는 무과 급제자도 있었다. 그들은 대부분 그 뒤 정부의 광범한 심문을 받았는데, 이인배와 김대린金大麟 두 사람이 반란에 가담했고 친척이 봉기에 연루된 사람도 있었기 때문이다. 반란 세력이 계획대로 안주를 점령하는 데 성공했다면 그들은 모두 반란 세력에 가담해 지방 수령 같은 관직을 받았을지도 모른다. 그러나 운명은 그들의 바람과는 반대로 움직였다. 그들은 체포되기 전 계의 규정을 담은 문서를 신속히 불태웠으며, 모두 정부에 체포되어 심문받을 때 음모에 연루된 것을 부인했다.[94]

요컨대 반란 세력의 초기 성공에서 핵심 역할을 한 동조자들은 청북 지역의 지역 지배층을 대표했다. 사회적 지위의 서열이 가장 높은 반란 세력은 진사인 김창시와 김이대, 종3품 군직을 지닌 박성신, 그리고 전직 수령인 정경행과 정성한이었다. 그들 다음은 향청과 무청의 향임과 무임이었다. 무과 급제자의 사회적 지위는 문과 급제자보다 낮았겠지만 최고 지배층에 가까웠을 것이다.[95] 내용은 문과 급제자의 멀고 가까운 친척들이었기 때문에 사회적 구성이 더욱 복잡했다. 사회·정치적 지위의 미묘한 차이는 있었지만 이 지역 지배층은 친족과 혼인 등의 관

---

[93] 강희영, 《일승》, 69쪽. 계의 인기와 특징은 김재호, 〈농촌사회의 신용과 계〉; 이영훈, 〈18·19세기 대저리의 신분구성과 재지질서〉 참조.
[94] 《관서평란록》, 1:424~39쪽.
[95] 무과 급제자 14명의 이름은 2장 주 97 참조.

〈표 8〉 1812년 홍경래 난의 내응(일부)

이름(거주지)	직업 또는 신분	반란조직에서의 위치
정경행(철산)	전 수령	청북도지휘사
정복일(철산)	중군	철산부사
정성한(철산)	전 영장領將	용천부사
최이륜(정주)	장교	정주목사
김이대(정주)	좌수, 진사	정주목사
박성신(곽산)	전 첨사	곽산군수
변대익(태천)	창감倉監	태천현감
최봉관(선천)	중군	선천부사
유문제(선천)	중군	선천 유진장留陣將
김익수(가산)	좌수	가산 유진장
윤언섭(가산)	양반	가산군수
한일행(박천)	장교	박천 유진장
김성각(박천)	좌수	박천군수
최봉일崔奉日(선천)	장교	선사첨사宣沙僉使
고중기高中起(선천)	장교	동림별장東林別將
김익명(철산)	양반	서림 첨사
장한우張漢羽(철산)	향임	신도첨사

계로 서로 연결돼 있었다.

좀 더 중요한 사실은 모든 적극 지지자, 특히 평안도의 지역 양반은 지역 차별로 쓰라린 좌절을 겪었으며 새 왕조의 중앙 조정에서 고위직을 얻고 싶었기 때문에 반란에 가담하는 쪽으로 대거 이동했다는 것이다. 평안도의 지역 양반은 국정에서 소외됐으며, 자신들보다 더 부유하고 저명한 부류들과 향권을 두고 경쟁해야 하고 국가의 제도적 간섭이 늘어났기 때문에 지역 공동체에서 그들의 특권적 지위는 계속 위협받았다. 그들은 반란 세력이 유망한 미래를 제시하자 현재 사회질서 안에서 불안했던 자신의 지위를 포기할 것을 주저하지 않았다. 실제로 각 군현을 장악하는 데 핵심 역할을 한 내응들은 즉시 관직을 받았으며 (〈표 8〉 참조) 일부는 반란 세력이 조선왕조를 접수하는 데 성공하면 즉시 중앙 조정의 명망 있는 관직을 주겠다는 약속을 받았다.

반란의 준비

반란을 위한 구체적 준비는 1년 정도 미리 시작된 것으로 보인다. 1810년 12월 홍경래는 우군칙과 청룡사에서 다시 만났을 때 이 고통스런 세상에서 백성을 구원할 정진인으로 생각되는 정제민(또는 정시수)이라는 인물과 함께 갔다. 이 만남에서 홍경래는 자신이 반란을 계획해왔으며 용천군 연안의 신도에 주둔한 중국군唐軍 수만 명을 모집했다고 우군칙에게 밝혔다. 1807년 중앙 조정에서 신도에 진보를 세웠기 때문에 그는 강계 북부 지역으로 군대를 옮겼는데 그곳은 조선 전기에 철폐되어 정부의 통제가 더이상 미치지 않는 폐사군廢四郡 지역이었다. 홍경래는 정진인도 일부 만주군胡軍을 지휘하고 있으며 무장 반란을 일으키기 전 평안도에서 지지자들을 찾고 있다고 말했다.[96] 반란 격문에서는 이들을 명明 신하의 후손이라고 밝혔다.[97]

[96] 《진중일기》, 692~93쪽. 정진인의 지휘 아래 반란을 지원했다고 알려진 사람들의 신원은 분명하지 않다. 호군은 일반적으로 만주군을 말한다.
[97] 《홍경래 반란기》, 4쪽.

반란 세력은 폐사군 지역에 주둔한 예비 병력을 몇 가지 다른 용어로 지칭했다. 가장 자주 사용된 표현은 만주군을 의미하는 호군인데, 반란 세력이 반란 이전과 반란 기간 동안 구축한 대규모 지원군을 가리켰다. 조선왕조를 무너뜨리려는 자신들의 시도가 명의 지원을 받았다는 것을 암시하면서 반란 세력이 반란 격문에서 다른 용어를 사용한 까닭은 학식 있는 김창시가 한문으로 작성한 데 있다고 생각되는데, 그는 만주족이 세운 청 왕조의 정통성을 그때까지도 인정하지 않던 조선의 유자들도 자신들을 지지하기를 염원해서 그랬던 것이다.[98]

반란 세력은 자신들의 행동을 정당화하기 위해 이처럼 세심하게 상징을 전용轉用했지만 만주족이 자신들의 동기를 지지하고 있다고 선전하는 것을 대체로 꺼리지 않았는데, 역사적으로 여러 모반은 북방의 이웃나라에게서 군사적 지원을 받으려고 했기 때문으로 생각된다.[99] 그럼에도 그런 대규모 예비 병력이 국경지대에 실제로 존재했을 가능성은 거의 없었다. 이 반란에 관련된 몇 편의 논문을 쓴 정석종은 그런 증강 병력이 있었다고 추측했다. 그는 좀 더 앞 시기인 영조 때의 자료를 토대로 국경 지역에서 소요를 일으키고 도망간 범죄자들이 반란조직에 투신했을 것이라고 지적했다.[100] 자신의 부하에게 살해되기 전 김창시

98 鶴園裕, 〈平安道農民戰爭における參加層〉, 74쪽; 小田省吾, 《辛未洪景來亂の硏究》, 39~40쪽; 《진중일기》, 201쪽.
99 가장 최근의 사례는 1624년(인조 2) 이괄의 난인데, 그는 광해군의 부당한 폐위를 근거로 청에 조선을 침범해달라고 요청했다고 한다. 김웅호, 〈우리 부자를 역적으로 몰다니—이괄〉. 원의 후원으로 고려 조정에 반란을 일으킨 세력에 관련된 사례는 Sun Joo Kim, "Marginalized Elite," pp. 27~28 참조.
100 정석종, 〈홍경래 난과 그 내응세력〉, 383쪽.

도 2월 말 사송야에서 패배한 뒤 국경 지역에서 증강 병력을 확보하고 있는 중이라고 주장했다. 김창시는 군사를 동원하는 데 사용하는 상징물인 은표銀標를 지니고 있었는데, 호군 지휘자가 갖고 있는 것과 짝이 맞는 것으로 알려졌다.[101] 1812년 3월 초 증강 병력과 접촉하려고 국경 지역으로 전령을 파견하려던 반란군 진영의 시도는 외부 지원이 있었다는 것에 증거를 더해주는 것 같다.[102] 오다 쇼고小田省吾는 읍성 안에 포위된 반란 세력이 석 달 넘게 관군의 공격에 완강히 저항한 것을 감안할 때 어떤 종류의 외부 지원을 기대했다고 생각하는 것이 논리적이라고 주장했다.[103]

그러나 이런 주장은 모두 상황적 증거에 의지한 것이며, 대규모 예비 병력이 있었다고 확신하기는 어렵다. 더 설득력 있는 설명은 북부 국경 지역에 홍경래나 그 밖의 반란 지도자들을 알고 있고, 반란이 임박했다는 사실을 인지했으며 지원을 약속했을 가능성이 있는 사람들이 일부 있었다는 것이다. 반란이 성공했다면 이 동조자들은 열정적인 지원자가 됐을 것이다. 벽동의 권관 호윤조, 강계의 양반 송지렴宋之廉,[104] 무반가

---

101 《진중일기》, 346~47쪽; 《관서평란록》, 1:569쪽; 《안릉일기》, 484쪽.
102 《진중일기》, 401쪽, 468쪽; 《순조신미별등록》, 183~85쪽; 방우정, 《서정일기》, 44~45쪽.
103 小田省吾, 《辛未洪景來亂の硏究》, 126~29쪽. 오다는 호군을 만주의 기마 도적단이라고 추정했다.
104 《홍경래 임신사략》에 따르면 강계 향청의 향임 송지렴은 관고에서 상당액을 횡령했으며 발각될까 두려워했다. 그는 반란이 준비되고 있다는 것을 듣고 지도부에 합류했다. 1812년 2월 11일 반란 세력이 송림 전투에서 패배한 뒤 송지렴은 자신이 가서 호군의 지원을 얻어오겠다고 홍경래에게 제안했다. 홍경래는 그렇게 하도록 군자금에서 비용을 지급했다. 반란 세력에게는 불행하게도 송지렴은 마음을 바꿨다. 그

문 출신의 이팽년은 그런 동조자들의 사례다. 그렇더라도 반란 세력이 모을 수 있던 군사의 숫자는 일부 지역 주민에 국한됐을 것이며 반란 세력이 호군 5천 명의 지원을 받고 있다는 선전은 과장이 분명하다.

지도자들은 지원망을 구축하기 위해 반란 동조자들을 만나는 동안 선봉부대를 모집하고 훈련시키기도 했다. 그들은 훈련장을 만들고 모집한 군사에게 참호를 파게 해 신체적 힘을 시험한 뒤 가장 힘세고 용감한 부류를 포상했다. 그들은 군사들의 훈련을 마친 뒤 그들을 내보내 다른 사람을 모집하게 했다.[105]

반란 날짜가 가까워올수록 준비는 더욱 치밀해졌다. 지도자들과 내응들은 다복동에서 좀 더 정기적으로 모였는데, 구체적 계획을 논의하기 위한 것이 분명했다.[106] 각 군현의 지지자들도 반란을 준비하기 위해 자기 지역에서 자주 만났다. 곽산의 반란 연락망은 김창시가 확고하게 조직했는데, 그는 그 지역 출신으로 그곳의 양반을 많이 알고 있었으며 반란 명분에 동조하도록 그들을 이끌었다. 반란 준비를 감독한 김지욱 金志頊의 부인이 진술한 바에 따르면 김창시·양재학·고윤빈·김명유는 서로 아주 잘 알았으며 반란 이전 김지욱의 집에서 상당히 자주 만났다.[107] 양재학은 다복동의 반란 거점을 자주 방문해 반란계획을 도왔

는 자신이 관고에서 빚진 것을 갚고 편을 바꿔 홍경래에게서 받은 자금에서 남은 분량을 사용해 관군의 토벌에 참여할 자원자를 모집했다. 그는 군사 장비를 갖춘 총수 94명을 이끌고 1812년 4월 초 관군 본영에 도착했다. 송지렴이 홍경래에게 협력한 것은 다른 자료에는 나오지 않는다.

105 《진중일기》, 132쪽.
106 《진중일기》, 259쪽.
107 《관서평란록》, 3:315쪽.

조선의 변방과 반란, 1812년 홍경래 난

다.[108] 반란 세력의 집사가 된 고윤빈은 관전官錢 1천 냥을 도용해 반란 준비에 쓰라고 김창시에게 건넸다.[109] 김명유는 털옷과 가죽옷을 만드는 데 뛰어난 장인이었다. 그는 박성신·고윤빈·김대훈의 요청으로 반란 지도자들의 가죽옷을 만든 것으로 생각된다. 반란 이전 어느 때 김창시는 선봉장 홍총각의 어머니를 자신의 집에 머물게 했다.[110]

고윤빈의 집도 음모자들이 만난 장소였다. 같은 지역 출신으로 약초점을 운영한 김대훈은 사업 거래로 김창시를 알게 됐다. 1811년 10월 말과 11월 초 고윤빈의 집에서 만났을 때 김창시는 정진인이 이끄는 무장 반란계획을 밝혔다. 이 논의에서 김창시는 우군칙의 지모가 제갈량諸葛亮보다 낫고 홍경래의 무술은 조자룡趙子龍—14세기 나관중羅貫中이 쓴 중국의 역사소설《삼국지연의三國志演義》에 나오는 유명한 영웅—을 뛰어넘는다고 자랑했다. 그들은 가까운 친구였기 때문에 김창시는 7년 동안 진행될 것으로 예상한 무장 반란에서 김대훈을 보호하겠다고 약속했다. 결국 김대훈은 반란 초기 단계 동안 임명장 발급, 반란 세력의 제복 공급, 재정 관리, 상인과의 거래 같은 다양한 사무를 처리하게 됐다.[111]

---

108 《관서평란록》, 3:345쪽.
109 《관서평란록》, 5:468쪽, 3:343쪽.
110 《관서평란록》, 3:278쪽.
111 《관서평란록》, 5:86~94쪽. 그 밖의 곽산 출신 내응으로는 이성종이 있는데, 그는 군복을 마련하고 음식과 돈을 나눠주었다. 그와 김대훈은 반란군이 곽산을 접수했을 때 종사관으로서 문서를 관장했다. 《관서평란록》, 4:235쪽 및 5:89~91쪽. 김창시·우군칙과 밤을 보낼 만큼 가까웠던 김국범은 반란 선봉군에서 주도적 역할을 했으며 모사로도 활동했다. 그는 반란 이전 어느 때 가산의 이 군관(이희저)의 서재에 책을 실어다주었다. 그의 조카와 김사용의 조카딸은 약혼했으며, 김대훈은 김사용의

물질적 준비도 잘 진행됐다. 이희저는 가죽·면포·무기·활을 밀수해 다복동에 보관했다.[112] 유문제와 최봉관은 칼·창·총 같은 무기의 공급과 수송을 맡았으며, 정진교鄭眞僑는 탄환과 양초를 준비했다. 정복일은 깃발을 관리했고, 의주 출신 상인들은 제복과 그 밖의 옷을 공급했다.[113] 곽산 출신 박성신 등의 지지자들은 가죽 군복을 준비했는데, 선봉장과 선봉대를 위한 것으로 생각된다. 영변 출신 내응들은 반란 기지에 2천 냥과 안장 16개를 보냈으며 자신들의 거처에 반란 세력을 위한 무기와 곡식을 비축했다.[114]

지역 양반과 부자들의 지원을 얻은 것 외에도 반란 세력은 청천강 중류의 추도楸島에 비밀굴을 파서 위조동전을 만들었다.[115] 원래 추도에 살았지만 반란 직전 영변으로 이주한 강수흥康守興은 동전 위조가 당국에 발각됐기 때문에 반란 세력에 가담했다고 진술했다. 그러나 그는 반란 세력을 위해 동전을 위조했는데, 불법행위가 정부에 발각될 것 같자 영변으로 도망친 것으로 여겨진다. 그곳에서 그는 반란 세력을 환영할

지시로 결혼식에 쓸 이런저런 물품을 상인에게서 샀다. 《관서평란록》, 3:318쪽 및 5:90쪽; 《진중일기》, 133쪽. 곽산 출신의 또 다른 군관 장홍익은 박성신 집단의 일원이었다. 부유했던 장홍익은 반란 물품을 대겠다고 약속했으며 반란 세력에서 일상 사무를 감독했다. 그의 동생 장호익張浩益은 진보의 집사였으며, 그의 가까운 친척들은 모두 반란에 가담했다. 《진중일기》, 694쪽; 《관서평란록》, 3:48쪽, 3:285쪽, 5:466쪽, 5:484쪽, 5:506쪽. 장홍익과 장호익은 모반대역죄로 처벌됐다.
112 《진중일기》, 134쪽.
113 《진중일기》, 135쪽.
114 《진중일기》, 151쪽 및 229쪽.
115 《진중일기》, 134쪽.

조선의 변방과 반란, 1812년 홍경래 난

준비를 하던 사람들을 도우려고 했다.[116]

거병 한 달 전 반란 세력은 광부를 고용한다는 구실 아래 반란군을 모집하기 시작했다. 정부의 승인을 받아 운산과 삭주에 새 금광을 열 것이며 서울 사람들에게서 자금을 받을 것이라는 반란 세력의 선전이 사실이었는지는 분명하지 않다.[117] 분명한 것은 그들이 반란군이 되겠다고 호응한 사람들을 이용했다는 것이다. 반란의 명분에 '동의'하도록 사람들을 유도한 방법은 간단하지만 효과적이었다. 1812년 1월 말 운산 또는 삭주 금광이 곧 문을 열 것이며 광부가 필요하다는 소문이 퍼졌다. 박천 진두 근처의 시장 주위에는 음식과 거처, 또는 직업을 찾는 가난하고 굶주린 사람이 많았다. 그들은 선원·무두장이·행상·고용 노동자·짐꾼·농부들이었다. 지난해의 큰 가뭄 때문에 그들은 집을 떠나 달리 살 방도를 찾아야 했다. 그들은 광부를 모집한다는 소식을 듣자 일하기를 열망했다. 1~10냥이나 거기에 상응하는 면포를 미리 지불하고 술과 고기가 딸린 식사를 제공한다는 제안은 상당히 솔깃한 것이었다. 이런 방식으로 모집한 사람들의 숫자는 확실치 않은데, 70명이라고 적은 자료도 있고 수백 명이라고 기록한 자료도 있다.[118]

많은 중개인이 모병 활동에 참여했다. 우군칙의 사위인 박천 출신 강

---

[116] 《관서평란록》, 2:502쪽.

[117] 한 반란 세력은 삭주에 새로 문을 연 금광의 감독자로 조성실이 서울에서 내려왔다고 들었다고 진술했다. 《관서평란록》, 5:12쪽. 다른 기록에서는 조성실이 박천을 공격한 반란군을 지휘했다고 돼 있다. 《관서평란록》, 2:666쪽. 모집자가 새 금광의 감독자라고 속여 가난한 농민을 유인한 것 같다. 《관서평란록》, 5:331쪽.

[118] 《진중일기》, 452쪽; 《관서평란록》, 3:620쪽 주석; 《순조신미별등록》, 78~79쪽.

득황이 가장 활발히 움직였다. 여러 해 동안 강득황은 우군칙이 제공한 자금으로 사채업을 했다. 1811년 11월 말과 12월 초 운산금광이 문을 열어 우군칙이 경영할 것이라고 하자 강득황의 아버지는 아들이 운산 금광의 감독자가 됐다고 생각했다.[119] 박천 출신 오용손吳龍孫은 별장에 임명된 정국조의 가까운 친척으로 같은 지역의 김여정·이도리와 함께 광부를 모집한 또 다른 내응이었다. 우군칙·김혜철 같은 반란 핵심 지도자들도 광부를 모집하기 위해 적극적으로 활동했다.[120]

　다른 반란 세력도 향촌을 샅샅이 돌며 반란에 가담하라고 사람들을 유인했는데, 박천 진두의 시장은 모집 장소로 가장 자주 사용됐다. 향반 김화중金和中의 솔인率人인 정주 출신 김맹첨金孟瞻은 이웃사람들을 반란 세력에 데려왔다.[121] 그들 가운데는 정주 출신 향반인 김씨 가문의 4명과 근처 마을의 2명이 있었다. 김맹첨은 이런 가난한 촌민에게 접근해 각각 10냥과 현금 1냥을 미리 주면서 금광에서 일하게 될 것이라고 했다. 김화중은 칼·창·깃발을 자기 집에 숨기고 반란군의 군관으로 활동했으며, 그의 아들 김훈金勳은 반란군 깃발을 만들고 가산을 공격한 기병에 참여했다.[122]

　지역 양반부터 평민과 천민에 이르는 다양한 신분집단이 광부 모집

---

[119] 《관서평란록》, 4:224~26쪽.
[120] 오영손의 활동은 《순조신미별등록》, 122쪽; 《관서평란록》, 4:541쪽 및 5:489쪽 참조. 김여정은 《관서평란록》, 3:19쪽 및 3:604~622쪽 참조. 이도리는 《관서평란록》, 2:665쪽 참조. 우군칙은 《관서평란록》, 5:331쪽 참조. 김혜철은 《관서평란록》, 1:20쪽 및 이 책 3장 참조.
[121] 《관서평란록》, 2:54~66쪽.
[122] 《관서평란록》, 1:444쪽; 《진중일기》, 140쪽 및 216쪽; 방우정, 《서정일기》, 42쪽.

에 호응했다. 양반은 위신을 떨어뜨리는 비천한 일을 하는 것을 전통적으로 멸시해왔지만 파산했거나 궁핍한 향반은 광부가 되는 데 망설이지 않았다. 이것은 경제력 때문에 양반 사이에서 하향 이동이 발생했음을 보여주는데, 이러한 과정은 1811년의 극도로 암울한 작황 때문에 가속화됐음을 알 수 있다. 실제로 박천 진두의 시장과 그 밖의 마을에서 모집된 사람들은 모두 가난에 쪼들렸다.[123] 경제적으로 곤궁했지만 그들은 자발적으로 반란에 참여하지 않았으며, 패배를 예상하자마자 반란군에서 도망쳤다. 사실 그들은 반란을 계획하고 실행한 지역 지배층의 정치적 이익에 봉사하는 데 이용됐을 뿐이다.

---

[123] 17세기 중반 영국 혁명에 관련된 획기적 연구에서 크리스토퍼 힐은 범죄자·부랑자·거지 같은 일정한 직업이나 거처가 없는 사람들이 조직된 사회집단에 소속되지 않은 채 때로는 직업을 찾으면서 시골 지역을 돌아다녔는데, 그들은 전복적 생각을 품고 있으며 다양한 혁명군에 포섭될 가능성이 있었기 때문에 그들의 존재는 특히 경제위기의 시기에 늘 잠재적인 위협이었지만 사회질서에 결코 심각한 위협이 아니었다고 지적했다. Hill, *The World Turned Upside Down*, pp. 39~50.

6장

반란 세력과
진압 세력

1812년 반란이 터지기 직전 청북 지역 주민은 무장 반란이 임박했다는 소문으로 크게 동요했다. 흉작으로 경제적 곤궁을 겪던 사람들에게 그런 소문이 온 향촌에 퍼진 것은 드문 일이 아니었다. 앞서 언급한 대로 반란 세력은 이씨 왕실이 쇠망하고 정씨가 그것을 대체할 것이라는 내용을 담은 민요를 퍼뜨렸다. 그것은 글자 자체로는 의미가 통하지 않는 18개의 한자로 만들어졌지만 실제로는 "임신년에 무장 반란이 일어날 것"을 뜻하는 4개의 한자를 함축하고 있었다. 거의 똑같은 가사가 《정감록》에도 실려 있다.[1]

한 선비가 관을 비뚜로 쓰니一士橫冠=壬

귀신이 옷을 벗네鬼神脫衣=申

[1] 《진중일기》, 135쪽; 《신역 정감록》, 14쪽 및 25쪽.

열 필에 한 필을 더하니 十疋加一尺=起

작은 언덕에 두 발이 있네 小丘有兩足=兵

전통 중국의 민중운동에 관련된 연구들에 따르면 반란 음모자들은
자신의 이념을 전파하고 민중의 지지를 모으기 위해 운율을 맞춘 참요
讖謠를 사용하는 경우가 많았다.[2] 글자와 단어가 교묘하게 조합된 운율
은 글을 아는 사람에게든 그렇지 않은 사람에게든 그 감춰진 의미에 강
한 호기심을 불러일으켰다. 1812년 반란의 경우 민요에 암호화되어 숨
겨진 의미는 곧 드러날 것이라고 여겨졌으며, 무장 반란이 임박했다는
소문은 시장부터 향촌까지 퍼졌다.[3] 정주의 존위尊位 이혜갑의 진술에
따르면 그는 1811년 11월 말 그 소문을 처음 들었으며, 마을 사람들은
큰 사회적 격변이 일어날 것이라고 예측하면서 자신들의 환자를 갚지
않았다.[4]

반란의 초기 단계

봉기는 원래 1812년 2월 2일로 예정돼 있었다. 반란 세력은 가짜 은 병
부銀兵符를 주조했으며 각 군현의 내응들에게 서신을 보내 정확한 반란

[2] Naquin, *Millenarian Rebellion in China*, p. 93 및 P. 111.
[3] 《진중일기》, 525쪽.
[4] 《관서평란록》, 2:512쪽.

봉기일을 알렸다.[5] 이를테면 철산의 정복일은 그 날짜가 적힌 비밀편지를 김창시에게서 받았는데, 김창시의 형제가 직접 전달한 것이었다.[6] 봉기 전 며칠 동안 여러 군현의 내응들은 반란 기지를 방문해 군수품과 곡식과 돈을 전달했다.[7] 그러나 다복동의 특이한 움직임을 눈치챈 지방 관원이 일부 지도자를 체포했기 때문에 반란 세력은 정해진 날짜 이전에 행동해야 했다. 1812년 1월 31일 가산군수는 군관에게 이희저의 집을 조사하라고 명령했는데, 의심스런 사람들이 그의 집을 방문했기 때문이었다. 선천부사도 곽산·선천·철산 출신의 핵심 반란 지지자 몇 사람을 체포했는데, 고문을 받은 그들은 반란계획을 실토했다. 잦아진 회합, 무기와 실행계획의 준비, 군사 동원, 그리고 무장 반란이 임박했다는 소문 때문에 비밀을 유지하는 것은 어려워졌으며, 지역 관원들은 체제 전복적 활동을 우려했다. 추가 체포와 봉기의 무산을 우려한 반란 세력은 계획을 앞당겨 실행에 옮길 수밖에 없었다.[8]

공격을 시작하기 전 반란 세력은 승리를 맹세하는 공식 의례를 거행하고 군사들에게 술과 음식을 베풀었다. 반란군 대원수 홍경래는 반란의 정당성을 연설하고 정진인이 백성을 고통에서 반드시 구할 것이라고 말했다. 학창의를 입고 깃털로 만든 부채를 든 우군칙은 천문을 관

[5] 《진중일기》, 136쪽.
[6] 《관서평란록》, 5:612쪽.
[7] 《순무영등록》, 2:234쪽.
[8] 《진중일기》, 695쪽. 수전 내퀸은 동원의 마지막 단계에서 정부가 그런 움직임을 적발한 것은 일반적이었다고 지적하면서 정부의 조사 활동은 봉기의 이념이나 계획에는 영향을 미치지 못하지만 봉기가 일어나는 시점에 영향을 미쳤다고 주장했다. Naquin, *Shantung Rebellion*, p. 66; idem, *Millenarian Rebellion in China*, pp. 121~46.

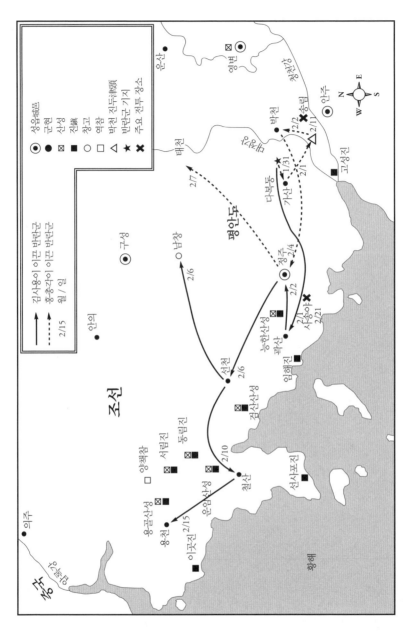

〈지도 3〉 청북 지역에서 전개된 반란 세력의 활동

조선의 변방과 반란, 1812년 홍경래 난

찰한 뒤 하늘이 자신들 편에 섰다고 예언했다. 관군에 잡힌 한 포로는 반란 세력이 다른 병사들이 군율을 어기지 못하도록 하려고 가담을 거부한 두 신병을 참수했다고 진술했다. 아울러 반란군은 도망가지 못하도록 서로 팔짱을 껴야 했다.

50명 정도의 반란 세력은 꼭대기를 붉은 옷감 조각으로 장식한 개나 들고양이, 또는 호랑이 가죽으로 만든 모자를 썼으며, 여러 색깔의 면포로 주문 제작한 제복을 입었다. 붉은 매듭을 단 가죽조끼를 입은 사람도 있었고, 녹색 천으로 만든 겨울 모자를 쓴 사람도 있었다. 그들 가운데 5~6명은 완벽한 가죽 갑옷과 투구를 착용했다. 50~60명 정도의 반란 세력은 칼과 창으로 무장했으며, 나머지는 나무 곤봉을 들었다.[9] 1차 사료에서는 반란 세력의 군복을 만주족 형태의 복장胡服이라고 자주 표현했다. 반란 세력은 만주군胡軍의 지원을 받고 있다는 자신들의 주장을 강화하기 위해 의도적으로 만주족 형태의 의복을 채택한 것으로 여겨진다.[10]

처음에 반란 세력의 전략은 군대를 둘로 나누는 것이었다. 한 부대는 부원수 김사용이 이끌었는데, 선천부사에게 체포된 사람들을 구하러 출동한 뒤 북쪽의 국경지대로 이동했다. 다른 부대는 곽산 출신의 가난한 행상 홍총각이 이끌었는데, 남다른 힘으로 유명한 그는 선봉장으로 임명돼 가산을 공격했으며, 남쪽으로 이동해 안주를 점령하고 궁극적

---

[9] 《순무영등록》, 2:235쪽.
[10] 《진중일기》, 181쪽 및 231쪽; 《관서평란록》, 5:89쪽; 방우정, 《서정일기》, 17쪽.

으로는 서울을 점령하려고 계획했다.[11]

1812년 1월 31일 홍경래가 가산을 공격한 병력은 기병 30~40기와 보병 150명 정도였다.[12] 가산 관아의 아전 이맹억李孟億은 풍악을 울리며 환영했고, 반란 세력은 내응의 도움으로 큰 저항 없이 가산을 점령했다. 반란 세력이 관아에 이르기 직전 군수 정시는 관아가 빈 것을 발견하고 안주대도호부에 반란이 임박했다는 긴급 보고서를 쓰기 시작했다. 정시는 반란군에 항복하기를 거부했으며, 반란군은 그 자리에서 그의 아버지와 함께 그를 죽였다. 그런 뒤 향청 좌수 윤언섭尹彦涉이 반란 세력에 의해 가산군수에 임명돼 그 지역의 행정을 인수했다.[13]

다음 날 반란 세력은 박천의 진두에 본진을 세웠으며, 2월 2일 그곳 관아를 접수했다. 반란 하루 전 박천군수 임성고任聖皐는 강린이라는 마을 사람을 잡았는데, 그는 반란 세력에게 광부로 채용됐지만 다복동의 대규모 군사행동을 목격한 뒤 달아났다. 군수는 무장 반란을 준비하는 수상한 동태가 있다는 강린의 진술을 안주대도호부에 비밀리에 보고했다.[14] 그런 뒤 그는 반란 세력이 관아를 점령하자 근처의 절에 숨었다. 그는 사로잡혔지만, 너그러운 관원으로 알려졌기 때문에 반란 세력은

---

[11] 《진중일기》, 167쪽;《순조신미별등록》, 10쪽;《관서평란록》, 3:729쪽. "총각"은 일반적으로 결혼하지 않은 남성을 가리키는 구어다. 한 보고에서는 그의 이름을 홍봉의洪鳳儀라고 기록했다.《관서평란록》, 3:280쪽.

[12] 《진중일기》, 143쪽 및 136쪽;《관서평란록》, 3:604쪽 및 3:54~64쪽.

[13] 《평서본말》,〈신미서적거주〉. 윤언섭은 가산의 파평 윤씨일 가능성이 매우 큰데, 그 가문에서는 문과 급제자 8명을 배출했다. 정시가 죽을 때의 상황은 정시의 사촌이 쓴《순절록》에 자세히 기록돼 있다.

[14] 《진중일기》, 143쪽.

그를 살려주었다.[15] 임성고는 투옥됐다가 관군이 박천을 수복한 뒤에야 풀려났다.[16]

홍총각의 군대는 반란을 성공적으로 시작했지만, 그의 군대와 반란 세력의 본진은 빠른 군사행동을 전개하지 못했는데 반란 초기 지도자들끼리 전략적 의견이 갈렸기 때문이다. 2월 2일 반란 세력이 박천을 점령한 직후 안주 출신 두 군관 김대린과 이인배는 안주대도호부가 혼란에 빠져 있는 동안 되도록 빨리 안주를 공격해야 한다고 주장했다. 우군칙은 그들의 의견에 반대하고 북쪽의 다른 군현을 치는 것을 선호했다. 김대린과 이인배는 자신들의 계획이 받아들여지지 않을 것을 깨닫고 반란이 결국 실패할 것이라고 판단했으며, 자신들이 살 수 있는 유일한 길은 홍경래를 죽이는 것이고 그렇게 하면 반란에 가담한 죄를 용서받을 것이라고 생각했다. 그들은 홍경래를 칼로 치려고 했지만, 그는 재빨리 피했다. 그들은 그 자리에서 살해됐다.[17] 반란 세력이 안주 공격을 늦춘 것은 정부에 방어선을 구축한 뒤 반격할 시간을 주었다.[18] 반란 세력은 안주의 병마사 이해우李海愚에게 서신을 보내 그가 홍경래

---

[15] 방우정, 《서정일기》, 11쪽; 《순무영등록》, 2:237쪽.

[16] 임성고는 관군에 구금돼 심문을 위해 서울로 압송됐다. 그는 반란 이전과 이후 자신의 활동을 기록한 짧은 회고록을 제출한 것으로 보이며, 그 사본은 《평서본말》에 실려 있다. 《평서본말》 1812년 1월 16일 참조.

[17] 《관서신미록》, 20~22쪽 및 117쪽; 《진중일기》, 145~46쪽.

[18] 그동안 안주 출신의 진사이자 반란에 은밀히 가담한 김명의는 반란군이 도착하면 성문을 열어 환영하겠다고 약속했지만 관군의 방어가 매우 강력해졌다는 것을 깨닫고 마음을 바꿨다. 다른 반란 지도자들은 그의 변심에 분노해 죽이겠다고 위협했다. 반란군은 안주를 공격하지 못했으며, 김명의는 관군의 심문을 받으면서 자신의 가담을 부인했다. 그는 긴 심문 끝에 풀려났다. 《진중일기》, 259쪽; 《관서신미록》, 113~14쪽.

를 죽이려고 자객 두 명을 보냈다고 비난했다. 그런 뒤 그들은 평안도의 모든 주민은 반란 세력의 명분을 받아들일 것이니 다음번에는 평안도 출신이 아닌 자객을 고용하고 방어선에 평안도 주민을 두지 말라고 비꼬듯 이해우에게 조언했다.[19]

북쪽으로 간 김사용의 군대는 더욱 성공적이어서 여러 군현을 신속히 장악했다. 무장 반란이 임박했다는 소식을 들은 선천 주민들은 동요해 곡식을 시골 지역으로 옮겨 숨겨놓았다. 1812년 1월 31일 선천부사 김익순金益淳은 근거 없는 소문을 유포한 혐의로 최봉관을 체포했다. 최봉관은 음모가 있었다고 실토하고 연루된 사람들의 이름을 밝혔다. 그 결과 철산 출신 정복일이 그다음 날 체포됐으며 동일한 내용을 자백했다. 부사는 곽산으로 두 군관을 파견해 김창시·박성신·장홍익張弘益을 감금하게 했다.[20] 김사용이 이끈 반란 세력이 습격하자 그 두 군관은 곽산 출신의 다른 군관 및 호위병들과 함께 선천으로 돌아왔다. 홍총각이 이끈 또 다른 반란 세력이 가산을 접수하기 몇 시간 전의 일이었다. 선천 출신 두 군관은 반란 세력에게 죽었고, 곽산 출신 군관 12명 가운데 9명—3명은 도망갔다—은 2월 1일 곽산을 공격하기 시작한 김사용 등의 반란 세력에게 가담하라는 압력을 받았다. 고윤빈에게 동원된 곽산

[19] 《평서본말》 1811년 12월 24일. 현상윤은 1931년 《동아일보》에 연재한 《홍경래전》에서 이해우가 처음에 홍경래와 결탁했지만 그 뒤 마음을 바꿨다고 자기 고향에서 들은 소문을 기록했다. 현상윤, 《홍경래전》, 《동아일보》 1931년 8월 3일. 이런 이유 때문에 반란 세력이 자신들이 안주를 접수하면 이해우는 중앙 양반의 편에 선 죄로 엄벌될 것이라는 전갈을 그에게 보낸 것으로 생각된다.
[20] 《관서평란록》, 5:479쪽 및 4:409~10쪽.

의 많은 주민은 박성신에게서 반란 세력이 다가오고 있다는 소식을 듣고 그들을 환영했다.[21] 곽산군수 이영식은 처음에 반란 세력에게 체포됐지만 한 군관의 도움으로 도망쳐 우선 정주로 갔다가 1812년 2일 안주에 도착했다. 그의 두 형제와 한 아들은 분노한 반란 세력에게 희생됐다.[22]

반란 세력이 처음 행동에 나선 날 정주목사 이근주李近胄는 군관 백종회로부터 음모에 대해 알게 됐고, 즉시 정진교를 체포해 자백을 받았다.[23] 다음 날 아침 이근주가 군관과 군사를 동원해 성을 방어하려는 동안 부상당한 곽산군수 이영식이 황소를 타고 도착했다. 그때 최이륜은 감옥으로 침입해 정진교를 풀어주었고, 향청 좌수 김이대와 중군 이정환은 반란 세력에게 항복하라고 이근주에게 강력히 권유했다. 이서 한 사람이 인장을 훔치자 목사는 달아날 수밖에 없었고, 그는 이튿날 안주에 도착했다고 알려졌다.[24] 한 보고에서는 그가 환자를 상환하라고 가혹하게 독촉하지 않았기 때문에 반란 세력이 그의 목숨을 살려주었다고 했다.[25]

---

[21] 《관서평란록》, 5:484쪽 및 5:280~296쪽.

[22] 《진중일기》, 139쪽 및 161쪽.

[23] 정주의 전직 중군인 백종회에 관련된 정보는 서로 약간 다르다. 백종회는 음모를 목사에게 알렸다고 되어 있지만, 몇몇 목격자는 그를 핵심 모반자 가운데 하나로 거듭 지목했다. 다른 많은 가담자와 마찬가지로 기회주의자였던 백종회는 봉기가 일어나자 득실을 끊임없이 그러나 합리적으로 가늠한 것 같다. 마침내 반란 세력에 가담하기로 한 최종 선택으로 그는 목숨을 지불했다. 《관서평란록》, 5:469~83쪽. 백종회는 정주의 수원 백씨 출신이었다. 《수원 백 씨 정주족보》, 2:107쪽.

[24] 《진중일기》, 140~41쪽 및 148~49쪽.

[25] 방우정, 《서정일기》, 11쪽.

2월 2일 김사용은 반란군을 이끌고 정주로 들어가 최이륜을 부사로 임명했다. 그러나 며칠 뒤 반란 세력은 그를 김이대로 교체했다. 최이륜은 항의했지만 김이대는 자신의 부하에게 관청에 들어오기 전 문 밖에서 절하게 하고 남여藍輿를 타고 동헌東軒에 들어옴으로써 위세를 과시했다.[26] 최이륜과 김이대는 모두 관직을 가지려는 야망이 있었으며, 풍수설과 예언을 깊이 믿었다. 최이륜이 부사에 임명되자 그의 아버지는 자기 가문의 행운을 매우 기뻐했으며 자신이 조상들을 위해 길한 묏자리를 잡은 덕분으로 그 축복을 돌렸다. 김이대는 그 나름대로 몇 년 전 신미년에 행운이 있을 것이라고 예언한 점쟁이의 말이 그 관직을 자신이 갖게 될 것이라는 뜻이라고 믿었다.[27]

두 반란군―각각 홍총각과 김사용이 이끌었다―은 2월 4일 정주에서 합류했다. 정주와 곽산에서 모집한 증원군과 연합한 부대는 김사용이 지휘해 서북쪽의 선천으로 행군했는데, 그곳은 이미 반란 동조자들이 장악한 상태였다. 선천부사 김익순은 곽산으로 보냈던 두 군관의 운명을 듣고 일단 검산산성劍山山城으로 피신했다. 2월 3일 밤 반란 격문이 선천 관아로 전달됐으며, 부사는 반란군 사령부에 항복 서신을 보냈다. 2월 4일 김익순은 투옥됐고, 이틀 뒤 마침내 반란군은 선천을 접수했다.[28]

---

26 《진중일기》, 181쪽.
27 《진중일기》, 145쪽. 반란은 음력 신미년에 일어났다.
28 《관서평란록》, 5:34쪽 및 4:410쪽; 《진중일기》, 478쪽. 김익순은 안동 김씨 출신이었으며 순조의 국구 김조순으로 대표된 당시의 대표적 세도가문인 안동 김씨의 지파와 멀리 연결됐을 것으로 여겨진다. 그러나 그의 가문의 힘은 그의 생명을 구하지 못

반란 세력은 구성 관할 아래 있는 몇 지역을 손에 넣었지만 구성부龜
城府는 부사 조은석趙恩錫이 성공적으로 방어했다.[29] 2월 6일 1천여 명의
김사용 군은 존위尊位 허우許瑀와 그의 가문이 이끈 그 지역의 상당한
지원을 받아 남창南倉 주위의 촌락들을 점령했다. 그 지역에 머무는 동
안 반란 세력은 고기와 곡식을 제공받았다. 또한 그들은 그 촌락들에서
군사를 더 충원했으며 곡식과 땔감을 반란군이 점령한 다른 지역으로
보냈다. 그러나 그들은 송림에서 패배했다는 소식을 듣자 흩어졌다.[30]

또한 반란 동조자들은 김사용이 이끄는 반란군이 철산에 발을 들여
놓기도 전에 그곳의 권력을 인수했다. 부사 이장겸李章謙은 향청과 무청
에 소속된 대부분의 향임과 자신이 거느린 이서들도 반란 세력에게 항
복하라고 강하게 압박했기 때문에 그럴 수밖에 없었다. 이서들은 그의
항복문서를 베껴 앞서 선천에 설치된 반란군 본영에 보냈으며, 이장겸
은 반란 세력에게 자신의 관인을 넘겼다.[31]

홍총각이 이끈 반란군은 김사용 군대만큼 활발하게 움직이지 않았
다. 홍총각 군은 정주에 입성한 뒤 북동쪽으로 계속 진군해 태천을 공
격했으며, 반란군이 도착하기 전 군수가 영변으로 도망쳤기 때문에 쉽

___

했는데, 그가 반란이 진압되기 전 불충 행위로 참수됐기 때문이다. 그의 가계는 그의
반역 때문에 누대에 걸쳐 곤경을 겪었다. 그의 손자인 유명한 김삿갓(김병연金炳淵)은
관직에 나아갈 수 있는 길이 막혔기 때문에 젊은 나이부터 방랑시인으로 나섰고 19
세기 무렵 많은 풍자시로 명성을 얻었다. 김병연에 관한 사항은 이홍직, 《한국사 대
사전》, 1:295쪽 참조.
[29] 《진중일기》, 151쪽.
[30] 《관서신미록》, 99쪽; 《관서평란록》, 4:32쪽, 4:88쪽, 4:188~90쪽.
[31] 《관서평란록》, 5:611쪽; 《관서신미록》, 77~79쪽.

게 손에 넣을 수 있었다. 2월 7일 향청의 좌수와 창감을 포함한 그 지역의 공모자들은 음식과 음악을 준비해 반란 세력을 환영했다. 그 지역은 변대익이 맡았다.[32] 태천 출신의 부자父子인 이취화李就和와 이윤방李允 芳은 그 지역의 대표적인 향리가문 출신이었다. 그들은 군관 직책을 맡아 반란 세력의 감독 아래 여러 문제를 처리했다.[33] 현직 향리는 대부분 자신의 원래 자리로 돌아가 반란 지도자들의 지휘 아래 일반적 행정 업무를 처리했으며, 몇몇 향리만이 반란 기간 동안 주도적으로 활동했다.

반란 초기, 반란 세력은 거의 피를 흘리지 않고 비교적 수월하게 청천강 이북 지역을 점령했다. 행정 군현의 수령들은 도망가거나 반란 세력에 항복했다. 이처럼 비교적 간단히 성공할 수 있던 데는 각 군현 출신 내응의 역할이 결정적이었다. 평안도 병마사조차 이 지역들이 그렇게 빨리 반란군의 관할 아래 떨어진 단 하나의 요인은 각 군현에 살고 있던 반란 동조자들 때문이라고 인정했다.

이처럼 청북 지역 대부분을 장악한 극적인 승리를 거두었음에도 반란 세력은 두 핵심 전략 지역인 영변과 의주를 점령하는 데 실패했다. 함경도로 가는 길목인 영변은 천혜의 요새로 유명했으며 상당한 군수품을 비축하고 있었다.[34] 반란 이전 어느 때 다른 군현에서 몇몇 사람이 영변으로 와서 반란 연결망을 조직했다. 가산 출신 강수흥과 그의 아들, 박천 출신 이만봉李萬奉, 안주의 부유한 상인 나대곤은 영변에 집을

---

32 《관서평란록》, 3:115쪽.
33 《관서평란록》, 4:87쪽, 3:116~17쪽; 《진중일기》, 173쪽.
34 《관서평란록》, 2:495쪽.

사서 김우학과 그 지역의 다른 공모자들과 함께 활동했다. 그러나 나대곤은 반란 세력이 영변에 도착하기 직전 체포됐으며, 그가 계획을 실토함으로써 그 지역의 반란 동조자는 모두 체포됐다. 그들은 즉시 참수됐으며, 그들의 가족 가운데 상당수도 다른 사람들에게 경고하는 의미로 참수됐다.[35] 영변부사는 운산과 개천의 수령과 군사의 도움으로 영변을 방어하는 데 성공했다.[36]

의주는 반란 세력에 거의 넘어갔다. 의주의 군관 김견신金見臣은 이희저의 처남이었으며 처음부터 반란에 가담했다.[37] 반란이 일어난 직후 수십 명의 군관이 김견신의 집에 모였는데 반란 세력이 오기를 기다린 것으로 생각된다. 이 중요한 시점에 김견신은 의주부윤 조흥진趙興鎭에게서 충성과 반역에 관련된 유교 윤리를 듣고 마음을 바꾸었다. 조흥진의 훈계에 마음이 움직인 김견신은 이희저의 누이인 아내와 아들을 참수해 왕조에 대한 충성을 과시했다. 그 뒤 철산·용천·선천에서 반란군을 전멸시키는 데 혁혁한 공훈을 세워 소수의 무장 가운데 한 사람이 됐다.[38]

2월 10일 가산·곽산·정주·선천·박천·태천·철산이 반란 세력에게

---

35 《관서평란록》, 4:7쪽, 4:102쪽, 4:129쪽, 2:493~504쪽, 2:532~82쪽;《진중일기》, 229~30쪽;《순조신미별등록》, 21쪽.
36 《진중일기》, 151쪽.
37 민담에 따르면 김견신은 어머니가 부자와 재혼해 낳은 아들이었다. 이것은 그가 법률적으로는 문과를 볼 자격이 없다는 뜻이다. 그 이야기에 따르면 반란 세력에 맞서 싸우라고 그를 강력히 격려한 사람은 그의 어머니였다. 김현룡, 《한국문헌설화》 3, 182~83쪽. 이 이야기는《청구야담》의〈창의병현모육자倡義兵賢母勖子〉에 실려 있다.
38 《순절록》, 182~84쪽;《진중일기》, 172쪽.

넘어갔다. 반란 세력은 옛 행정조직을 간단히 인수하고 자기 사람들을 새 수령에 임명했다. 이런 요직에 임명된 사람들은 사실 반란 이전 향청이나 무청의 향임으로 그 지역을 운영해왔다. 정부의 수령들을 자신들이 임명한 사람들로 대체함으로써 반란 지도자들은 기존의 지역 행정조직을 점유하는 첫발을 뗀 것이었다. 반란 세력이 임명한 지방관과 군관들은 점령한 군현의 기존 조직을 최대한 이용하면서 실질적 관리자로 활동했다. 반란 세력은 한 군현을 점령하면 즉시 관청의 창고를 열어 곡식을 나눠주었는데, 그것은 굶주림에 시달리는 사람들의 지원을 얻는 가장 효과적인 방법이었다. 또한 그들은 정부 자금을 장악해 농민군에게 보수를 주거나 대중의 지지를 얻었다.[39] 이를테면 정주 좌수 김이대는 최근 매향한 사람들이 조성한 "기부금" 2만 7천 냥을 관리했다. 김이대는 그 자금의 일부를 반란 활동에 썼다.[40] 곽산 출신 고윤빈도 1천 냥이 넘는 세금을 김창시에게 인계했다.[41]

반란 세력은 군사력을 강화해야 했기 때문에 기존 군적을 이용해 농민군을 모집했다. 존위는 이런 농민을 모집하는 책임을 맡았는데, 정주를 시작으로 최전선인 박천, 정주의 남쪽이나 북쪽의 양책良策 또는 그 밖의 주둔지로 파견됐다. 이때 자원해 군사가 된 농민도 있었는데, 반란 세력이 먹여주고 때로는 금전적 보상도 해주었기 때문이다. 처음 정주를 점령했을 때 반란군은 100명이 안 됐지만, 2월 10일 무렵 300명

[39] 《진중일기》, 164쪽, 186쪽, 193쪽.
[40] 《관서평란록》, 5:482쪽.
[41] 《관서평란록》, 5:468쪽, 3:343쪽.

이상으로 늘어났다. 또한 반란 세력은 각 군현의 군관에게 임명장을 보내면서 반란군에 참여하라고 권유했다. 그 뒤 정부에 체포된 군관은 대부분 강요 때문에 반란 세력에 가담했을 뿐이라고 주장했다. 그럼에도 조선왕조에 대한 그들의 충성이 그리 견고하지 않았다는 것은 분명하다.[42]

반란 세력은 기존의 역참제도를 충분히 이용했다. 그들은 발장撥長이나 배지陪持에게 반란 격문과 그 밖의 전갈을 다음 목표로 삼은 행정 군현에 전달케 했는데, 그곳의 반란 동조자들에게 자신들이 그 지역을 접수하러 가고 있다는 것을 알리고 그곳 지방관들에게 저항을 단념시키려는 목적이었다.[43] 반란 세력은 창·칼 같은 무기를 은밀히 준비했지만, 가장 우선적으로 한 일은 정부의 무기를 확보해 무장하는 것이었다. 그들은 고성과 태천의 진보에서 활·화살·총·총알을 탈취해 가산으로 보냈다.[44]

곡식·돈·면포를 관고에서 확보한 것 외에도 반란 세력은 군수품을 얻기 위해 개인 재산도 건드렸다. 일반 가호와 부유한 가호 모두 그 대상이 됐다. 그들은 서림성西林城의 주민에게서 땔감과 사료를 걷었다.[45] 철산·정주 등의 부자들에게서는 돈·옷·곡식을 갈취했는데, 저항하는

[42] 《관서신미록》, 59쪽, 53쪽; 《진중일기》, 159쪽, 491쪽, 494쪽, 498쪽; 《관서평란록》, 5:30쪽, 5:61~67쪽.
[43] 《관서평란록》, 5:32쪽, 5:95쪽, 5:128쪽; 《진중일기》, 156쪽, 161쪽, 184쪽.
[44] 《관서평란록》, 4:14쪽, 4:26쪽, 1:32쪽, 5:13쪽.
[45] 《관서평란록》, 5:23쪽, 5:123쪽.

사람도 있었다.[46] 반란 세력이 임명한 선천부사 유문제는 이 지역의 부자 한두 명을 본보기로 참수해야 한다고 주장했다. 선천의 부유한 향인 계항대桂恒大의 진술은 그가 즉시 돈과 곡식을 내놓지 않자 김사용이 어떻게 위협했는지 생생하게 보여준다. 분노한 김사용은 그를 윽박질렀다. "너는 목이 하나냐 둘이냐? 우리는 네가 가진 돈과 곡식이 필요하다. 너는 왜 그리 인색해 기부하려고 하지 않느냐? 너는 죽고 싶은 것이 틀림없다!" 계항대는 목숨을 건지기 위해 쌀 11섬을 내고 추가로 돈 3천 냥과 쌀 100섬을 더 내겠다고 약속할 수밖에 없었다. 계항대의 진술은 조정의 큰 호의를 받은 양반가문 출신인 그가 왕조를 배반한 것이 매우 개탄스럽다고 말한 관군의 보고와 모순된다. 아무튼 계항대는 상당히 기회주의적이었는데, 관군 진영에 곡식 40섬을 바쳤으며 자신이 반란에 가담했다는 것이 밝혀지기 전 1천 냥을 더 내겠다고 약속했기 때문이다.[47]

---

[46] 《관서평란록》, 5:55쪽;《진중일기》, 164쪽, 184쪽.

[47] 《관서평란록》, 5:300~6쪽, 4:408쪽. 계항대의 가문은 그 전에도 매우 부유했던 것으로 생각된다. 계항대의 아버지 계원수는 1721년(경종 1)과 1725년(영조 1) 큰 기근이 닥쳤을 때 그 군현의 굶는 사람을 모두 먹였다.《수안 계씨 인맥보》, 43쪽. 조정에서는 이런 구휼 노력에 일련의 직함을 내려 포상한 것으로 여겨지는데, 그의 가까운 조상과 후손 가운데 여러 사람은, 아무도 중앙 조정에서 재직한 것 같지는 않지만, 비교적 높은 직함을 가졌기 때문이다. 계항대 외에도 여러 친척이 반란군에 가담했지만 다양한 주술에 통달하고 반란 세력이 의주를 점령하는 데 전략을 고안한 것으로 여겨지는 계남심만이 족보에서 발견된다(《수안 계씨 인맥보》, 351쪽 참조). 그의 조부 계덕해는 1774년(영조 50) 문과에 급제했다. 수안 계씨의 동족부락은 젠쇼 에이스케가 1930년대 초 현장조사를 했을 때까지 남아 있었다. 마을 사람들은 300여 년 전 계임량桂林樑이 그 마을을 세웠다고 말했다. 계임량의 후손 가운데 계용혁桂龍赫은 1891년(고종 28) 문과에 급제했다. 善生永助,《朝鮮の聚落》, 3:937쪽.

1차 사료에 나오는 몇 가지 사건은 계급투쟁의 양상이라기보다는 순전히 현실적인 이유 때문에 지방의 부자들이 반란군에게 물질적 기부를 강요받았음을 보여준다. 가난한 양반이었던 김사용이 계항대를 윽박지른 것은 기본적으로 반란 자금을 확보하려는 것이었으며 착취하는 향촌의 부자를 박해하려는 것이 아니었다. 비슷하게, 고위 무관을 오래 지냈고 매우 부유했던 유문제는 반란의 성공을 위해 부유한 이웃에게 군수품을 기부하게 한 것이었지 반드시 가난한 사람들의 계급적 이익을 보호하려던 것은 아니었다.[48] 정주에서 최이륜도 부자들에게 반란 세력을 위해 재화를 기부하도록 압력을 넣었으며 따르지 않는 일부를 죽였다고 한다.[49] 이 경우도 최이륜의 주요한 동기는 부자들에게서 되도록 많은 돈을 걷어 반란 자금을 대려는 것이었다.

사실 반란 세력 편에 선 대부분의 지역 양반·부자·군관은 자신의 목숨을 건지려고 가담할 수밖에 없었다고 진술했다. 그들의 목숨이 위태로웠다는 것은 합리적으로 보이는데, 태천현에서 나타났듯 반란 세력에 가담하기를 거부한 사람들이 참수된 사례가 있기 때문이다.[50] 그럼에도 그들 대부분은 반란 세력에 반대하는 것보다 그들을 지원함으로써 더 많은 것을 얻을 것이라고 결론내렸을 가능성이 컸을 것이다. 이것은 반란 세력이 반란 첫 10일 동안 그렇게 많은 지역을 장악할 수 있던 까닭을 설명해준다. 달리 말하면 반란 세력을 지원한 양반과 부자들

---

[48] 《관서평란록》, 3:32쪽, 5:303쪽.
[49] 《진중일기》, 164쪽.
[50] 《관서평란록》, 3:116쪽.

은 그저 기회주의적이었던 것이다. 현재의 왕조에 충성해야 한다는 유교의 가르침은 이 지역 지배층 사이에서 우세하지 않았으며 아주 소수만이 반란 세력에 저항하기로 선택했다. 말할 필요도 없이 그 뒤 정부는 그렇게 많은 부유한 가호가 돈과 곡식을 반란 세력에게 제공한 반면 소수만이 반란 세력에 저항한 것을 개탄했다.[51]

중앙 정부의 반격과 송림 전투

반란이 시작된 그날 다복동에서 수상한 군사적 행동이 지속되고 있다는 박천군수의 비밀보고가 안주대도호부 관아에 도착했다. 반란 세력이 가산을 점령했으며 그곳에 살던 사람들은 즉시 도망쳤다는 소식도 들어왔다. 안주목사 조종영趙鍾永은 반란 세력의 신속한 성공은 각 군현의 내응 덕분에 가능했다는 것을 깨닫고 안주의 반란 지지자를 철저히 색출해 사흘 만에 10명 넘게 체포했다.[52] 그는 아직 잡히지 않은 지지자가 더 있을 것으로 생각했지만 이 체포는 불온한 행동을 막는 데 도움을 준 것이 분명했다. 또한 조종영은 반란이 일어났다는 충격적인 소식을 듣고나서 임무를 방기하려고 한 군사 2명을 참수했는데 다른 사람들에게 경종을 울리기 위해서였다. 군사들이 그 지역을 방어하기 위해 소집되는 동안 성문은 안전했다. 그럼에도 동원할 수 있는 군사가

---

[51] 《진중일기》, 193~94쪽.
[52] 《평서본말》, 1811년 12월 30일.

조선의 변방과 반란, 1812년 홍경래 난

매우 적었기 때문에 병마사 이해우는 안주 방어를 상당히 걱정했다. 대도호부에서는 관할 아래 5개 군현에서 추가 병력을 찾았지만, 징발 명령을 보낸 이틀 뒤에야 숙천肅川에서 60명 정도의 병력만이 도착하기 시작했다. 이해우는 우선 바로 강 건너에서 일어난 소요를 막지 못한 데 당황했으며, 자신의 군대가 그런 갑작스런 군사적 교전에 대비하지 못했다는 데 더욱 괴로워했다. 그 뒤 그는 조정에 올린 보고에서 가산은 아주 오랫동안 평화로워 사람들은 반란이 일어났다는 소식을 듣자마자 도망갔기 때문에 점령된 것이라고 해명했다. 그는 정부가 농민군을 모집하려고 했을 때 열 집 가운데 아홉이 비었다고 주장했다.[53] 이해우는 반격하려고 했지만 지휘할 군대가 없었다. 그리고 반란 세력은 앞서 언급한 홍경래의 암살 시도가 일어나지 않았다면 안주를 실제로 침공했을지도 모른다.

청북 지역의 반란 소식은 봉기 이틀 뒤인 2월 2일 평양에 알려졌다.[54] 2월 4일 관찰사 이만수는 순안에서 안주로 1개 부대를 파견했고 그 뒤에는 평양에 주둔했던 순영중군巡營中軍 이정회李鼎會가 이끄는 5개 부대를 더 보냈다. 아울러 이만수는 주요 도로와 그 밖의 전략 요지를 지키라고 관할 지역에 지시했다. 또한 이만수는 군사를 더 모집하고 군수품을 준비했다. 반란을 진압하려는 정부의 노력과 보조를 맞추면서 민간—평양 지역의 유학자, 전·현직 관원, 문·무관과 공신의 후손이 이끈—에서는 통문通文(《사진 1》)을 보내 의병을 조직해 정주의 전선前線

---

53 《진중일기》, 140쪽, 143쪽, 150쪽, 152쪽, 162쪽.
54 《진중일기》, 145쪽.

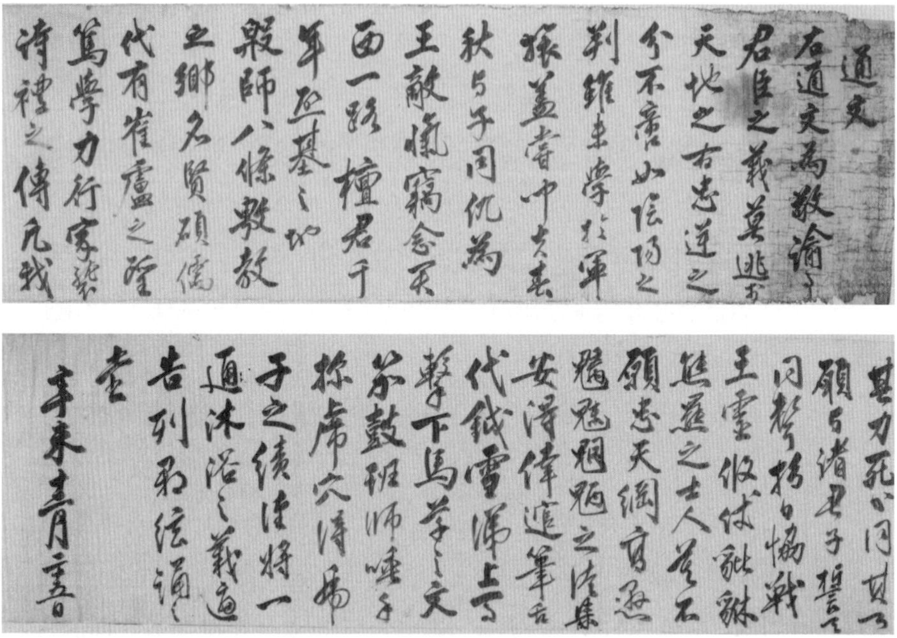

〈사진 1〉 관서통문關西通文. 이 통문—여기서는 첫장과 맨 끝장만 수록—은 1812년 2월 7일에 작성됐다. 국사편찬위원회 제공, GF 3757(28－279－03).

으로 출전하거나 평양에 남아 그 지역을 방어하도록 했다.[55]

중앙 조정은 반란이 시작된 나흘 뒤에야 알게 됐다.[56] 조정은 평안도 관찰사와 병마사가 올린 보고를 받고 놀란 것이 분명했다. 이틀 뒤 선전관 정만석鄭晩錫이 파견돼 상황을 조사하고 백성에 대한 국왕의 배려를 전달했다. 아울러 정부는 금위영禁衛營 안에 순무영巡撫營을 즉시 설치했는데, 여기서 반란 진압에 관련된 모든 군사행동을 감독했다. 순무사에는 왕족인 이요헌李堯憲이 임명됐다. 경기 지역에서 모집되어 순무중군 박기풍朴基豐 아래 배속된 800명 정도의 군사는 반란이 일어난 10일 뒤 반란 세력이 점령한 지역으로 출발해 열흘 만에 도착했다.[57]

반란 소식은 중앙과 지방의 백성을 모두 혼란스럽게 만든 것이 분명했다. 고위 관원의 집안을 포함해 서울 주민들은 반란 세력이 곧 도성에 접근할 것으로 생각해 향촌으로 미친 듯 탈출하기 시작했다. 도둑과 강도들은 혼란을 틈탔다.[58] 황해도 황주에서는 반란 소식이 전해진 며칠 뒤 약탈을 자행한 한 무리의 선원을 피해자가 보복해 집 336채가 불타고 4명이 죽었다.[59] 그와 비슷한 시점에 일어난 황해도 재령의 소요

---

[55] 《평양속지》, 235~36쪽; 《홍경래 관계통문》; 《관서통문》.

[56] 《진중일기》, 158쪽. 그 결과 중앙 조정의 반란 관련 기록인 《평서본말》은 2월 4일(1811년 12월 22일)부터 시작된다.

[57] 반란이 일어났다는 소식에 중앙 조정이 즉시 대응한 것은 《순무영등록》, 1:3~10쪽; 《평서본말》 참조. 중앙 조정과 평안도에서 파견한 관군조직의 자세한 사항과 군관·군인의 이름은 《순무영등록》, 2:50~99쪽;1:11~36쪽, 1:49쪽 참조.

[58] 강희영, 《일승》, 85쪽; 《순조신미별등록》, 99쪽; 《평서본말》, 1812년 1월 15일 및 1812년 1월 23일.

[59] 《순조신미별등록》, 127~32쪽, 147~48쪽, 207~9쪽; 《관서평란록》, 2:189쪽; 《홍 씨 일기》, 11쪽.

는 너무 광범해 군수는 그 지역의 질서를 신속히 회복할 수 없었다.[60] 2월 중순 중화의 주민 수백 명은 징집 명령을 거부하고 마을을 약탈했다.[61] 강희영은 반란 세력이 장악한 지역과 비교적 가까운 곳에 살았는데, 평안도와 황해도뿐 아니라 경기도·함경도와 남부 지역에도 반란 동조자들이 있다는 소문을 보고했다.[62] 또한 그는 강원도 김화金化·철원鐵原·이천利川과 충청도 광천廣川 장시에서도 소요가 일어났다고 언급했다.[63] 이런 폭동을 북부인 평안도의 반란 세력이 지휘했다는 증거는 없다. 그럼에도 이처럼 동시에 일어난 혼란은 중앙 조정에 큰 우려를 불러왔을 것이 분명하다.

2월 5일에 발표된 국왕의 교서는 주로 반란에 영향을 받은 지역에 초점을 맞춰 왕조에 대한 충성을 고무하고 반란 세력에게서 도망치느라 굶주림에 시달리는 피란민을 위로했다. 또한 반란 세력은 그동안 닥친 극심한 가뭄 때문에 악화됐지만 곧 회복될 지방의 열악한 경제 상황을 이용하고 있는 도적떼일 뿐이라고 확언함으로써 그 밖의 지역을 안정시키려고 했다.[64] 교서에 나타난 이런 전망은 평안도 병마사 이해우의 그것과 근본적으로 달랐다. 이해우는 2월 11일 이 봉기는 도적떼가 일으킨 단순한 소요가 아니라 서로 다른 사회·경제적 배경을 지

---

[60] 《평서본말》, 1811년 12월 29일.
[61] 《관서평란록》, 4:23쪽.
[62] 강희영, 《일승》, 69쪽.
[63] 강희영, 《일승》, 57쪽, 85쪽, 86쪽, 93쪽, 95쪽, 97쪽, 102쪽, 111쪽.
[64] 《진중일기》, 178쪽;《순무영등록》, 1:6~8쪽;《순조실록》순조 11년 12월 23일(정묘) 및 11년 12월 24일(무진).

조선의 변방과 반란, 1812년 홍경래 난

닌 광범한 사람들을 포함한 도 전체의 지지를 받은 반역 행위라고 지적했다.[65] 그럼에도 조정은 대중 반란의 근본 원인을 실정失政과 흉작으로 보았으며 그 결과 가장 먼저 하려고 한 일은, 전통적 유교 정부가 그런 상황에서 조처하는 것과 마찬가지로, 새 지방관을 파견하고 기존 지방관을 처벌하며, 가뭄을 구휼하고 일시적으로 조세 부담을 가볍게 하는 것이었다.

2월 10일 안주 남쪽 5개 군현에서 모은 2천 명가량의 지방군이 안주 대도호부에 집결했다. 농민군은 대부분 나이가 많을 뿐 아니라 가뭄을 겪어 허약했는데, 900명이 선발돼 9개 초哨로 조직된 뒤 이튿날 반란 세력과의 첫 전투에 나섰다. 이 군대의 능력을 매우 걱정한 이해우는 한 보고서에서 그들은 대포 소리를 들으면 놀란 짐승이나 새처럼 달아날 것이라고 말했다. 그는 평안도 주민이 전투에 참가해본 지 오래됐기 때문에 첫 전투에서 패배할까 걱정했고 왕조를 수호할 중앙군을 파견해달라고 중앙 조정에 요청했다.[66] 실제로 조선 후기 군사제도에 관한 한 연구에 따르면 속오군束伍軍이라고 불린 지방군은 훈련을 위해 거의 소집되지 않았다. 특히 정조(1776~1800) 이후 속오군은 군사 기술과 전술을 훈련하기보다는 제방·저수지·성벽 수리 같은 요역을 수행하기 위해 모였다.[67] 그것이 사실이었다면 이해우의 우려는 과장이 아니었다.

[65] 《순무영등록》, 2:248쪽.
[66] 《진중일기》, 187~89쪽.
[67] 김우철, 《조선 후기 지방군제사》, 215~22쪽.

2월 11일 관군이 송림 전투에서 반란군을 무찌를 수 있었던 까닭은 반란군이 관군보다 나을 것이 없었기 때문이다. 처음에 선봉장 홍총각이 이끈 반란군은 우세한 것 같았다. 안주성 망루에서 전투를 관찰하던 병마사는 전 곽산군수 이영식이 이끈 지원군을 파견했다. 곧 관군이 발포하고 지휘관 몇 사람이 죽자 반란군은 겁을 먹고 전열이 흩어졌다.[68] 이 전투는 관군의 큰 승리이자 반란의 전환점이 됐는데, 반란 세력은 여기서 패배한 직후 정주성으로 퇴각할 수밖에 없었기 때문이다.

반란 세력이 정주로 퇴각하자 관군은 다복동의 반란 기지를 휩쓸고 불을 질렀으며 같은 날 박천을 수복했다. 정부의 초토화 전략은 철저했다. 중앙 조정에서 파견한 진압군은 며칠 뒤 그 지역을 지나갔는데 마을과 들에서 재와 시체만을 보았을 뿐이었다. 청천강 중류 추도의 800가호가 사는 큰 마을—그 주민은 반란 동조자들로 여겨졌다—도 철저히 불태워졌다.[69] 반란군뿐 아니라 무고한 사람도 셀 수 없이 목숨을 잃었다. 송림에서 싸운 반란군 1천 명가량 가운데 200명만 대학살에서 살아남아 정주로 달아났다. 정부의 무자비한 살육과 방화와 약탈에 직면한 가산과 박천 지역의 많은 주민은 반란군을 따라 정주로 도망칠 수밖에 없었다.[70]

관군의 좌초관左哨官 방우정方禹鼎은 송림 전투에서 관군을 지휘한 바 있는 안주대도호부의 병우후兵虞候(종3품) 이해승李海昇이 실책을 저질

---

[68] 《진중일기》, 190~91쪽.
[69] 방우정, 《서정일기》, 10쪽 및 173쪽.
[70] 《진중일기》, 197쪽.

조선의 변방과 반란, 1812년 홍경래 난

렀다고 비판했다. 무엇보다 이해승은 무차별적 폭력을 자행한 결과 반란 세력을 안무하려는 조정의 노력에도 불구하고 사람들이 죽음을 무릅쓰고 저항하게 만들었다는 것이다. 방우정의 보고에 따르면 이해승은 처음에 지휘 임무가 맡겨지자 겁을 먹고 지방군을 지휘하기를 원하지 않았다. 전투에 나가려고 문 밖으로 끌려나오던 그가 울부짖으며 어머니를 불렀기 때문에 모두 그를 비웃었다. 역설적이게도 반란 세력이 패배하자 그는 가혹한 짐승으로 돌변했다. 그는 상당히 탐욕스럽기도 했다. 송림 전투 이후 5일 동안 그가 약탈한 물건을 옮기는 데 말 30필이 필요할 정도였다. 이해승의 가장 큰 잘못은 반란 세력이 주둔한 정주까지 진군하는 데 5일이나 걸렸다는 것이었다. 그 5일 동안 관군은 가산과 박천을 약탈하느라 바빴지만 반란 세력은 모든 물적·인적 자원을 최대한 끌어모아 다가오는 관군의 포위공격에 대비했다.[71]

정주 이북의 반란 세력과 의병의 기여

정주 이북 지역을 점령한 반란 세력은 송림의 패배로 좌절했지만 1812년 2월 15일 용천을 점령하는 데 성공했다. 용천부사 권수權琇는 부하

---

[71] 방우정,《서정일기》, 13쪽. 반란이 끝난 뒤 이해승은 변경 지역으로 유배됐는데, 죄목에는 과도한 살인을 저지르고, 퇴각하는 반란 세력을 즉시 추격하지 않아 섬멸할 기회를 놓쳤으며, 탐욕을 자행했다는 것이 들어 있었다. 이해승은 반란이 일어나기 전 도호부의 환자를 유용해 이익을 보았다.《관서평란록》, 5:507쪽, 5:575쪽;《순무영등록》, 2:138~41쪽.

군관이 항복을 주장했지만 거부했다. 그는 용골산성龍骨山城에 진지를 세워 방어하려고 했지만, 군사들이 반란 세력이 도착하자마자 도망쳤기 때문에 그도 의주로 달아날 수밖에 없었다.[72] 또한 반란군은 동림과 서림, 양책역良策驛 같은 전략적으로 중요한 요새도 장악했다.[73] 반란 세력은 많은 지역민의 도움을 받아 의주를 공격해 장악하려는 전략을 세웠지만 실행할 기회를 갖지 못했다.[74]

그 계획을 제안한 15명 가운데 선천 출신의 계남심은 변신술에 통달했다고 한다.[75] 반란군의 서기종사書記從事인 성천 출신 박정용은 풍수였다.[76] 선천 출신 박치영은 의원이었으며 김창시의 친구로 계획 단계부터 반란에 가담했다.[77] 철산의 하동 정씨 출신인 정지상鄭志相은 그 지역에서 상당히 저명한 유학자였으며 종사관從事官으로 반란 세력에 봉사하면서 의주를 탈취할 방안을 제시했다.[78] 김창시의 오랜 친구 홍성종도 의주를 장악할 계책을 고안했으며 김견신에게 서신을 보내 항복을 권유했다.[79]

---

[72] 《관서신미록》, 59쪽; 방우정, 《서정일기》, 12쪽.
[73] 신도와 서림, 임해를 책임진 지휘관들은 반란 세력에게 항복했으며, 동림과 선사의 별장들은 자신의 관할 지역을 방어하지 못했다. 앞의 세 사람은 참수됐고, 나머지 두 사람은 반란 이후 병사로 강등됐다. 《순조신미별등록》, 151~52쪽, 346쪽; 《관서평란록》, 1:386~98쪽, 2:381쪽, 5:426~39쪽; 《안릉일기》, 612쪽.
[74] 《진중일기》, 208쪽; 《관서평란록》, 5:487쪽.
[75] 《관서평란록》, 4:332쪽. 계남심의 가문적 배경은 이 책 2장 참조.
[76] 《관서평란록》, 5:89쪽 및 5:486쪽.
[77] 《관서평란록》, 4:326쪽.
[78] 《순조실록》 순조 12년 9월 20일(기축); 《관서평란록》, 3:447쪽 및 5:485쪽.
[79] 《진중일기》, 534~37쪽; 《관서평란록》, 3:560~62쪽 및 5:118~20쪽.

군사를 일으키기 전 지역 세력가들의 지원을 얻는 것은 반란 초기 군현을 점령하는 데 중요했기 때문에 의주에서도 지역 양반의 지원을 얻으려는 진지한 노력이 전개됐다. 우선 반란 세력은 전 첨사(종3품) 김취규金就奎와 전 군수 장몽열張夢說의 가족을 납치해 인질로 삼았다. 또한 그들은 김견신과 김취규의 아들 김택민에게 위협하는 편지를 보내 지원을 요구했다.[80] 그러나 김견신의 변심과 그의 지도력 때문인지 의주의 군관들은 제 고장을 지키기로 맹세했다. 앞선 전투에서 반란 세력은 승리했지만, 의주의 군관들이 이끈 의병이 정주 북부의 반란 세력을 무찌르는 데 결정적 역할을 하면서 상황은 역전됐다.

그럼에도 의병은 반란 세력이 곽산 근처의 사송야 전투에서 패배해 크게 약화된 뒤에야 전면적 군사행동을 전개했다. 반란 당시 곽산군수였던 이영식은 반란 세력에게서 탈출해 송림 전투를 승리로 이끈 뒤 2월 20일 곽산을 수복했다. 이튿날 그는 반란 세력과 두 번째 본격적 전투를 시작해 그들을 진압했다. 반란 세력은 수백 명의 사상자를 냈으며 살아남은 사람들은 달아났다.

황해도 개천 출신인 선봉장 이제초가 사송야 전투에서 사로잡혀 죽은 것은 반란 세력에게는 큰 손실이었다. 이제초와 그의 형제 이제신李齊臣은 반란 직전 지도부에 합류했다. 관군 군관들은 이제초가 너무 거칠고 힘이 강해 생포할 수 없었는데, 결국 그를 설득해 항복시켰다. 그

---

[80] 《관서평란록》, 5:117쪽. 김취규와 장몽열은 반란 세력의 협박에 굴복하지 않고 반란 세력의 침입에 맞서 의주를 방어하는 데 헌신했다고 알려졌다. 조정은 김취규를 오위장에 임명하고 장몽열에게는 품계를 올려주어 포상했다. 《순조실록》 순조 12년 6월 9일(경술).

들은 이제초를 결박한 뒤 탈출을 우려해 죽이기로 결정했다. 이제초는 가난했고 토지나 노비를 소유하지 못한 채 초가집에서 살았지만 책은 약간 갖고 있었다. 그가 반란에 참여하면서 그의 집은 큰 어려움을 겪었다. 그의 아버지는 고문으로 사망했고 다른 친척은 투옥됐다.[81]

반란 세력은 사송야 전투 직후 김창시가 죽는 결정적 손실을 입었다. 김창시는 압록강 연안의 국경 지역에서 반란 동조자들을 모으려고 북쪽으로 가던 중이었다. 예기치 않게 발생한 일인데, 그의 부하 조문형趙文亨이 그의 목을 정부에 바쳐 포상을 받으려는 생각으로 자고 있는 그의 목을 벤 것이다. 조문형은 김창시의 목을 선천부사 김익순에게 팔았는데, 김익순은 앞서 반란 세력에게 항복했으며 목의 대가로 1천 냥을 주겠다고 약속했다. 그러나 김익순은 약속을 지키지 않고 조문형이 술을 마시는 동안 목을 가지고 달아났다. 그런 뒤 자신이 김창시를 죽인 것처럼 꾸며 관군에 목을 바쳤다. 조문형이 관군 진영에 나타나 전말을 알리자 김익순의 간계는 드러났다.[82] 결국 김익순은 말할 것도 없고 조문형도 목숨을 보존하지는 못했다.

조문형의 배신은 반란 세력이 겪은 어려움의 한 측면을 드러낸 것일 뿐이다. 10일 전 송림 전투에서의 패배에 더해 사송야에서도 패배하면서 반란군의 사기는 떨어졌다. 이 시점에 의주에서 온 의병이 공격을 시작하자 반란 세력은 완전히 겁에 질렸다. 용천·철산·선천 일대의 전

---

[81] 《관서평란록》, 3:694쪽 및 2:275~86쪽; 《진중일기》, 249쪽.
[82] 《안릉일기》, 484쪽 및 564쪽; 《관서평란록》, 1:363쪽, 1:373쪽, 1:569쪽; 《진중일기》, 329~30쪽, 542쪽.

조선의 변방과 반란, 1812년 홍경래 난

략적 요지에 주둔하던 반란 세력은 의병이 공격해오자 흩어졌다.

대부분의 반란군은 내응과 지역 이서들이 징발했거나 정부의 군적에 기재된 일반 농민 가운데서 반란 세력이 선발했다. 농민은 가뭄과 가혹한 세금으로 고통을 겪었고 반란 세력은 강력하고 너그러운 것처럼 보였기 때문에 신병들은 처음에 반란 세력을 지지했다. 그럼에도 이런 징집병의 사기는 높지 않았으며 관군과의 전투에서 자신의 목숨을 걸려고 하지 않았다. 게다가 반란 세력은 농민의 삶을 직접 개선할 가능성이 큰 조세 행정, 토지 소유, 또는 신분제도의 개혁을 약속해 농민의 자발적인 지지를 얻으려는 노력을 기울이지 않았다. 평안도에 대한 중앙 조정의 정치적 차별을 없애고 왕조 교체를 이루겠다는 약속은 농민의 즉각적인 이해관계를 만족시키고 그들이 제 목숨을 걸도록 고무하는 데 충분하지 않았다. 그 결과 농민군은 관군과 의병이 좌우에서 공격해오자 두 번 생각하지 않고 달아났다.

의주 지역 지배층이 이끈 의병은 2월 22일 용천, 2월 23일 양책역과 그곳의 진보, 2월 25일 용골산성과 서림성, 2월 27일 선천, 2월 28일 철산과 동림성을 수복했다. 그 결과 2월 28일 시점에서 정부는 정주를 제외하고 반란의 영향을 받은 지역을 모두 수복했으며, 안주와 의주 사이의 공식 연락망도 마침내 복구됐다.

의주 지배층 가운데 3명은 정주 이북 지역을 회복하는 데 두드러진 역할을 했다. 앞서 언급한 김견신은 반란 세력이 지배한 지역을 수복하는 데 가장 큰 공훈을 세워 포상을 받았다. 중앙 조정은 그를 갑암 권관에 임명한 뒤 태천현감·선전관(정3품)을 거쳐 충청도 병마사(종2품)에 제수했는데, 이는 조선왕조에서 무반이 오를 수 있는 가장 높은 관직이

었다. 아울러 토지 20결, 노비 20명 등 물질적 보상도 받았다.[83]

　김견신의 성공은 전례 없는 것이었다. 평안도 출신은 몇 사람만이 조선왕조 내내 중앙 조정에서 그렇게 높은 관직을 얻을 수 있었기 때문이다. 그럼에도 그의 성공은 정치적 승진의 정상적 경로를 밟은 것이라기보다는 왕조가 생존하는 데 군공을 세웠기 때문에 가능한 것이었다. 또한 그가 얻은 명성은 쓰라린 것이었다. 조정을 위해 싸우는 동안 북부 출신으로 모욕을 받았기 때문이다. 그가 충성을 증명하기 위해 제 아내와 아들을 죽이는 것이 마땅하다고 생각한 것은 말할 것도 없다. 방우정은 일기에 자신의 서울 출신 동료들은 김견신의 성취를 질투했으며 변방 출신이라고 비방했다고 적어놓았다. 방우정 자신은 어떤 사람의 지역적 배경에 상관하지 않았고 김견신의 용기와 성취를 상찬했다.[84]

　군관 허항許沆도 용천과 철산에서 반란 세력의 활동을 진압하는 데 중심 역할을 했다. 그는 4월 30일 밤 반란 세력의 기습공격으로 사망했으며, 그 결과 홍경래 난에서 왕조를 위해 목숨을 바친 여섯 '충신' 가운데 한 사람으로 선정됐다. 그는 사후에 삼도통제사(종2품)에 책봉됐다.[85] 군관 최신엽崔信燁도 질서를 회복하는 데 적극적 역할을 했다. 그는 즉시 갑암 별장으로 포상됐고 그 뒤 초산부사에 임명됐다. 그러나

---

83 《안릉일기》, 453쪽, 468쪽, 525쪽, 637쪽, 668쪽; 《순절록》, 182~84쪽; 《관서평란록》, 5:367~70쪽.
84 방우정, 《서정일기》, 31~33쪽.
85 《안릉일기》, 430쪽, 467쪽, 571쪽, 576쪽. 충의단에 모셔진 육충신은 허항·한호운·백경한·제경국·김대택·임지환이다. 충의단은 홍경래 난에서 이들의 순절을 기리기 위해 1814년 3월 25일 정주에 세워졌다. 자세한 사항은 《순무영등록》, 2:182쪽; 《순절록》, 353쪽 참조.

나중에 그는 반란 세력을 토벌하는 동안 다른 무관에게 주어지는 상훈을 방해하고 재산을 약탈했다는 죄로 기소됐다.[86]

의병이 제공한 군사력과 개인들의 물품 기부도 반란을 진압하는 데 중요했다. 중앙 조정은 반란 세력을 진압하려는 정부의 노력에 참여해 충성을 보이라고 평안도의 양반들에게 거듭 호소했다. 몇 세기 전 왜란과 호란에서 뚜렷이 나타난 대로 그동안 조정은 모든 대규모 군사작전에서 늘 양반의 자발적 참여에 의지해왔다. 조선 초기를 제외하고 홍경래 난 이전 400년 넘게 관군은 반란군이든 외군이든 대규모 적과 싸운 적이 없었다. 아울러 왕조는 왜란과 호란 이전 오랫동안 상당히 평화로웠기 때문에 국방체제는 서서히 무너졌다. 왜란과 호란이 전개되는 동안과 그 이후 정부는 군사제도를 재편했지만, 반란이 일어났을 때 전체적 군사체제는 그리 효과적으로 기능하는 상태가 아니었다.[87] 그 결과 정부는 지역 지배층에게 도움을 요청할 수밖에 없었다.

아울러 홍경래 난 당시 지역 양반의 지지를 유지하는 것은 중앙 정부에 평소보다 훨씬 중요했다. 많은 지역 양반이 반란 세력의 편에 서고 지도부에 참여했기 때문이다. 달리 말하면 관군에 자발적으로 가담하고 군수품을 기부한 사람들은 반란 세력 진영에도 그만큼 쉽게 가담할 수 있었다는 것이다. 그들은 평안도 출신의 고위직 임명에 정부가 차별하고, 지역 자원을 사용하는 지역 문제에 중앙이 개입하는 것에 동일한

---

86 《안릉일기》, 441쪽, 443쪽, 480쪽, 639쪽; 《진중일기》, 315쪽; 《관서평란록》, 5:517쪽.
87 군사제도의 쇠퇴는 김우철, 《조선 후기 지방군제사》; 서태원, 《조선 후기 지방군제 연구》; Palais, *Confucian Statecraft and Korean Institution*, 391~578쪽 참조.

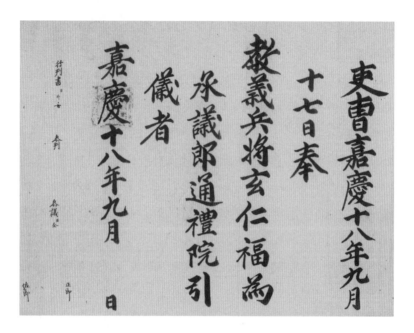

〈사진 2〉현인복 교지 1. 1813년 현인복을 통례원 인의에 임명한다는 교지다. 57×81.5센티미터.
국사편찬위원회 제공, GF 3759(28-279-05).

관심과 불만을 공유했다. 또한 그들은 정진인이 와서 왕조를 뒤집을 것
이라는 말을 믿으려 했다. 그러므로 조정으로서는 유학자라면 옹호하
리라고 생각된 충성과 정의와 규범의 중요성에 관한 유교의 상투적 문
구에 호소해 지역 양반이 왕조를 지지하도록 촉구하는 것이 매우 중요
했다. 또한 조정에서는 반란 세력을 죽이거나 사로잡아 군공을 세운 사
람에게 물질적 포상과 중앙 관직을 주겠다고 약속했다.[88]

[88] 이를테면 1812년 2월 5일에 내려진 교서 참조. 《진중일기》, 251~54쪽.

조선의 변방과 반란, 1812년 홍경래 난

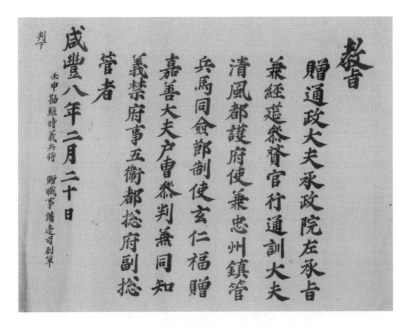

〈사진 3〉 현인복 교지 2. 1858년 현인복을 가선대부(종2품)와 호조참판 겸 그와 상당한 무반직에 추증한다는 교지다. 72.5×87센티미터. 국사편찬위원회 제공, GF 3766(28 – 279 – 12).

그럼에도 지역 지배층의 호응은 상당히 더디었다.[89] 반란군이 송림에서 관군에게 처음 대패한 뒤 정주로 퇴각하기 전 지역 양반이 의병을 조직한 사례는 하나뿐이었다. 정주 출신 양반 현인복은 반란이 터지자 고한섭高漢燮·백경한과 힘을 모았다. 우선 그들은 안주대도호부로 사람

---

[89] 북부 양반이 의병을 신속히 조직하지 못한 까닭은, 양반이 자신들의 노비로 의병을 채울 수 있던 임진왜란 때와 완전히 대조적으로, 동원할 노비를 갖지 못한 데 있었다고 정약용은 지적했다. 정약용, 다산연구회 역주, 《역주 목민심서》, 〈예전〉, 편등, 4:85쪽.

을 보낸 뒤 현인복과 고한섭은 안주로 갔으며 백경한은 동지를 모았다. 2월 5일 그들이 안주대도호부 성문에 도착했을 때 반란 세력의 내응으로 의심받아 한때 투옥되기까지 했다.[90]

반란이 터지자 정부 관원이 거의 모든 평안도 주민을 그들의 사회적 신분에 상관없이 의심했다는 것은 지적할 만하다. 백경한의 동생 백경해는 당시 평안도 도사都事였는데 고향인 정주에 있다가 반란 소식을 듣고 평양에 있는 자신의 임지로 서둘러 돌아갔다. 그러나 관찰사 이만수는 그를 반란 지지자로 의심해 백경해에게 관인을 반납하게 했다. 며칠 뒤 백경해는 영변에 도착해 운산군수에 임명됐을 때조차(전 운산군수 한상묵韓象默은 반란이 일어난 직후 영변으로 달아났다) 성 안으로 들어가는 것을 거부당해 바깥에서 기다려야 했다.[91]

그동안 현인복과 그 의병이 관군에 합류해 2월 9일 반란 세력을 협공한다는 계획은 무산됐는데, 관군 지휘관이 행동할 준비가 되어 있지 않았기 때문이다. 아무튼 2월 8일 현인복과 백경해가 그 지역의 지역 양반들에게 의병에 참여해달라고 호소한 통문은 서서히 호응을 얻었다.[92] 현인복이 이끈 의병은 지역 양반—주로 현인복과 백경해, 승씨 가문—과 농민 500명으로 구성됐다. 그들은 2월 16일 정주 외곽의 관군 본진에 합류해 반란 세력과 맞선 몇 차례의 전투에서 활발히 참전했다.[93] 현인복은 관군에 군수품과 군량도 제공했다. 그 뒤 그는 선사첨사宣沙僉

[90] 《진중일기》, 165쪽.
[91] 백경해, 《수와일기》 1811년 12월 29일 및 1812년 1월 3일.
[92] 《진중일기》, 173~77쪽.
[93] 자원자의 명단은 《진중일기》, 177~78쪽 참조.

조선의 변방과 반란, 1812년 홍경래 난

使(종3품)에 임명됐지만 문반직으로 나아가려고 했기 때문에 그 관직을 정중히 거절했는데, 현존하는 문서들이 보여주듯 그는 곧 문관으로 나아갈 수 있었다(《사진 2와 3》).[94]

백경한의 죽음은 앞선 장에서 서술했다. 그는 2월 14일 반란 세력에게 사로잡혔고 고문으로 죽었다. 그의 죽음이 진정한 충성 때문이었다는 것을 추후에 확인해준 것일 뿐이지만 조정은 그를 호조참판(종2품)에 추증해 조선왕조에 대한 그의 충성과 정의를 포상했다. 그는 반란에서 순절한 충신 6명 가운데 한 사람으로도 선정됐다.[95]

충의단忠義壇에 이름과 공훈이 새겨진 그 밖의 네 사람은 임지환·제경욱諸景彧·김대택金大宅·한호운이다. 6명 모두 자원해서 참전했다. 안주 출신의 학자인 임지환은 병자호란 때 전사해 훈련원정訓鍊院正(정3품)에 추증된 임충서林忠恕의 7대 손이었다. 반란 세력이 아직 정주 북부를 장악하고 있을 때 임지환은 안주대도호부에서 의주부윤에게 보내는 비밀서신의 전달 임무를 자원했다. 그는 가다가 반란 세력에게 사로잡혔는데 항복하라는 반란 세력의 요구를 단호히 거절하고 순절했다. 그는 병조참판(종2품)에 추증됐다.[96]

서울 출신인 제경욱은 경상도 진주목사로 임진왜란 때 전사한 충장공 제말諸沫의 6대 손이었다. 제경욱은 우후(종3품)를 지냈다. 그는 진압

---

[94] 현인복의 활동은 《진중일기》에 매우 자세하게 기록돼 있다. 《안릉일기》, 412쪽, 422쪽, 487쪽, 605쪽, 630쪽; 《관서평란록》, 5:369쪽 및 5:399쪽; 《순무영등록》, 2:279쪽도 참조.
[95] 《순절록》, 353쪽 및 357쪽; 《진중일기》, 208쪽, 306쪽, 614~16쪽.
[96] 《안릉일기》, 428쪽; 《관서평란록》, 4:355쪽, 5:5쪽, 5:183쪽, 5:198쪽.

군에 참여한 지 며칠 만에 정주에 주둔한 반란 세력과 벌인 전투에서 총탄을 맞고 전사했다. 그는 삼도통제사(정3품)에 추증됐다.[97]

가산 출신의 김대택은 전 오위장이었는데 반란 당시 서울에서 관직을 구하고 있었다. 그는 순무영에서 파견한 군대에 합류했지만 제경욱이 전사한 전투에서 역시 총탄을 맞고 사망했다. 그는 함경도 병마사에 추증됐다.[98]

정주 출신의 한호운은 문과에 급제했으며 그 뒤 왕릉을 관리하는 영令(종5품)으로 근무했다. 4월 28일 한호운은 반란 세력에게 항복을 설득하려고 그들의 방어선에 홀로 접근했다. 그는 처형될 때도 반란 세력을 꾸짖었다고 한다. 조정에서는 그를 예조참판에 추증해 그의 용감한 죽음을 기렸다.[99]

이런 충신들의 사회·정치적 배경은 일부 반란 지도자들과 매우 비슷했다. 임지환과 제경욱은 철산의 하동 정씨 세 사람과 비교될 수 있다. 그들은 모두 몇 세기 전 외침에서 공훈을 세운 저명한 조상의 후손이었다. 문과 급제자인 한호운이 선택한 길은 김창시도 선택할 수 있었는데, 그는 소과에 급제하고 반란군의 수뇌가 됐다. 세 정씨와 김창시는 반란 지도부에 가담해 자신들의 신분을 상승시키는 것을 선택했다. 반대로 한호운·임지환·제경욱의 선택은 그들 자신뿐 아니라 후손도 왕조의 남은 100년 동안 큰 명예와 특권으로 보상받았다.

---

97 《안릉일기》, 409쪽, 458쪽, 482쪽; 《진중일기》, 304쪽.
98 《안릉일기》, 482쪽, 506쪽; 《관서평란록》, 2:372쪽.
99 《순조신미별등록》, 298쪽; 《관서평란록》, 1:113쪽 및 5:371쪽; 《진중일기》, 544쪽, 619~21쪽.

반란과 정부의 진압작전 모두에 지역 양반이 참여한 것은 지역사회의 특권 신분층 내부에 극도의 분화와 긴장이 있었음을 보여준다. 또한 반란을 지원하지 않고 정부를 돕기로 한 개인적 결정의 과정은 지역 지배층의 합리적 정치 행위가 아니라 기회주의적 태도를 드러낸다. 현존하는 통치에 충성스런 사람들에게 반란 세력이 약속한 혜택은 충분히 확실하지 않았다. 기존 구조 안에서 이미 명성과 특권—중앙에 기반을 둔 양반이 누린 것들과는 비교할 수 없지만—을 얻은 문과 급제자와 그의 직계 가족에게는 자신들이 이미 확보한 상황을 뛰어넘어 반란에 가담함으로써 얻을 수 있는 추가 혜택은 없었을 것이다. 약속된 이익은 오랜 정치·군사적 투쟁이 끝난 뒤에야 실현될 것이고 가담에 따르는 위험은 얻을 수 있는 혜택보다 컸으므로 그들에게 선택은 분명했을 것이다. 그리고 지역 의병 지도자들과 연합한 정부의 반격이 반란군을 진압하는 데 효과적이라는 것이 확실해보이면서 그것은 더욱 분명해졌을 것이다.

현인복 이후 많은 지역 의병이 조직돼 정주의 관군 본진에 속속 합류했다(〈표 9〉 참조). 4월 29일 무렵 자원자의 숫자는 1,400명 정도까지 늘어났다.[100] 일부 의병은 제 고장에서 전략상 중요한 도로·산성 또는 역참을 방어했다. 지역 양반이 의병을 모집하는 데 쓴 방법은 반란 세력이 지역 지원자를 모으는 데 사용한 것과 거의 비슷했다. 그들은 동조자를 찾는 데 가족과 혼인관계, 향촌의 유력자, 친교망을 동원했다. 전

---

[100] 《진중일기》, 549쪽.

〈표 9〉 1812년 홍경래 난의 의병 지도자

이름(거주지)	직업 또는 신분	포상
안명렬安命烈(안주)	지역 양반(향인鄕人)	가자加資
강인학姜仁鶴(창성昌城)	권관(종9품)	병조 6품직
박대관朴大觀(철산)	진사	가자
김국추金國樞(철산)	한량a	가자
함의형咸義衡(희천熙川)	한량	가자/변장邊將
송지렴宋之廉(강계)	사인士人	삼등현령三登縣令
계운해桂運海(강계)	한량	변장
김종욱金宗郁(길주)	한량	가자/실직實職
강집姜潗(곽산)	좌수(향청의 수장)	가자
원영정元永丁(곽산)	한량	초사初仕
김지환金志煥(구성龜城)	전 만호萬戶	가자
김경로金慶魯(벽동碧潼)	사인	본도 전랑殿廊b
차경진車敬鎭(선천)	전 장령	수령
이시복李時復(태천)	사인	본도 전랑
최신엽崔信燁(의주)	장교	초산부사楚山府使
홍여일洪麗一(의주)	전 첨사	가자
정내홍鄭來鴻(의주)	영장營將	가자/실직

* 전거:《순조실록》순조 12년 6월 9일(경술);《순무영등록》2:49~100쪽
a. 한량은 조선 후기 무반에 소속됐지만 실직을 받지 못했으며 준양반으로 간주된 부류로 여겨진
다. 한량에 관련된 더 자세한 사항은 이준구, 〈조선 후기 한량과 그 지위〉 참조.
b. 본도 전랑은 평양의 숭인전崇仁殿(기자 사당)과 숭령전崇靈殿(단군 사당)에 배속된 참봉(종9품)
같은 관직을 말하는 것으로 생각된다. 백시원,《노포선생문집老圃先生文集》, 4:3b, 4:4b;《정조
실록》정조 16년 7월 15일(임자);《평양속지》, 1, 552쪽 참조. 두 사당의 역사는 오수창, 〈조선
후기 평양과 그 인식의 변화〉 참조.

〈표 10〉 관군 진영에 기부한 사람

이름(거주지)	신분	분량	포상
홍득주洪得周(의주)	유학幼學	곡식 1,218섬과 5,200냥	초사
차형기車亨基(숙천)	향인	2,000냥	변장
박경朴絅(안주)	향인	1,500냥, 곡식 8섬	변장
김경중金慶中(안주)		1,000냥	본도 전랑
차형규車亨逵(숙천)	진사	곡식 30섬, 35냥, 소 7마리	소원에 따라 본도에서 포상
안사권安士權(벽동)	향인	쌀 100섬	〃
계진흥桂震興(중산甑山)	장교	소 20마리	〃
이현택李賢澤(삭주)	한량	쌀 15섬, 소 10마리	〃
유조이劉召史와 최 조이(강계)	평민 부녀자	각 15냥과 5냥	호역戶役 면제

* 전거:《순조실록》순조 12년 6월 9일(경술).

통 농민사회에서 주요한 사회망들이었다. 많은 사례 가운데 하나를 들면 창성 출신의 강인학姜仁鶴인데, 호란 때 큰 무공을 세운 강백녕의 7대 손인 그는 4월 초 같은 가문의 42명이 넘는 젊은이와 함께 전투에 참여했다.[101]

1812년 2월 14일 정주 주민의 첫 기부를 시작으로 돈·곡식·식품, 그리고 무기와 기계를 만들 수 있는 재료 같은 물질적 후원이 관군을 돕기 위해 밀려왔다(〈표 10〉 참조).[102] 가장 큰 기부는 의주 출신 양반 학자인 홍득주洪得周가 곡식 1,218섬과 5,200냥을 낸 것이었다.[103] 이것은 홍득주에게 중앙 관직을 얻을 수 있는 급행 표를 사주었다. 다양한 신분 배경을 지닌 사람들의 후원은 반란 세력에 대한 마지막 진압이 다가오면서 늘어났다. 어떤 형태로든 충성의 후원을 제공한 사람은 모두 중앙이나 지역 관직과 품계, 또는 향청의 관직이나 면세로 보상받았다. 이전에 발생한 군사적 모험에서 나타난 것처럼 홍경래 난의 진압작전은 지역 양반이 지도력과 충성을 보여줌으로써 지역사회에서 자신들의 특권을 강화하는 좋은 기회가 됐다.

---

101 《순조실록》 순조 12년 2월 27일(경오).
102 개인의 기부에 관련된 첫 보고는 《진중일기》, 209쪽 참조.
103 《순조실록》 순조 12년 4월 21일(계해).

7 장

수세에 몰린
반란 세력

안주대도호부 병우후 이해승이 이끈 관군은 1812년 2월 15일 마침내 정주성 바로 아래 도착했으며, 같은 날 순영중군 이정회가 이끈 평안도 출신 7개 부대가 뒤따라 도착했다. 그들은 정주성 동문 근처에 본진을 세웠다(〈사진 4〉 참조). 중앙 조정에서 파견한 진압군은 8일 뒤 진영에 합류했으며, 순무중군 박기풍이 현지에서 군사작전을 총괄했다. 1812년 2월 15일 관군의 병력은 6,300명이 넘었다. 며칠 뒤 중앙군에서 800명 이상이 합류했으며, 평안도 전역에서 온 병력이 진압작전 내내 충원됐다. 3월 22일 청북 지역에 파견된 당상선전관 이회식李晦植의 보고에 따르면 병력은 모두 8,534명(〈사진 5〉 참조)이었으며 5월 1일에는 8,355명이었다. 3개월 반의 진압작전 동안 관군은 8,000명 이상의 병력을 유지했다.[1]

---

[1] 《진중일기》, 218쪽 및 554쪽. 1812년 3월 22일 무렵 정주의 관군 배치를 보여주는 지도(〈사진 5〉)에 따르면 정주성 둘레에는 8,534명이 있었다. 《평서본말》 1812년 2월 10

〈사진 4〉 순무영진도巡撫營陣圖. 정주성을 포위한 진압군 부대를 묘사한 기록화다. 정주 북동쪽에 주둔한 몇몇 부대만 나와 있는 것으로 미뤄 이 독특한 그림은 여러 장으로 이뤄진 더 큰 그림의 일부로 생각된다. 이 그림은 상황을 그림으로 기록하기 위해 정주로 파견된 궁중 화원이 그린 것으로 여겨지며, 1812년 4월 10일 무렵의 상황을 담은 것이다. 그림은 각 부대가 방어한 목책과 지휘관의 막사, 깃발, 군악대, 그리고 완전무장한 기병과 보병을 묘사했는데, 그 숫자는 실제보다 훨씬 적다. 이를테면 그림 위쪽에 보이는 김견신이 지휘한 부대는 그림에 쓰인 설명에 따르면 300명으로 구성됐지만, 몇 사람만 그려져 있다. 93×44cm. 서울대학교 규장각 제공, 고축古軸 4252. 4-23.

관군은 정주성에서 농성하는 반란군보다 많았지만, 사기와 훈련 정도는 지극히 낮았다. 송림 전투 직후 관군이 저지른 과도하고 분별없는 학살·방화·약탈은 6장에서 언급했다. 그것은 시작일 뿐이었다. 개인 재산과 생명의 난폭한 파괴는 진압과정 내내 이어졌다. 반란 초기 징집된 사람들은 자신이 배속된 관군 부대에 합류하러 가면서 개인 재산을 약탈했다.[2] 장교와 병사 모두 반란 세력을 색출하고 질서를 유지한다는 구실로 돈·곡식·가축을 강탈했으며 사람을 폭행하기까지 했다. 이런 사태는 관군 진지 부근뿐 아니라 평안도 전역에서 일어났다. 관군의 권한 남용은 특히 선천과 태천에서 보고됐다.[3] 무고한 여행자가 반란 세력의 첩자라는 막연한 의심 아래 합당한 취조 없이 살해된 경우도 있었다.[4] 관군은 몇몇 위반자를 처형하기도 했지만 그런 행동에 대한 거듭된 경고는 효과가 없는 것 같았다.[5] 반란 초기 백경해는 관찰사 이만수와 대화하면서 그런 잔인한 행동을 언급했다. "이 악랄한 반란 세력의 약탈은 공격해오는 군사들의 목을 베고나서야 저지할 수 있었습니다. 반란 세력이 아직 발을 들여놓지 않았지만 관군의 약탈로 초토화된 청천강 남쪽과 평양 북쪽의 주민들이 정말 큰 걱정입니다. 그런 행위는

일. 1812년 5월 1일 무렵 그려진 것으로 추정되는 또 다른 정주 지도에도 관군 8,355명이 나타나 있다. 이병도, 〈홍경래 난과 정주성도〉, 381~33쪽. 진압군의 구성에 관련된 좀 더 자세한 사항은 《순조실록》 순조 12년 4월 21일(계해) 참조.

[2] 《관서평란록》, 2:343쪽.

[3] 《관서평란록》, 4:107쪽, 4:119쪽, 4:287~88쪽, 1:150쪽, 1:159쪽, 1:177쪽, 1:206쪽, 1:216쪽.

[4] 강희영, 《일승》, 55쪽.

[5] 《관서평란록》, 1:168쪽, 1:192쪽, 1:201쪽, 1:495쪽, 1:101쪽; 《진중일기》, 383쪽; 《순무영등록》, 2:262쪽.

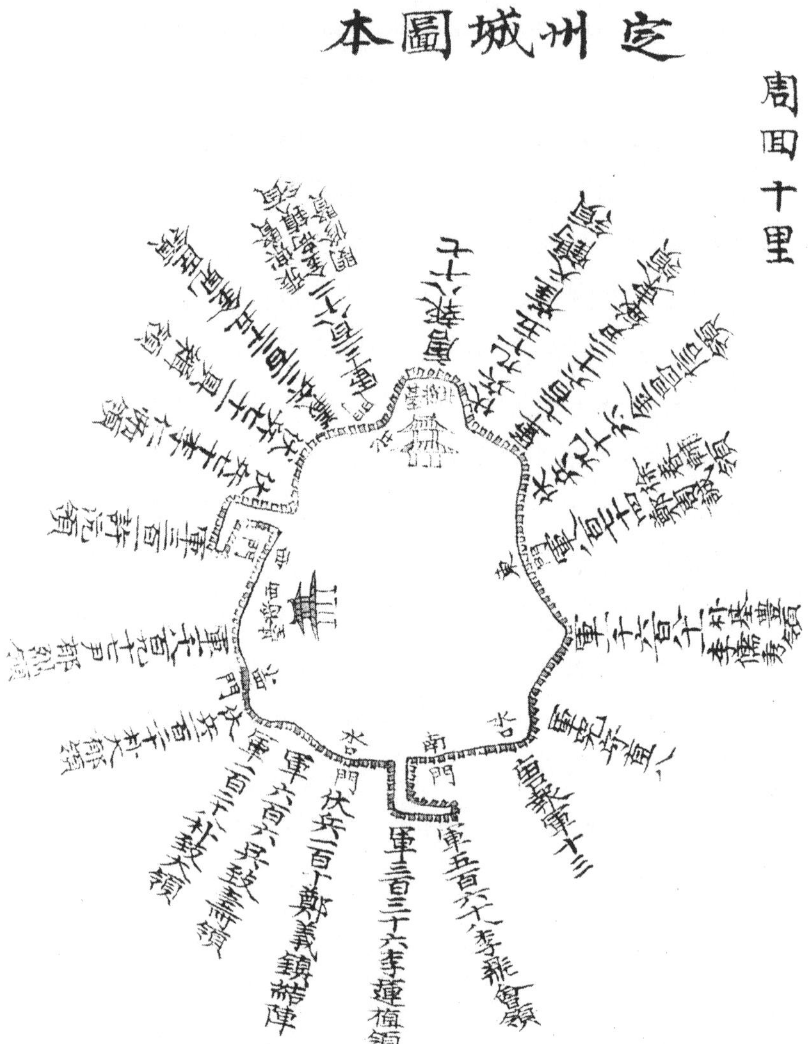

〈사진 5〉 정주성도본定州城圖本.《평서본말平西本末》에서 발췌. 1812년 3월 22일 청북 지역으로 파견된 사신 이민식이 올린 보고서에 첨부돼 있음. U. C. 버클리, 동아시아 도서관East Asian Library 아사미 문고Asami Collection 제공. Asami 15.23.

조선의 변방과 반란, 1812년 홍경래 난

반란 세력이 경멸할 것이니 반드시 금지해야 합니다."[6]

무신들은 특히 반란이 진압된 뒤 도망간 반란 세력을 색출하면서 무고한 이들에게 권한을 남용했지만 조정에서는 막지 못했다. 조정의 한 보고서에 따르면, 마을 사람들은 치안유지 활동을 펴는 관원이 자행한 폭력과 약탈 때문에 혼란에 빠졌다. 조정의 명령은 상황을 즉시 개선하는 데 다시 실패했다.[7] 일부 의병의 행동은 징집된 관군의 그것과 다를 바 없었다. 의주 의병은 고향으로 돌아가면서 마을들을 공격하지 말라고 경고한 보고서가 하나 있는데, 그들이 의병 활동을 시작했을 때 저지른 약탈이 향촌에 큰 불안을 야기했기 때문이었다. 안주 의병도 순안과 숙천 일대에서 개인 재산을 약탈했다.[8]

200명 정도의 반란군은 송림 전투에서 패배한 뒤 정주로 쫓겨왔으며, 정주에 거주하던 장사 400명 정도를 모집해 읍성을 방어했다.[9] 3월 초 정주 북쪽의 반란 세력이 읍성 방어에 합류한 뒤 포위된 사람의 숫자는 아이와 노인을 포함해 4,000명 가까이 됐다. 반란군은 병사 30명씩 1초로 조직돼 초관哨官의 지휘를 받았다. 초 2개가 1사司를 이뤘으며 파총把摠이 이끌었다. 훈련받은 반란군은 360명 정도밖에 되지 않았지만, 사기는 높았고 규율도 매우 엄격했다. 그들은 날마다 훈련했고 서로 한담을 나누는 것도 허락되지 않았다. 그들은 제 위치를 떠날 수 없

---

6 백경해, 《수와일기》 1812년 1월 3일.
7 《관서평란록》, 1:495쪽, 1:501쪽, 1:506쪽, 1:588쪽, 1:592쪽.
8 《관서평란록》, 3:570쪽, 3:610쪽, 3:612쪽.
9 《진중일기》, 700~1쪽.

었고, 달아난 군사가 있으면 그 부대의 군사가 모두 처벌됐다.[10] 관군이 반란군 진영에서 달아난 사람을 모두 죽인다는 소문을 홍경래가 퍼뜨렸기 때문에 반란군은 제 부대를 버리지 않으려고 했다고 고발한 사람도 있었다.[11] 그러나 반란 지도자의 단순한 위협은 넉넉한 식량과 우세한 화기를 보유한 관군에 맞선 장기적 저항을 위해 반란 세력과 농민을 단결시키는 데 충분하지는 않았을 것으로 생각된다.

사실 반란 세력과 함께 정주로 쫓겨들어간 농민은 반란 세력이 청북 지역을 장악했을 때 징발한 농민군이 아니었다. 그들은 대부분 박천과 가산에 살았는데, 그곳은 정부의 보복으로 완전히 불탔다. 관군의 잔인하고 무차별적인 방화와 학살을 목격한 그들은 반란 세력에 합류할 수밖에 없다고 판단했다. 그 결과 포위된 동안 관군의 공격에 맞선 그들의 저항은 완강했고 잘 조직됐다. 흥미롭게도 반란 세력 가운데 한 도망자는 2월 말 반란군이 도망을 막기 위해 가산과 박천 출신 농민을 정주 출신 군사 사이에 배치해 농민군 부대를 조직했다고 보고했다.[12] 몇몇 농민이 이탈해 관군에 체포됐지만, 대부분은 식량이 아주 적었어도 4개월 동안 포위된 상태로 성에 남아 있었다.

관군은 우세한 장비와 무기로 여러 차례 성벽에 설치된 반란군의 방

---

10 《관서평란록》, 5:614쪽. 반란군의 이런 조직은, 행정단위에서 동원할 수 있는 병력이 달랐기 때문에 조직 규칙은 엄격히 준수되지 않았지만, 기본적으로 1초가 99명으로 구성된 속오군 체제에 따른 관군의 그것과 조금 다르다. 김우철, 《조선 후기 지방군 제사》, 44쪽.
11 《관서평란록》, 5:610쪽.
12 《진중일기》, 283쪽.

조선의 변방과 반란, 1812년 홍경래 난

어선을 돌파하려고 시도했지만 실패했다. 관군은 정주에 도착하자마자 성벽을 오를 사다리를 만들기 시작했다. 2월 17일 그들의 첫 시도는 성공하지 못했다. 2월 19일 또 다른 공격과 반란 세력을 성 밖으로 나오게 유인하려는 시도도 실패했다.[13] 순영중군 박기풍이 지휘한 관군 연합군은 2월 27일 첫 대규모 공격을 시작했으며 나흘 뒤 다시 한번 대규모로 공격했다.

정주의 지형과 성벽의 내구성 때문에 관군은 정주를 둘러싼 성벽에 올라 반란 세력을 진압하는 데 큰 어려움을 겪었다(〈사진 6〉 참조). 성은 한 세기 쯤 전(1714)인 숙종 때 재건됐는데, 굴곡이 심한 산기슭에 위치해 있었다. 남쪽 성벽을 뺀 3면이 산과 맞닿았으며, 북동쪽과 북서쪽에서 흘러온 두 강이 성을 휘돌아 남동쪽에서 만났다. 성의 둘레는 5,585보(약 6,981미터), 높이는 15척(3.1미터)이었다. 성 안에는 관아, 창고, 사찰, 누각, 주거 지역이 있었다. 평지로 난 서문과 남문은 두 겹으로 된 성벽으로 방어했다. 천혜의 가파른 언덕으로 보호된 북쪽은 다른 쪽보다 높았기 때문에 반란 세력은 북장대에서 관군 진영을 관찰했다.[14]

성벽이 있는 읍치를 장악한 것은 반란 세력에게 큰 이점이었으며, 관군이 그 읍성을 수복하려면 엄청난 노력이 필요했다. 소총·활·화살·대포 같은 일반적 무기와 장비 외에도 관군은 공격을 위해 새 장비를 고안해야 했다. 그런 발명품 가운데 하나는 전차戰車로, 바퀴 4개와 위

<hr />

[13] 《진중일기》, 220~93쪽.
[14] 방우정, 《서정일기》 16쪽; 이병도, 〈홍경래 난과 정주성도〉, 379~400쪽.《평서본말》에 실린 지도는 성벽의 둘레가 10리(약 4,500미터)라는 것을 알려준다.《평서본말》1812년 2월 10일.

〈사진 6〉 신안 지도新安地圖. 관아를 중심에 두고 정주부의 나머지 영역은 대부분 무시한 전형적인 지도 화법이다. 도로(붉은색), 다리, 일부 속현의 이름들, 산, 강(파란색) 같은 지도 제작의 특징이 일부 보이지만, 지도라기보다는 그림에 가깝다. 성 안에는 관아衙舍가 가운데 있고 정주의 객사(신안관新安館)는 그 바로 아래 왼쪽에, 향교는 그 위쪽 언덕의 남쪽 기슭에 있다. 언덕 꼭대기에는 북장대北將臺가 있다. 115.7×94.8센티미터. 국립중앙도서관 소장, 서울. 한古朝 61-68.

조선의 변방과 반란, 1812년 홍경래 난

에 나무로 만든 공간이 있어 마른 장작과 화약을 실을 수 있었다. 관군의 계획은 전차를 성벽 안의 문으로 밀어넣은 뒤 불을 붙여 문을 파괴하는 것이었다.[15] 상부의 무거운 하중을 지탱해야 할 바퀴가 진창에 빠져 문에 이르기 전에 부서졌기 때문에 의도대로 작동하지는 않았지만, 특별히 제작된 이 전차는 2월 27일 첫 번째 전면 공격에서 사용됐다.

반란 세력은 군수품이 충분하지 않았지만 그들의 방어전략은 성벽을 가진 읍치를 지키는 데 상당히 효과적이었다. 초기에 반란 세력은 관군을 속이기 위해 나무로 만든 병사를 성벽 위에 두었다.[16] 초소壘마다 그 구역을 순찰하는 병사를 위해 장막을 쳤다. 적에게 쏟아부을 벽돌과 돌을 모았다. 군사들에게는 적이 성벽에서 100보(약 125미터) 이상 떨어져 있을 때는 화살을 쏘고 100보 안에 들어오면 총을 쏘라는 지시가 내려졌다. 적이 30보(37.5미터) 안에 들어오면 반란 세력은 돌을 던졌다.[17] 이 전략은 관군에게 큰 희생을 내게 했다. 2월 27일 관군은 두 용감한 자원자 제경욱과 김대택을 잃었다. 아울러 3월 2일 농민군이 겁을 먹고 전투에 나아가기를 주저했기 때문에 관군은 성벽에 올라 반란 세력의 방어를 돌파할 수 있는 좋은 기회를 다시 놓쳤다.[18]

그다음 전면 공격은 3월 16일에 이뤄졌다. 그 무렵 관군은 더 나은 장비를 구축할 수 있었다. 운제충차雲梯衝車라고 불린 개조된 전차는 전에

15 《진중일기》, 290쪽. 이 전차에 관한 좀 더 자세한 내용은 小田省吾,《辛未洪景來亂の研究》, 90쪽 참조.
16 《진중일기》, 283쪽.
17 《진중일기》, 290~306쪽.
18 《진중일기》, 339쪽.

사용된 것과 비슷했지만 목판과 철판으로 둘러싸인 공간이 위에 있었다. 충차는 소총수 3명이 그 안에 숨어 성벽 안의 적을 내려다보면서 사격할 수 있을 만큼 높았다. 여러 겹의 소가죽과 면포로 보호된 병사 수십 명이 충차 아래 부분에 숨어서 밀었다. 충차 한 대 값은 400~500냥이었다.[19] 그러나 이 기발한 기계는 관군이 성벽을 돌파하는 데 도움이 되지 않았다. 이번에도 위에 실은 무거운 구조를 지탱하기에는 바퀴가 너무 약했고 진창에 쉽게 빠졌다. 이 전투에 사용된 충차 4대 가운데 2대는 전선에 다가가기도 전에 부서졌다. 나머지 2대는 성벽 가까이 밀고 가는 데는 성공했지만 반란 세력이 빗발처럼 쏘아댄 화살과 총탄을 막는 데는 쓸모가 없었다. 관군은 전진하려고 몇 차례 시도했지만 어둠이 내리면서 많은 사상자를 낸 채 퇴각할 수밖에 없었다. 값비싼 충차는 진영으로 끌고 돌아올 수 없었기 때문에 불태워져 잿더미가 됐다.[20]

4월 6일 관군은 전차 6대를 이용해 다시 공격을 시도했다. 잘 준비되고 충분한 장비를 갖춘 전략이었지만 관군은 성벽에 오르는 데 다시 실패했고 그 과정에서 전차를 모두 잃었다.[21] 관군은 병력·군량·군수품에서 우세했지만 이런 거듭된 실패로 사기가 떨어졌다. 그래도 의병이 계속 합류하면서 관군의 전력은 강화됐다.

그동안 중앙 조정은 반란을 진압하지 못했다는 이유로 순무중군 박기풍을 해임했다. 유효원柳孝源이 순영중군에 임명돼 1812년 4월 9일

---

[19] 《진중일기》, 388쪽.
[20] 《진중일기》, 392~95쪽.
[21] 《진중일기》, 428~31쪽.

조선의 변방과 반란, 1812년 홍경래 난

정주에 도착했다. 같은 때 영변부사 신홍주申鴻周가 평안도 병마사에 임명됐다.[22] 그동안 3월 27일 정주의 관군 본진에서는 조선왕조를 개창한 이성계가 몇 세기 전 몽골군을 무찌른 역사적 장소인 정주성 근처의 원수대元帥臺에서 제례를 거행했다. 다음 날 근처의 산에 있는 임장군당林將軍堂에서는 추모제를 드렸다.[23] 이 제례를 주관한 관원들은 반란 세력의 반역죄를 보고하고 반란 세력을 이겨 군사들의 어려움을 모두 끝낼 수 있도록 여러 신과 영혼의 도움을 빌었다.

성 안의 반란 세력은, 특히 관군의 토벌 초기 단계 동안 외부인들과 비밀리에 몇 차례 연락하기는 했지만, 사실상 고립돼 있었다. 3월 중순 곽산과 구성 출신 몇 사람이 반란 세력에게 밤에 음식을 몰래 보내주고 있다는 보고가 들어왔다.[24] 일부 정주 주민이 낮에 관군 진영을 염탐해 밤에 반란 세력에게 알려주고 있다는 보고도 이어졌다.[25] 관군은 철저한 포위를 방해하는 지역 주민에게 분노했다. 그러나 그런 외부의 도움은 이어지지 않았으며, 반란 세력의 상황은 시간이 갈수록 나빠졌다.

반란 세력은 관아 창고에 남아 있던 쌀 2,500섬과 다른 종류의 곡식 1천 섬을 가져다 군사들에게 먹였으며, 공공자금에서 1만 1,800냥을 몰수해 군사들에게 포상하고 그들에게 필요한 물품을 사게 했다. 앞서 반란 세력을 도왔지만 도망치다가 3월 8일 사로잡힌 이혜갑의 진술에 따르면, 정주의 여러 관창官倉에는 소금 100섬과 간장 300동이가 있었

---

[22] 《진중일기》, 416쪽.
[23] 《진중일기》, 412~15쪽. 임 장군은 명에 충성을 지킨 임경업林慶業(1594~1646)이다.
[24] 《관서평란록》, 1:190~91쪽.
[25] 《관서평란록》, 1:193쪽.

다. 성 안에는 암소 300마리와 물을 공급하는 우물 6개도 있었다. 〈표 11〉에서 보듯, 자발적이든 강제적으로든 정주의 부자들에게서 받은 기부도 식량 공급의 중요한 부분이었다.[26]

성 안의 반란 세력은 식량을 엄격히 관리했다. 처음에 반란군은 1인당 하루에 쌀이나 좁쌀 3되(1.8리터)를 받았다.[27] 4월 중순 하루치 배급량은 수수 2되(1.2리터)로 줄었으며, 달아난 반란 세력은 성 안에 심각한 식량부족을 보고하기 시작했다. 며칠 뒤 한 포로는 반란 세력이 관창의 곡식을 모두 소비했으며 주민에게 식량을 요구해야 했다고 진술했다. 반란 세력은 부유한 가호가 더이상 식량을 공급할 수 없게 되자 가장 가난한 가호에서도 음식을 구할 수밖에 없었다. 그 결과 가난한 사람들은 남은 것을 숨겼으며 식품 값은 치솟았다.[28] 식량공급에 긴박한 문제가 나타나면서 반란 세력은 방어에서 공격으로 전략을 바꾸기 시작했다. 4월 19일 밤 500명가량의 반란군이 함종부사咸從府使가 지휘하던 관군 진영을 공격해 80명이 넘는 관군 사상자를 냈다. 관군은 그런 대규모 습격에 대비하지 않은 것이 분명했다.[29]

반란 세력은 관군의 포위를 뚫기 위해 크고 작은 공격을 자주 감행했다. 그러나 시간이 흐르면서 돌파 가능성은 낮아졌다. 4월 30일 1천 명

---

26 《진중일기》, 701쪽; 《관서평란록》, 2:518~19쪽.
27 《관서평란록》, 3:729쪽.
28 《관서평란록》, 3:294쪽; 《진중일기》, 515~18쪽 및 541쪽. 곡식 1말의 가격은 3냥으로 뛰었다. 비슷한 때 성 밖에서 쌀 1섬의 값은 같은 분량의 돈과 동일했다. 《순무영등록》, 1:359쪽. 반란 직전 한 가족은 3냥으로 한 달을 살 수 있었다. 《관서평란록》, 3:209쪽.
29 《진중일기》, 518~19쪽.

<표 11> 정주의 반란군에 대한 물질적 기부

이름	기부량
홍인철(군기도감)	쌀 1,200~1,300섬 정도
이종기(상인)	콩 30섬
이대직(이종기의 형제)	쌀 100섬 이상
김여해	쌀 80섬 정도
이민(김여해의 조카)	쌀 80섬 정도
이영돌	쌀 100섬 정도와 소
이고미	쌀 100섬 정도와 소
김치용	쌀 80섬 정도와 소
박문혁	쌀 80섬 정도와 소
김내용	쌀 70섬 정도
서계조	잡곡 70섬 정도

* 전거: 《관서평란록》, 2:514~19쪽.

이 넘는 반란 세력은 의주 출신 의병장 허항이 지휘한 관군을 공격했고, 허항은 그 전투에서 사망했다. 이틀 뒤 그들은 다시 대규모 공격을 감행했지만 수백 명의 사상자만 냈다. 이런 일련의 군사작전 과정에서 반란군 수백 명이 죽거나 사로잡혔다. 전투 중에 그냥 달아난 반란군도 있었다. 반란군의 부원수 김사용은 5월 2일 전사했고, 선봉장 홍총각은 그 전에 부상당했다. 5월 2일 전투에서 큰 손실을 입은 뒤 반란 세력의 사기는 사라졌다.[30]

흥미로운 일은 5월 3일과 6일 반란 세력이 정주·박천·가산 주민 가운데 성인 남성 5명, 10세 이하의 아이 45명, 여성 103명을 풀어준 것이다. 성 안에 친척이 없고, 반란 세력이 송림 전투에서 패배한 뒤 정주로 퇴각했을 때 성 안으로 피신했거나 반란 세력을 따라온 사람들이었다.

[30] 《진중일기》, 547~57쪽.

관군은 반란 세력이 왜 이들을 성 밖으로 내보냈는지 의아해했지만 먹여야 할 사람의 숫자를 줄이려고 한 것일 뿐이라고 결론지었다. 그뒤 관군 지휘관은 여성과 아이를 풀어주어 고향으로 돌아가게 했다.[31]

성 안의 식량부족은 심각해져 5월 중순 반란 세력은 소나무 껍질을 벗겨 먹어야 했다.[32] 그래도 1인당 하루에 쌀과 수수를 섞어 2되(1.2리터)를 받았다.[33] 배급은 사흘 당 맥아와 섞은 쌀 6홉(0.36리터)로 더 줄었다. 다른 계산에 따르면 쌀과 보리 5홉(0.3리터)이 끼니마다 배급됐으며, 닭·돼지·소 같은 가축은 모두 잡아먹었다.[34]

반란 지도자들은 군사들에게 만주족이 관군의 포위를 무너뜨리기 위해 오고 있다는 확신을 주려고 노력했다. 2월 26일 반란 세력은 술 다섯 동이를 만들었는데, 만주의 지원군을 환영하려는 목적이라고 알려졌다.[35] 3월 3일 홍경래는 그것을 믿지 못하는 반란 세력에게 자신보다 높은 누군가—아마 정진인—에게서 받은 편지를 보여주면서 자신은 그를 위해 일하는 장수 가운데 한 사람일 뿐이라고 말했다.[36] 3월 9일 홍경래는 밀사 김삼홍金三弘과 박진벽朴辰碧을 국경 지역으로 보내 "호마를 타고 오는 사람騎胡馬出來人"에게 응원군을 급파해달라고 요청하는 밀서를 전달케 했다.[37] 다른 기록에서 그 밀서는 '우모령牛毛嶺 행군소行

---

[31] 《진중일기》, 602~5쪽.
[32] 《진중일기》, 612쪽.
[33] 《관서평란록》, 3:729쪽.
[34] 《관서평란록》, 4:401~5쪽 및 1:546쪽.
[35] 《진중일기》, 296쪽.
[36] 《진중일기》, 345쪽.
[37] 《진중일기》, 401~2쪽;《관서평란록》, 1:248쪽;《순조신미별등록》, 183~84쪽; 방우

軍所에 보낸 것이며 김삼홍은 '백마 장군'을 찾으라는 지시를 받았다고 했다.[38] 이처럼 모호하고 애매한 지시는 만주의 지원군은 존재하지 않았다는 생각을 입증하는 것 같다. 아무튼 두 밀사는 사로잡혔고 밀서는 전달되지 않았다. 밀사 가운데 한 사람인 박진벽은 만주 응원군의 실재를 의심했으며 반란군 진영에서 벗어나려고 밀사를 자원했다고까지 진술했다. 5월 중순 반란 세력은 만주군이 5월 29일 정주에 도착할 것이라고 단호히 선언했다.[39] 역설적이게도 그날은 반란 세력이 관군에게 무너진 날이었다.

반란의 실패

반란 근거지를 접수하지 못해 좌절한 관군은 마침내 성벽을 돌파할 수 있는 창의적 전술을 고안했다. 땅굴을 파는 것이었다. 5월 13일부터 관군은 정부 관원과 의병장의 감독 아래 땅굴을 팠는데, 하나는 성 안의 북장대부터 100보(125미터) 정도 떨어진 곳에서 시작했고 다른 하나는 성의 동문에서 60보(75미터) 정도 떨어진 곳에서 시작했다.[40] 작업하는 군사들이 반란군 진영의 사격 범위 안에 있었기 때문에 위험한 일이었다. 실제로 상당수의 군사가 사살됐으며, 그 때문일 것으로 생각되는데

정,《서정일기》, 44~45쪽. 박진벽은 박진영이나 박진석으로도 기록돼 있다.
38 《진중일기》, 468쪽.
39 《진중일기》, 628쪽;《관서평란록》, 4:497쪽;《순조신미별등록》, 108쪽.
40 《진중일기》, 623쪽.

동문 쪽 작업은 적어도 한 번 중단됐다가 다시 시작됐다.[41]

　그럼에도 군사들은 긴 괭이로 땅을 파 버드나무 바구니로 흙을 담아 옮기면서 두 곳에서 밤낮으로 작업했다. 땅굴은 폭 4보(5미터), 높이 1장(2.08미터) 정도 규모였다. 흙은 땅굴 바깥에 산처럼 쌓았으며, 관군 진영에서는 인공 산 정상 주위에 방패를 세워 작업하는 군사를 보호했다. 5월 22일 북쪽 땅굴은 성벽에서 30보(37.5미터)까지, 동쪽 땅굴은 성벽에서 50보(62.5미터)까지 접근했다.

　반란 세력은 방어를 위해 원래의 성벽 안에 좀 더 작은 규모의 벽을 세웠다.[42] 그들은 자신들 쪽에서 땅을 파 땅굴 작업을 방해하는 방안도 논의했다. 그때 홍총각은 관군이 화약을 땅굴 안에 설치해도 불이 붙지 않을 것이며, 불이 붙는다고 해도 폭발력은 앞으로 나아가지 않고 관군 진영이 있는 뒤쪽으로만 전달될 것이라고 주장했다. 그는 관군의 계획은 자기들에게만 문제를 일으킬 것이며 걱정할 것이 없다고 결론지었다. 이 이론에 설득된 반란 세력은 자기들 쪽에서 땅굴을 파는 방안은 포기한 것이 분명하지만 군사들에게 계속 활과 총을 쏘아 땅굴 작업을 중단시키려 노력했다.[43] 성벽에 매우 가까이 다가갔을 때 북쪽 땅굴은 큰 바위에 부딪쳤고 동쪽 땅굴 앞에서는 관棺이 나왔지만 관군은 그것을 우회하기로 했다.[44]

　5월 28일 동쪽 땅굴은 목표지점까지 아직 6~7보(7.5~8.75미터) 남았

---

[41] 《진중일기》, 627쪽, 628쪽, 631쪽.
[42] 《진중일기》, 635쪽.
[43] 《진중일기》, 636쪽.
[44] 《진중일기》, 641쪽.

지만 북쪽 땅굴은 완성됐다. 붕괴를 막기 위해 큰 나무 기둥과 두꺼운 나무판으로 보강했다. 다음 날 새벽 김치언金致彦이 이끈 일군의 폭파 전문가들이 몰래 땅굴로 들어가 갈대 깔개 아래 5겹으로 된 짚 깔개를 설치하고 화약 1,800근(약 1톤)을 배치했다. 두꺼운 가죽 끈 하나를 화약 가운데 묻어놓고 다른 하나는 땅굴 바로 바깥에 두었다. 그런 뒤 관군 쪽으로 폭발되는 것—홍총각이 예측한 대로—을 막기 위해 땅굴 입구를 진흙과 바위로 막았다. 마침내 거대한 폭발로 북쪽 성벽 일부가 무너져 8,000명 이상의 관군이 성 안으로 진입할 수 있게 됐다. 피에 굶주린 그들은 반란 세력을 마음대로 학살했다. 반란군은 관군의 공격에 겁을 먹고 압도돼 즉시 무릎을 꿇었다.[45]

석 달 넘게 저항하는 동안 일부는 이탈했지만, 반란 세력은 대부분 반란의 마지막 순간까지 단결했다. 마지막 전투에서 무수한 사람이 죽었고, 성 안에 있다가 사로잡힌 2,983명 가운데 1,917명이 참수되고 여성 842명과 10세 이하 남자아이 224명만 목숨을 건졌다. 홍경래는 총탄을 맞고 사망했다. 그의 머리는 베어져 도성으로 보내졌다. 홍총각·양시위楊時緯·김혜철·김이대·윤언섭 같은 반란 지도자와 지휘관들은 체포돼 심문을 위해 도성으로 압송됐다. 이희저는 실종됐다고 보고됐지만, 그 뒤 한 의병장이 그의 머리를 바쳤다.[46] 우군칙과 최이륜은 간

[45] 《진중일기》, 643~47쪽. 1813년 한 달가량 백련교 반란군이 저항한 하남성 활현滑縣의 방벽을 청군이 무너뜨릴 때도 아주 비슷한 방법을 사용했다. Naquin, *Millenarian Rebellion in China*, 259~64쪽.

[46] 《진중일기》, 647~58쪽; 《관서평란록》, 4:401쪽.

신히 달아났지만 며칠 뒤 체포됐다.[47] 정확한 숫자는 알 수 없지만, 저항의 마지막 날까지 성 안에 3,000명 넘게 남아 있던 것은 분명하다. 자발적이었든 강요된 것이었든, 남아 있던 사람의 숫자는 원래의 반란 세력뿐 아니라 농민들의 투지를 증언해준다.

반란 지도자들은 대부분 전사했거나 반란 도중 체포돼 그 뒤 처형된 것이 분명하다. 그들은 모반대역죄로 사지가 잘려 앞으로의 소요를 경고하는 의미로 전시됐다. 반란 지도자들의 가족도 큰 고난을 겪었다. 대체로 그들의 재산은 몰수되고 집은 불태워졌으며, 가까운 친척은 노비가 되거나 먼 지방으로 유배됐다.[48] 가담자나 동조자로 의심받은 모든 사람에 대한 심문은 상당히 오래 지속됐다. 8월 말 시점에서 300명 정도의 죄수가 선고를 기다리고 있었다. 그 숫자는 곧 100명 정도로 줄었으며, 국왕은 10월 24일 이전까지 모든 사건을 처결하라고 명령했다. 11월 19일 반란 세력 11명을 처형하는 것으로 심문은 끝났다.[49]

관군의 손실도 컸다. 많은 군사가 전사했지만, 혹독한 날씨에 황량한 벌판과 언덕에 노출돼 다치거나 질병·추위·굶주림으로 희생된 군사가 더 많았다. 1814년 정주에 세워진 추모비에 따르면 전사한 군사의 숫자는 348명 또는 425명이었다.[50] 다른 이유로 죽은 사람의 숫자는 알려져 있지 않다. 전사한 사람의 친척은 3냥과 면포 1필을 보상받았으며 아들

[47] 《진중일기》, 678쪽.
[48] 《관서평란록》, 1:381쪽. 홍경래는 사후에 모반대역보다 한 단계 무거운 거병역괴율로 처벌된 유일한 인물이었다. 《진중일기》, 709쪽.
[49] 《관서평란록》, 5:454쪽, 5:497~506쪽. 반란 주요 지도자들의 운명은 〈부록 3〉 참조.
[50] 《순무영등록》, 2:191쪽.

1명은 평생 군포를 면제받았다. 아울러 여러 종류의 가호세는 10년 동안 면제됐으며 환자로 발생한 모든 부채는 탕감됐다. 전역 중 질병으로 죽은 사람도 등급은 낮았지만 보상을 받았다. 이를테면 군포 1필과 매년 가호세가 면제됐다. 일부 지방에서는 납부하지 않은 군포와 환자, 민고에서 빌린 부채를 탕감해주었다.[51]

군사작전 동안 공훈을 세운 지휘관과 장교들은 공훈과 신분에 상응하는 관직은 물론 물질적 포상을 받았다. 진압작전에 동원된 군사들도 공훈에 따라 포상됐다. 순천에서 전방에 계속 머무르면서 반란 세력을 죽인 사람들은 쌀과 면포를 받았으며 거기에 더해 10년 동안 군역과 잡세를 면제받았다. 공훈이 조금 낮은 사람들은 쌀과 면포를 받거나 7년 동안 세금을 면제받았다.[52]

당시 사람들은 1812년 서북 지역의 반란을 어떻게 보았는가? 조정은 반란의 주요 원인이 질병과 가뭄으로 고통받는 농민에게 관원이 부정을 저지르고 자의적으로 조세를 부과한 데 있다고 결론지었다. 이를테면 1812년 2월 7일 사간원 헌납(정5품) 임업任燁은 지방 수령과 향리의 부패와 탐욕이 반란을 불러왔다고 상소에서 주장했다. 그러므로 공정한 인사 운영과 지방 행정에서 강직한 인물을 등용하는 것이 지방을 안정시키는 데 가장 시급한 일이라고 그는 지적했다.[53] 며칠 뒤 사간원 정언(정6품) 안상묵安尚默도 부정과 무거운 세금이 백성을 극심한 어려움

---

51 《관서평란록》, 5:411쪽, 5:419쪽, 3:215쪽, 3:571쪽.
52 《관서평란록》, 3:257~58쪽, 3:750쪽.
53 《승정원일기》 권 2010, 순조 11년 12월 25일, 105:646~47; 《평서본말》 1811년 12월 24일.

으로 내몰았고, 그 때문에 결국 그들은 반란에 가담하게 됐다고 언급했다.[54] 홍문관 수찬修撰(정6품) 이광문李光文은 반란 세력이 나라를 전복시킬 수 있는 유일한 논거는 가난이라는 주희朱熹의 견해를 인용하면서 안상묵과 임업의 견해에 동의했다. 이광문은 정부가 재정이 부족해도 구휼을 시행해야 한다고 제안했다.[55]

반란에 대한 이런 유교적 진단에 응답해 국왕은 풍년이 들 때까지 세금을 보류하고, 환자에 쌓인 이자를 탕감하며, 반란이 일어난 기간과 그 이후의 군포를 줄여주었다. 또한 반란이 진압된 뒤 농민이 생계를 유지하고 그들의 지지를 얻기 위해 구휼곡을 나눠주라고 명령했다. 일부 관원은 반란을 미리 감지하지 못하고 부패를 저지른 죄목으로 기소되기도 했다. 대간은 특히 안주대도호부의 병우후 이해승과 평안도 병마사 이해우의 부정을 비난했다. 이해우는 고리대금업을 하고 빚과 이자를 갚으라고 사람들을 독촉했으며, 뇌물을 걷고 중앙 조정의 권력자들과 개인적 친분을 이용해 이득을 취했다.[56] 이해승은 이해우의 가까운 친척으로 원래 탐욕스러웠다. 그는 함경도에 배속됐을 때 가난한 사람들을 착취하고 환자 장부를 조작했다. 그는 평양에 배속됐을 때도 계속 뇌물을 받고 관직을 팔았으며 고리대금업을 했다. 그는 우후에 발령된 뒤 더 나빠졌다.[57] 이 두 사람은 반란이 일어난 지역의 바로 맞은편

---

54 《관서평란록》 5:557~58쪽; 《승정원일기》, 권 2010, 순조 11년 12월 29일, 105:655; 《평서본말》 1811년 12월 29일.
55 《순조실록》 순조 12년 1월 24일(무술).
56 《순조실록》 순조 12년 1월 19일(계사).
57 《순조실록》 순조 12년 2월 10일(계축). 이해승의 부정은 반란 기간 동안과 그 이후 거

조선의 변방과 반란, 1812년 홍경래 난

인 안주대도호부에서 가장 높은 관원으로 공공치안과 질서를 유지할 책임을 갖고 있었다. 그들은 반란을 미리 감지하지 못했을 뿐 아니라 백성이 기근으로 고통받는 동안 재산을 모으느라 너무 바빴다.

반란의 원인을 특히 날카롭게 통찰한 관원이 있었다. 오위 부호군副護軍 오연상吳淵常은 1812년 3월 24일에 올린 상소에서 서북 지역 학자들의 불만을 누그러뜨리기 위해 도과道科를 치르자고 제안했다.[58] 도과는 국왕의 특별 명령으로 한 번씩 열렸던 시험 가운데 하나였다. 합격자는 다른 예비시험을 거치지 않고 서울에서 열리는 최종시험에 나아갈 수 있었다. 평안도에서 도과는 인조 때인 1636년 호란을 겪고 난 직후인 1643년에 처음 열렸으며, 그 뒤 10년마다 도과를 시행하는 것이 제도화됐다. 오연상에 따르면 도과를 치르지 않은 지 오래됐으며, 지역 사대부들은 그것을 개탄했다. 오연상의 제안에도 불구하고 도과는 3년 뒤인 1815년까지 실시되지 않았는데, 이 문제에 대한 조정의 둔감함을 보여준다.[59] 더욱 나쁜 것은 조정의 차별적 승진제도에 관련된 개혁이 매우 느리게 진행됐다는 점이다. 1831년(순조 31)에야 백경해의 둘째 아들 백종걸이 문과에 급제한 뒤 이례적으로 승문원에 배속됐다. 평안도 출신에 대한 사회적 차별은 20세기 초까지 분명히 지속됐다.[60]

듭 비판받았다. 《관서평란록》, 1:343쪽, 5:507쪽, 5:575쪽; 《순무영등록》, 1:172쪽.
[58] 《순조신미별등록》, 176~77쪽; 《순조실록》 순조 12년 2월 4일(정미).
[59] 《순조실록》 순조 15년 7월 20일(계묘) 및 순조 15년 8월 6일(무오).
[60] 이승훈, 〈서북인의 숙원신통宿怨新痛〉.

8 장

홍경래 난
연구에 나타난
민족·계급·지역

1812년의 반란과 그 지도자 홍경래를 보는 시각은 반란이 진압된 이후 줄곧 갈렸는데, 이 사건이 한국의 역사와 문화에 엄청난 충격을 주었음을 보여준다. 대중의 상상 속에서든, 학문적 분석에서든, 그 반란은 1812년 이후 한국의 역사·문화적 상황을 드러내는 방식으로 기억되고 나타났다. 20세기 한국의 식민지화와 분단과 민주화는 이 사건의 대중적 소비는 물론 학문적 해석에 일정한 그림자—반란의 지역적 기원을 전체적으로 모호하게 만드는 그림자—를 드리웠다.

반란 직후 몇 년 동안 홍경래가 죽지 않았다는 소문—또는 조선 후기 대중에게 형상화된 역사적 영웅과 신비주의처럼 그가 아직도 어느 섬에 살아 있다는—이 널리 퍼졌고, 1817년 이인하 등이 일으켰다가 실패한 반왕조적 음모에도 영향을 주었다.[1] 대중이 홍경래를 영웅화한

[1] 정석종, 〈홍경래란의 성격〉, 355쪽; 《일성록》 순조 17년 3월 17일, 41:292; 《승정원일

것과는 반대로 반란 진압작전에 참여했던 누군가가 반란 직후 가사歌辭 두 편을 지었는데, 반란을 반역죄로 보았으며 그 충격을 강조했다.[2] 그리고 중국에서 돌아오는 길에 그 지역에 있었다가 그 반란을 우연히 목격한 평민 시인 조수삼趙秀三(1762~1849)은 그 반란을 읊은 일련의 한시를 썼다. 그의 시에는 엇갈리는 평가가 담겨 있다. 그는 그 사건을 용납할 수 없는 반역으로 보았지만, 관원의 부패와 자의적 조세, 그리고 좀 더 날카롭게 지역 차별을 비판했다.[3] 1861년 서울의 개인 출판업자가 펴낸《신미록辛未錄》은 그 반란을 다룬 한글소설인데, 구조와 일관된 줄거리는 부족하지만 대중의 마음을 사로잡은 그 사건에 투여된 높은 관심을 보여준다. 대중의 소비를 위해 창작된 그 작품은 주인공들의 용맹을 매우 강조했다.[4]

토착적·진보적·혁명적 전통과 왕조의 쇠퇴

홍경래와 그 반란을 보는 완전히 다른 시각은, 그 사건과 지역 차별의 문제를 더욱 분리시켰는데, 20세기 일제강점기(1910~45)에 나타나기 시작했다. 그 가운데 첫 작품인《홍경래 실기實記》는 1917년 한국에서 출간됐다. 조정의 관점에서 전투를 묘사하는 데 많은 서술을 할애했지

기》권2081, 순조 17년 3월 17일, 108:238.
[2] 황패강, 〈한문소설 홍경래전 연구〉, 113~14쪽.
[3] 조수삼, 《추재집》, 〈서구도올西寇檮杌〉 및 〈농성잡영隴城雜詠〉 22수, 2:25a~29b.
[4] 《신미록》; 정영훈, 〈신미록 연구〉.

만, 남악주인南嶽主人(최남선崔南善?, 1890~1957)은 부패한 왕조를 무너뜨려 '대의'를 펴고 세계에 '공의公義'를 가져올 수 있는 기회를 잃어버린 것으로 반란을 평가했다.[5] 홍경래를 혁명적 지도자로 규정한 사례는 1920~1930년대에 더 많아졌다. 식민 지배에 맞선 저항의 '민족적' 영감을 찾는 것은 물론 조선의 쇠퇴와 식민지화의 원인을 찾으려고 한 민족주의적 지적 담론에 젖은 지식인들은 홍경래 같은 역사적 인물을 부각시킬 동기를 갖게 됐다. 가장 이른 사례 가운데 하나는 1920년 월간지 《개벽開闢》에 실린 글이다. 그 글을 쓴 이돈화李敦化(백두산인白頭山人, 1884~?)는 조선을 독재국가로 규정하면서 그 반란은 관원 등용의 지역 차별—"정치적 노예생활"—때문에 일어났다고 주장했다. 자신은 홍경래의 활동에서 발산된 영웅적 면모와 "역사적 활기"를 존경하기 때문에 그를 대중에게 소개하고 싶다고 말했다.[6] 이 글에 이어 안확安廓(1886~1946)의 책이 나왔는데, 그 반란은 민중의 권리를 옹호한 혁명운동이었다고 주장했다.[7] 비슷한 방식으로 문일평文一平(1888~1936)은 그 반란이 민중혁명의 선구였으며 홍경래는 양반사회를 철저히 파괴하기 위해 무장 투쟁을 일으켰다고 주장했다.[8] 한편 1931년 《동아일보》에 연재된 현상윤玄相允의 소설 《홍경래전》도 이런 민족주의적 담론을 채택하고 전체적 사건을 반란 세력 쪽에서 서술했으며 반란은 반왕조적 사

---

[5] 황패강, 〈한문소설 홍경래전 연구〉, 3~4쪽.
[6] 이돈화(백두산인), 〈홍경래와 전봉준〉.
[7] 안확, 《조선문명사》, 325쪽.
[8] 문일평, 〈사상의 기인〉.

회운동이었다고 결론지었다.[9]

새로운 근대적·민족적 정체성을 창출하려는 노력의 하나로 "진정한 민족사, 조선 민족의 생존을 위한 기원과 투쟁의 이야기"를 쓰려는 이런 시도는 20세기로 접어들 무렵 계몽운동으로 알려진 광범한 지적 운동의 일부로 나타나기 시작했다.[10] 중국화와 유교의 도덕이 문명의 수준을 측정하는 주요한 척도였던 전통적 유교의 역사서술에서 벗어나 박은식朴殷植(1859~1925)·신채호申采浩(1880~1936)·최남선 같은 역사학자들은 한국 민족의 고유하고 자주적인 발전을 강조했다. 일제강점기 동안 이런 부류의 학자와 작가들은 홍경래 난 같은 역사적 사건을 일제에 대항하는 데 사용할 수 있는 토착적이고 근대적인 "혁명적 전통과 정신"을 창출하기 위해 사용하려고 노력했다.[11]

일제강점기 한국인 학자들은 홍경래 난에서 토착적·진보적·혁명적 전통을 찾았지만, 일본인 학자들은 한국 병탄을 함축적으로 정당화하는 쇠퇴와 침체를 찾는 경향이 있었다. 그 반란에 관한 최초의 학문적 분석은 1930년대 일본인 학자 오다 쇼고小田省吾(1871~?)가 제출했다. 그는 그 반란을 오랜 정치적 갈등 때문에 야기된 왕조의 붕괴 현상으로 보았다. 그는 당쟁의 해로운 영향과 문과를 거쳐 관직에 나아가려는 홍경래의 개인적 실패를 반란의 주요 원인으로 강조했다.[12] 그는 좀 더 높

---

[9] 현상윤, 《홍경래전》. 이 책 〈부록 1〉도 참조.

[10] Robinson, *Cultural Nationalism in Colonial Korea*, 34쪽.

[11] 일제강점기 지식인이 민족사와 문화정 정체성을 창출한 것에 관련된 자세한 논의는 Robinson, *Cultural Nationalism in Colonial Korea*; Schmid, *Korea Between Empires* 참조.

[12] 小田省吾, 《辛未洪景來亂の硏究》.

조선의 변방과 반란, 1812년 홍경래 난

은 관직으로 승진할 기회를 갖지 못한 평안도 지배층의 정치적 좌절을 가능성 있는 원인으로서 분석했지만, 지역 차별은 조정의 확고한 정책이 아니었으며 평안도 출신이 관직체계에서 승진하는 데 걸림돌이 된 주요 원인은 그들의 등용을 후원할 수 있는 지배적 당파와 강력히 연결되지 않았던 데 있다고 생각했다.[13]

반란의 동력으로서 계급투쟁

제2차 세계대전 이후 북한과 남한의 연구는 주로 진보와 직선적 발전의 관점에서 한국사를 개념화하면서 계급투쟁을 역사적 변화의 주요 동력으로 파악했다. 대부분의 연구는 아시아적 생산양식의 개념을 거부하면서 서양의 발전을 보편적인 것으로 받아들인 마르크스의 역사해석이론을 스탈린주의자들이 적용한 견해를 채택했다. 북한의 공식 역사서술을 따를 뿐 아니라 일제강점기부터 널리 퍼진 민족주의적 담론의 정신을 계승한 북한 홍희유의 연구는 그런 사례다. 그는 반란을 일으킨 기본 동력은 지주와 농민 사이의 치열한 계급 갈등이었으며, 그것은 조선 후기동안 나타난 경제적 변화의 결과였다고 설명했다. 그는 도시 빈민·일용노동자·장인·광부, 그리고 무거운 세금과 지주의 착취 때문에 고향에서 쫓겨난 유이민의 참여를 강조했다. 홍희유에 따르면 광부와 장인은

---

[13] 小田省吾, 《辛未洪景來亂の研究》, 6~8쪽.

그 당시 나타나고 있던 자본주의사회 노동계급의 전신이었다. 그들이 투쟁에 가장 적극적으로 참여한 까닭은 그들이 "봉건" 정부와 "자본계급"에게 착취당했기 때문이라고 홍희유는 결론지었다.[14]

남한에서 홍경래 난에 관련된 가장 대표적 연구를 수행한 정석종鄭奭鍾은 반란 지도자들은 축적한 재산으로 향청과 무청에서 매향한 경영형 부농이었다고 주장했다. 정석종의 경영형 부농은 지역 갈등의 주인공으로 홍희유의 빈민계급을 대체한 것이다. 달리 말하면 반란은 경영형부농이라는 중간적 농민계급이 정부와 긴밀한 연관을 유지한 "봉건" 지주계급에 맞선 무장 투쟁이었다는 것이다. 정석종에 따르면 그러므로 이런 농민은 자신들의 계급적 이익을 실현하기 위해 중앙 정부를 제거해야 했다.[15]

홍경래 난과 19세기 대중운동에 관한 연구는 1980년 이후 크게 늘어났다. 식민통치 아래서 지식인들이 동일한 사항을 찾아내려고 노력한 것처럼, 1980년대 남한에서 민중운동이라는 기치하에 아래로부터 전개된 반독재운동은 역사학자들이 기층에서 일어난 집단적 운동의 역사적 경험을 찾는 연구를 자극했다. 민중적 시각에 자극받은 수많은 연구가 부패하고 독재적이며 착취적인 지배계급에 맞서 기층으로부터 전개

---

[14] 홍희유, 〈1811~1812년 평안도 농민전쟁과 그 성격〉. 가와라바야시 스즈미도 지주와 빈농 사이의 갈등이 반란의 주요 동력이었다고 생각했다. 河原林靜美, 〈1811년의 평안도에 있어서의 농민전쟁〉.

[15] 정석종, 〈홍경래 난과 그 내응세력〉; 같은 이, 〈홍경래란의 성격〉. 경영형부농이론은 원래 김용섭이 제안한 것으로 그는 전근대 한국 농업사를 치밀하게 연구해 한국사 연구에서 민족주의적 시각을 구축했다. 김용섭, 〈조선 후기의 경영형 부농과 상업적 농업〉.

된 저항의 전통을 발견하고 계승하려는 정신에 입각해 발표됐다.[16] 조선 후기 사회·경제사의 기존 업적과 당시의 성과를 바탕으로 한 이 연구들은 사회구조와 조세 행정, 그리고 지역의 권력관계에 관한 우리의 이해를 분명히 향상시켰다. 그러나 대부분은 여전히 근대주의적이며 목적론적 역사 해석에 바탕을 두고 있다. 특히 자신들의 합당한 사회·경제·정치적 영역을 주장한—이런 측면은 새 왕조를 세우겠다는 반란세력의 주요 목표에 분명히 나타났다—지역 지배층이 반란을 계획하고 주도했음에도 학자들은 홍경래 난이 가난하고 토지를 갖지 못한 농민이 지주에 맞선 계급투쟁이라는 이론에 계속 의지하고 있다. 1812년 반란과 평안도 지역사를 연구한 오수창의 업적은 그런 사례다. 그는 평안도의 사회·정치·경제사를 세밀하게 분석했지만 소외계층으로부터 일어나 저항운동에 지도력을 제공했을 뿐 아니라 조선을 근대사회로 이행시키는 데 핵심적 동력이 된 새로운 사회집단을 찾아내는 것—기본적으로 역사를 진보와 직선적 발전으로 보는 목적론적 입장—을 목표로 삼았다.

서양의 경험에 바탕을 둔 마르크스주의적 시각을 역사적 경험이 상당히 다른 한국에 직접 적용할 수도 없고 해서도 안 된다는 것은 분명하다. 계급투쟁이론은 세계사에서도 혁명과 반란의 원인을 설명하는 데 더이상 가장 좋은 이론이 아니다. 최근 영국과 프랑스의 혁명에 관련된 고전적 주장—곧 자본계급이 봉건적 제약에 맞서 봉기했다는—은 많

---

16 민중 역사서술에 관한 좀더 자세한 사항은 Abelmann, *Echoes of the Past, Epics of Dissent*; Wells, *South Korea's Minjung Movement* 참조.

은 학자가 인정하지 않고 있다. 새로운 연구는 일부 상인계급이 군주 편에 섰으며 일부 봉건귀족은 혁명에 적극 가담했음을 보여주었다.[17] 중국사에서 계급투쟁이론은 여러 학자의 도전을 받고 있다. 중국공산당의 이념과 그들의 역사서술에 관련된 제임스 P. 해리슨James Harrison의 고전적 연구는 농민운동에 관한 역사서술이 역사 발전의 주요한 동력으로서 계급투쟁의 진보성을 강조하기 위해 당 정책에 의해 어떻게 재구성됐는지 밝혔다.[18] 18세기 후반~19세기 전반 중국의 천년왕국운동을 연구한 수전 내퀸Susan Naquin은 반란 지도부의 구성은 매우 다양했고 계급 이해는 반란의 원인과 거의 무관했다고 주장했다.[19] 대니얼 리틀Daniel Little도 중국 농촌의 사회적 갈등은 지대·이자율·조세 등의 착취 때문이었지만 많은 경우 종교, 촌락 사이의 갈등, 친족과 비밀결사 같은 수평적 사회조직이 중요한 역할을 했다고 지적했다.[20]

1812년 반란의 원인과 전근대에서 근대 자본주의사회로 이행한 한국사의 전체적 방향을 계급투쟁이론만으로 설명하기는 어렵다. 좀 더 상업화된 사회로 나아가는 일부 사회·경제적 변화는 조선 후기에 분명히 일어났다. 그러나 조선 후기의 경제적 발전은 기본적으로 느린 전진이었지 경제의 전면적 변화가 아니었다. 계급 분화와 그 뒤를 이은 계급 갈등은 전통 한국의 농민사회에서 계급투쟁을 불러올 정도로 심각

---

[17] Goldstone, *Revolution and Rebellion in the Early Modern World*, pp. 12~17; Tilly, *The Vendee*.
[18] Harrison, *The Communists and Chinese Peasant Rebellions*.
[19] Naquin, *Millenarian Rebellion in China*; idem, *Shantung Rebellion*.
[20] Little, *Understanding Peasant China*.

하지 않았다. 더욱이 전통적 가치체계에 바탕한 사회·경제적 통제장치는 여전히 사회를 상당히 단단하게 쥐고 있었다.[21]

실증을 바탕으로 말하면 홍경래 난의 과정에서 소작인과 토지를 갖지 못한 노동자를 포함해 억압받은 계급이 지주 같은 자신들의 윗사람에 맞서 폭력을 사용했다는 것을 보여주는 1차 자료는 거의 없다. 사실 반란을 조직한 것은 농민이 아니라 지역 지배층이었다. 그리고 이런 지역 지배층은 정석종이 도식화한 대로 사회적 상승을 통해 향청과 무청에서 자리를 얻은 경영형 부농이 아니었다. 그들은 경제적으로 궁핍하고 사회적으로 낮은 신분층에서 등장한 것이 거의 틀림없던, 오수창이 말한 영웅—곧 "저항지식인"과 "장사층壯士層"—과도 달랐다.[22] 홍경래·우군칙·이희저, 그리고 몇몇 반란 지휘관은 그런 범주로 묶을 수도 있지만, 반란의 주요한 동력은 청북 지역의 소외된 지역 지배층과 지역 차별의 문제에서 발생했다.

이전의 몇몇 논문에서도 지적했지만, 이 연구에서는 홍경래 난에 상인이 참여한 것이 한국의 반란사에서 독특한 현상이라고 파악했다.[23] 그 지역은 중국으로 가는 길목에 있었기 때문에 국내와 해외 모두 많은 교역 기회가 있었다. 그 지방의 상업과 광업은 조선 후기에 크게 팽창

---

[21] 도덕적 경제관은 Scott, *Moral Economy of the Peasant* 참조. 조선의 도덕적 경제의 특징에 관한 논의는 Sun Joo Kim, "Marginalized Elite," 106~7쪽; 남연숙, 〈조선 후기 향반의 거주지 이동과 사회지위의 지속성〉 2, 62~71쪽 참조.

[22] 오수창, 《조선 후기 평안도사회발전 연구》, 252~305쪽.

[23] 1812년 반란에 상인이 가담한 것은 쓰루소노 히로시의 주요한 연구 주제다. 鶴園裕, 〈平安道農民戰爭における參加層〉. 홍희유도 반란에서 상인계급의 역할을 강조했다. 홍희유, 〈1811~1812년 평안도 농민전쟁과 그 성격〉.

했다. 이것은 상인계급의 성장을 촉진했고, 그러자 그들은 대체로 지방 무청의 무임武任처럼 좀 더 명망 있는 자리를 차지함으로써 자신의 사회적 지위를 높이려고 했다. 이처럼 높아진 신분은 다시 그들의 무역 활동과 기존 지역 지배층과의 연결을 쉽게 했다. 자의적인 경우가 많던 여러 규제와 상업·산업에 관한 통제를 강화하려는 정부의 시도를 이 집단은 아주 싫어했으며, 이것은 그들이 반란에 가담하게 된 동기로 생각된다. 그 지역의 일부 상인은 반란 세력에게 군사적 도움과 물질적 지원을 제공했지만, 반란 지도부에 복종했고 자신들의 재정적 상황이나 사회적 지위를 개선하기 위한 이익집단으로 활동하지 않았다. 서양의 근대화에서 상인이 수행한 중요한 역할을 고려하면 한국사에서 어떤 사회·정치적 과정에 상인의 참여가 급증한 것은 좀 더 학문적으로 분석해야 하지만, 그렇다고 상인을 선도적인 혁명적 사회 세력으로 보는 것은 타당하지 않다.[24]

조선 후기의 지역 차별과 중앙·주변의 관계

반란에 관한 가장 설득력 있는 설명은 계급이 아니라 조선 후기에 평안도 주민이 마주친 사회·정치적 차별이다. 정치적 차별은 과거 급제자, 그 밖의 수단으로 중앙 조정에서 관직을 받을 자격을 지닌 사람, 그리

---

[24] 국가와 외세가 근대화를 이끌었기 때문에 19세기 후반~20세기 전반 한국사회가 형성되던 초기에 상인의 역할은 미미했던 것으로 밝혀졌다.

고 그들의 가까운 친척들에게만 영향을 준 것이 사실이다. 그러나 평안도 출신이 무예를 숭상하고 문화적으로 뒤떨어졌다는 편견은 널리 퍼져 있었고, 그 결과 그들은 사회적 일상생활에서도 비하됐다. 반란 세력은 이런 사회·정치적 차별을 그 지역의 전체 주민에게 오명을 씌우는 지역적 문제로 보았다.

비난받는 지역이라는 널리 퍼진 인상은 지역 지배층이 반란에 참여하는 데 강력한 동기를 부여했으며 다른 신분의 수많은 사람을 같은 깃발 아래 모이게 하는 타당한 이념적 이유도 제공했다. 그 결과 반란 세력은—지도자들과 일반 병사 모두—자신들을 특정한 경제적 계급이나 사회적 신분집단의 대표자라기보다는 북부 사람으로 여겼다. 계급과 사회신분의 경계를 교차한 이런 집단적 정체성은 중앙 조정이 정규 관원 등용에서 평안도 출신을 차별하고 사회가 그들을 편견에 입각해 바라보면서 파생됐다.

평안도 주민이 지역 차별을 그렇게 강하게 느낀 까닭은 이 지역의 사회·경제적 역학, 그리고 중앙과의 관계를 살펴보면 또렷이 이해할 수 있다. 호란 이후 경제적 회복과 그 뒤의 성장, 그리고 17세기 후반 이후 안정된 청과의 외교관계는 지역 지배층이 유교문화를 받아들이고 과거 제도에 참여할 수 있는 자원을 산출했다. 조선 후기에 나타난 이런 경제·문화적 역량의 성장은 지역 지배층이 지속적으로 지역적 정체성을 분명히 표현하고 중앙 정치에서 합당한 영역을 강하게 요구한 것에 반영됐다. 그들은 더 부유해지고 문과에 더 많이 급제할수록 중앙의 불공정한 사회·정치적 대우에 더 좌절감을 느꼈다.

국가·사회와의 관계에서 또 다른 좌절은 그동안 자치적이었던 지역의 업무와 재정에 국가의 간섭이 증가한 것에서 발원했다. 국가가 지역 재정을 중앙에 통합하려고 노력하면서 18세기 후반 지역 자원을 현지에서 관리하는 것은 지역 정치의 핵심적 문제가 됐으며, 그것은 지역의 조세 행정과 환자 운영에 추가 부담을 주었을 것이 분명하다. 좀 더 직접적으로는 그동안 자치적으로 운영하던 향안에 자금 확충의 수단으로 가입 자격을 판매하는 형태로 국가가 개입한 것은 기존의 지역 지배층을 불편하게 만들었다. 이런 측면에서 나는 국가를 자율적 행위자로 본 테다 스코치폴Theda Skocpol, 그리고 중앙과 주변 사이의 변화하는 관계 —특히 재정 행정 측면에서—는 자주 정치적 갈등을 일으켰다고 강조한 앤더스 칼슨에 동의한다.[25] 그럼에도 중앙에서 지역의 자원을 추출해간 것이, 지역 지배층의 불만을 악화시키기는 했지만, 반란의 주요 원인은 아니었다. 칼슨에 따르면 18세기의 사회·경제적 발전은 중앙권력의 특징과 역할, 그리고 그것과 지역사회의 관계를 변화시켰다. 조선의 안정성은 중앙 집권과 지역 자치 사이의 균형에 기반했으며, 조선 후기 지역과 그 재정 행정에 중앙권력의 영향력과 개입이 커진 것은 지역의 불만을 불러왔다고 그는 주장했다. 반란은 이런 변화에 대한 반발이었으며 그런 의미에서 반란은 관아의 사무와 지역 자원의 운영을 관리하는 지역 지배층의 관례적인 권리를 요구하는 방어적 항의였다고 그는 결론지었다. 그러나 중앙과 지역권력 사이의 갈등이 반란의 근원이라는 칼슨의 거시적 수준의 발견은 폭넓은 미시적 수준의 서술과 공

25 Skocpol, *States and Social Revolutions*; Karlsson, "The Hong Kyŏngnae Rebellion 1811~1812."

명共鳴되지 않는다. 간단히 말해서 반란 참여자들은 지역 사무와 재정에 국가의 개입이 강화된 것이 자신들이 현존하는 통치에 맞서 봉기하게 된 주요한 동기였다는 명백한 증거를 남기지 않았다.[26]

반란에서 풍수설과 천명의 역할

스코치폴은 사회혁명에 관한 비교연구에서 이념은 구체제에 맞서 다양한 개인적 배경을 지닌 사람들을 통합하고 정치적 투쟁과 활동에 대중을 동원하는 데 기여한다고 주장했다.[27] 홍경래 난에서 이념은 이런 기능을 했는가? 풍수설에 기반한 왕조 교체의 이념은 천명에 도전할 수 있다는 유교이념과 밀접히 얽혀 있었다. 평안도에서 이런 생각은 반란 지도부를 동원하고 대중의 지지를 모으며 다양한 개인적 배경을 지닌 사람들을 통합하고 자신들의 반왕조적 모험을 합법화하는 데 특히 중요했다.

[26] Karlsson, "The Hong Kyŏngnae Rebellion 1811~1812." 칼슨의 학위논문은 기존의 이념적 제약에서 벗어난 방법론을 사용하고 대중운동 연구를 새롭게 조명했다는 측면에서 상찬할 만하다. 그러나 그의 두 단계(거시적·미시적) 이론구조는 연구의 목적을 달성하는 데 실패했으며, 반란의 초기 단계까지만 자세한 조사가 이뤄졌기 때문에 반란의 중요한 여러 측면을 간과했다. 이 대중운동과 관군의 진압작전을 모두 살펴보면 지역 상황의 훨씬 복잡한 모습이 나타난다.

[27] Skocpol, *States and Social Revolutions*, pp. 169~71. "혁명적 이념이 혁명적 활동과 혁명적 결과를 가져오는 청사진이라고 파악하는 추론의 방향은 혁명적 사회 상황이 시작된 프랑스·러시아·중국에서 과격주의와 마르크스-레닌주의가 어떻게 실제로 발달하고 기능했는지를 보여주는 역사적 증거에 비추어보면 성립되기 어렵다"고 스코치폴은 강조했다.

풍수설은 한국사에서 통치자와 피통치자 모두에게 이롭게도 해롭게도 작용하면서 오랫동안 중요한 역할을 했다. 조선왕조에서 풍수설의 뒷받침을 받은 왕조 교체의 예언적 신앙은 백성에게 널리 퍼져 있었으며, 저항 세력과 반란자들은 자신의 반왕조적 운동을 합법화하기 위해 그것을 자주 사용했다. 동일한 예언적 신앙은 평안도에서 번성할 수 있는 비옥한 토양을 발견했는데, 그 주민들은 사회·경제적 어려움과 중앙 정부의 지역 차별 때문에 이미 고통 받고 있었다.

한국의 예언적 신앙의 전통은 중국과 유럽의 천년왕국설과 달랐다. 특히 같은 시대 중국의 백련교白蓮敎운동과 반대로 한국의 예언적 신앙에는 숭배하는 신이나 종교적 공동체가 형성되지 않았다. 한국의 신자들이 추구한 이상향은 새 왕실의 통치 아래 새 왕조를 수립함으로써 이 세계에서 실현되는 것이었다. 아울러 거기에는 개인의 구원이나 영생의 희망 같은 개념이 없었는데, 예언적 전통에 관한 한국인의 역사적 견해는 기본적으로 순환적이고 세속적이었기 때문이다. 이처럼 종교적 공동체가 형성되지 않았다는 것은 한국의 예언적 신앙이 반란을 위한 견고한 조직적 기반을 제공하지 못했다는 뜻이다. 그럼에도 세상의 모든 고통에서 사람들을 구원하고 새 왕조를 세워 조화와 질서를 가져올 것이라는 그 전언은 지역민의 지원을 얻는 데 충분할 만큼 강력했다.

북부 지역의 다양한 사회신분—지배층과 피지배층 모두—사이에서 예언적 이념과 실천—풍수설과 변신술 같은—의 확산은 평안도 사회의 상황에 대해 적어도 두 가지를 말해준다. 첫째, 사람들이 그런 색다른 해결책을 찾게 만든 것은 사회의 불안정이었다. 둘째, 북부 지역의 재정 상태는 많은 사람이 굶주림과 질병으로 죽어가고 있어도 어떤 집단은 풍수적 의례를 치를 수 있었다는 것이다. 풍수적 시행이 사회·정치적으로 일관된 기반 위에서 억제되지 않을 때, 그리고 국가가 사람들의 일반적 불만을 달래주지 않을 때, 사회의 불만 세력이 자신들의 불만을 터뜨리고 전통적인 방법으로는 이룰 수 없던 개인적 바람을 실현하는 방법으로 대안적 이념에 의지하는 것은 놀라운 일이 아니다. 그리고 사실 천명의 유교적 이념과 예언서에 쓰인 왕조 교체에 대한 대중의 믿음 사이의 간격은 그리 넓지 않았고 오히려 쉽게 건널 수 있었다.

그러나 왕조 교체의 예언적 신앙, 그리고 지역 차별의 문제조차 반란이 터졌을 때, 특히 반란 세력이 수세에 놓인 뒤에는, 그 지역의 모든 사람을 단결시키지는 못했다. 결국 대중 반란은 천명이 떠났다는 신호라고 설명한 유교적 정당화는 대중이든 지배층이든 넓은 범위에서 지원을 끌어내는 데 그리 효과적이지 않았다. 반란 세력은 처음에 투쟁 정신으로 가득해서 자신들은 확고한 지도력을 가졌고 자신들의 고통을 없애줄 명확한 목표가 있으며 자신들의 지도자들에게 물질적 보상을 약속받았기 때문에 승리를 확신했다. 그러나 자신들의 명분과 궁극적 성공에 대한 확신은 지도자들이 전략을 둘러싸고 의견이 나뉘면서, 반란 진영의 물질적 자원이 고갈되면서, 관군이 군사력에서 우위를 차지하면서, 그리고 그 지역의 협력자들이 충성의 맹세를 저버리고 정부 쪽으로 떠나면서 무너졌다.

이 모든 것 외에도 반란 세력은 다른 지역의 소외된 지배층과 여러 사회계층의 지지를 얻을 수 있는 사회개혁의 원대한 시각을 제안하는 데 실패하는 실수를 저질렀다. 조셉 W. 에셔릭Joseph Escherick이 언급한 대로 중국의 반란과 혁명 활동은 가장 초기 단계에서 구사회의 기존 관습·충성·관계망에 기반을 두는 경향이 있었다. 그러나 그런 지역적 충성을 넘어서는 데 실패한 운동은 어느 것이든 끝내 실패한다는 것은 마찬가지로 명백하다.[28] 1812년 평안도에 대한 중앙 정부의 차별을 교정하겠다는 이념은 초기의 성공을 이루는 데 충분한 지원을 동원했다. 그러나 동시에 특정 지역에 국한됐다는 불만의 본질은 지역적 경계를 넘어 좀 더 넓은 범위의 불만 세력에게서 지원을 얻을 수 있는 가능성을 크게 약화시켰다.

반란과 그 영향

지역 지배층의 소외는 조선시대 지역의 구획화와 함께 진행된 전국적 추세였다. 각 지역은 거의 배타적인 독자적 문화 구역을 형성하고 혼인 관계, 학문적 전통, 정치적 지향, 지역의 역사 등에 따라 나뉘었다. 지역 사이의 연락망과 조직—특히 북부와 남부 사이의 보이지 않는 경계를 가로지르는—은 만들어지지 않았다. 그 결과 한 지역이 그 지역 주민만 느낀 분노 때문에 반란을 일으켰을 때 자연히 다른 지역은 자신들과 거의 아무 상관없는 상대 지역보다는 자신들의 지위와 특권의 원천이며 충성을 바쳐야 하는 중앙의 명분을 지지했다. 19세기 초반 무렵 각 지역은—서울과 그 부근은 제외하고—다양한 배제의 정치과정을 통해 정

---

[28] Esherick, "Symposium on Peasant Rebellions."

치적 소외의 희생물이 됐지만, 중앙의 현존하는 왕조와 그 협력자들에 맞선 통일된 전선은 나타나지 않았다. 이것은 조선사회와 정치구조가 중앙 지배층—놀라운 일이 아니지만 그들의 권력과 정통성은 중앙에서 유지됐다—과 이념적·문화적으로 강력하게 통합됐음을 보여준다.

사실 북부 지역의 분노는 그 지역 안의 모든 구성원도 묶지 못했다. 문과 급제자와 중앙 덕분에 자신의 지위를 획득한, 그러므로 국왕에게 충성을 바쳐야 한다는 국가이념의 수호자일 것으로 생각된 일부 지역 지배층의 정치적 선택은 국가구조와 이념의 힘과 내구성을 뚜렷하게 증명했다. 집단행동이 성공하려면 지역적 분화를 뛰어넘고 협소한 지역적 공간의 경계를 가로질러 사람들을 통합할 수 있는 타당한 이념적·사회적 명분이 필요했다. 반란이 지역사회의 단단한 사회적 연결망을 끊을 수 있는 열쇠였던 가장 높은 사회 신분층—곧 문과 급제자와 지역 지배층 가운데 성공한 부류—을 끌어들이는 데 실패한 것은 그 집단이 정부를 지원하기로 선택했다는 뜻이었고, 그것은 결국 반란 진영에 치명적 타격을 주었다.[29]

한편 관원들은 반란의 구조적·제도적 이유를 경시하고 반란이 몇몇

---

[29] 엘리자베스 페리는 염란捻亂 연구에서 민중운동의 지역주의적 본질을 날카롭게 지적했다. Perry, *Rebels and Revolutionaries in North China 1845~1945*, p. 96. 지역의 불안이 효과적인 정치운동으로 결집되려면 효과적인 조직과 지도력이 매우 중요하다는 것은 여러 연구가 입증했다. 나아가 대니얼 리틀은 협력과 확신의 문제는 전국적 운동으로 전환된 지역 활동에서 반드시 검토해야 한다고 주장했다. 아울러 운동이 성공하려면 지역 활동가의 정치적 인식을 지역적 관심에서 더 큰 지역이나 전국적 관점으로 높이기 위해 높은 수준의 정치교육이 필요하다고 지적했다. Little, *Understanding Peasant China*, p. 180.

쓸모없는 반역자들에게 속은 가난하고 무지한 농민들의 봉기일 뿐이라고 치부했다. 그러나 정부 관원들이 예상한 것보다 반란 세력이 더 오래 투쟁을 지속한 것은 중앙 조정이 반란의 범위를 과소평가했기 때문이 아니라 지방의 군사체제 때문이었다. 실제로 반란으로 야기된 군사적 긴급사태는 의도치 않게 조선 군사제도의 동원·실행계획·지휘체계의 허술함을 드러냈다. 수백 명의 소규모 부대가 어떤 군사적 저항도 받지 않고 며칠 만에 여러 행정 관청을 장악했다는, 그리고 지역 정부는 첫 주요한 군사적 개입을 결성하는 데 열흘이 걸렸다는 사실은 지역 군사제도가 무장 소요에 맞서 그 지역을 방어할 수 없었음을 보여준다. 반란군은 규모가 급증한 반면 정부는 낡은 군적을 기초로 병력을 모으는 데 어려움을 겪었다. 주기적인 군사훈련제도는 느슨해져 군사들은 제대로 훈련되지 않았다. 지역에는 영속적인 독립적 군사시설도, 군사 업무를 잘 아는 직업 지휘관도 없었다. 군사제도의 내재적 약점 때문에 정부는 반란을 진압하는 데 많은 비용을 들였는데, 그렇지 않았다면 반란은 처음에 상당히 작은 규모였기 때문에 초기 공격에서 진압됐을 것이다.

이런 결점 때문에 국가는 반란이 일어난 지역의 자발적 지원에 크게 의존하게 됐다. 조정은 반란 세력을 무찌르는 데 지도적 역할을 하도록 지역 양반에게 요청했으며 반란 진압작전에서 의병장이 수행한 역할을 상찬했다. 조정의 호소에 대한 응답은 다양했다. 즉시 의병에 참여한 부류도 있었지만 다른 편에 선 이들도 있었다. 많은 사람은 반란의 후반 단계까지 결정하지 않은 채 남아 있었다. 지역 양반의 기회주의는 반란이 종막에 가까워지면서 증가한 의병 숫자와 관군에 더욱 자주 물질적 기부를 한 것에서 드러났다. 또한 이것은 기존의 내부적 경쟁·분열·갈등이 소외된 지역 양반의 행동을 특징 지은 지역사회의 복잡한 사회·경제적 상황을 반영했다.

19세기 중국의 백련교운동과 태평천국의 난은 중앙에서 보낸 황군이 아니라 지방관이 조직한 지방군도 있었지만 지역 지배층이 현지에서 모집한 비정규군에 의해 무너졌다. 이것과 비슷하게 홍경래 난이 일어나는 동안 정부의 진압작전은 지역 지배층이 조직한 의병과 물질적 지원에 크게 의존했다. 중국에서는 중앙이 지역의 군사력을 재편한 뒤 조세 수취와 치안 같은 지역 행정 분야에서 지역 지배층에게 권력을 이양했다. 그 뒤 1840~1850년대 진행된 군국화는 결국 약화되지 않은 공동체적 영향력, 정통적 학문의 전통, 그리고 행정 업무 종사에 가치를 두는 윤리 등을 통해서 중국사회의 장기적 안정을 가능하게 했던 전통적 지배층의 분해를 야기했다.[30] 조선에서 지역 지배층의 의병은 진압작전에서 중요한 역할을 했지만 공식적으로나 실제로나 관군 지휘관의 지휘 아래 있었다. 게다가 조선의 지역 지배층은 반란이 진압된 뒤 군사적 기능을 계속 보유하지 못했으며, 국가구조의 일정한 분열을 초래할 수 있는 어떤 권력도 조정으로부터 인수하지 않았다. 사회·정치적 위상은 높아졌지만 오히려 그들은 현재 상태에 머물렀는데, 지역사회에서 자신의 권력과 권위를 확인해주는 조정의 직함과 관직을 받았기 때문이었다. 그러나 민간 부분을 동원한 국가의 관행과 그것에 힘입어 국내의 혼란을 종식시키는 데 성공한 결과 중앙 조정은 군사제도를 개

---

[30] Kuhn, Philip A. *Rebellion and Its Enemies in Late Imperial China*.

혁할 자극을 느끼지 않았으며, 그런 체제는 19세기 후반 국내와 해외의 군사적 도전에 대처하는 데 무능한 결과로 나타났다.

1812년 반란은 청북 지역 지배층에게 여러 결과를 남겼다. 무엇보다 반란의 실패는 반란을 지지한 지역 지배층이 소멸하고 그 결과 지배층 내부의 경쟁이 (일시적으로) 사라졌다는 뜻이었다. 동시에 그것은 반란 이후 친정부적 지배층이 흥기했다는 의미였다. 전투가 끝난 뒤 조정에서는 진압작전에 군사적 복무를 자원하거나 재정적 기부를 함으로써 정치적으로 올바른 결정을 내린 사람들에게 큰 물질적·정치적 보상을 해주었다. 그 결과 보상과 처벌의 제도—중국 한왕조 이후 유교적 관료국가가 채택한 법률적 전술—는 조선왕조가 주요한 개혁을 추진하지 않고 지속되도록 만들었을 뿐 아니라 지역 양반이 자신의 공동체에서 특권적 지위를 더욱 굳히게 했다. 그 결과 친정부적 지역 지배층은 재정적(관군의 작전에 기부한 것에 대한 보상으로 그들이 받은 면세 때문에)·사회적(그들이 새로 받은 관직·품계·칭호에 수반된 특권과 높아진 위신 때문에)으로 번영하게 됐다. 반란 이후 1894년(고종 31) 문과가 폐지될 때까지 문과에 급제한 지역 지배층이 늘어난 것도 이 집단이 안녕을 누렸음을 보여주는 증거다.[31] 관대한 감세 조치를 시행한 정부의 "인도적 정책"은 평안도 주민이 더이상 왕조에 심각하게 도전하지 않도록 막은 것이 분명했다, 평안도는 1862년 진주민란과 1894~95년 동학농민운동이 일어나는 동안 상당히 조용한 상태를 유지했다.[32]

---

[31] 2장 〈표 2〉 참조.
[32] 정부가 전체 주민에 대한 일시적 감세는 물론 사망자와 부상자, 징집자와 그들의 가

대니얼 리틀이 지적한 대로 하나의 거대한 이론은 대중 반란이 형성되는 데 개재된 복잡성을 포착하지 못할 수도 있다. 오히려 우리는 그런 현상 안에서 작용한 복합적인 원인을 인식해야 한다.[33] 이 연구는 1812년 사건을 다각적으로 검토한 결과 그것은 사회기층이 시작한 계급투쟁이라기보다는 그동안 드러나지 않았던 누적된 불만을 지역 지배층이 국가에 맞서 폭발시킨 사건이었다고 파악했다. 풍수설과 천명에 대한 대중의 믿음이 체제 전복적 행위에 중요하게 작용했다는 것도 확인했다. 나는 지역적 요인을 크게 강조했지만, 그것을 이 반란의 유일한 원인으로 지목할 생각은 없다. 우리가 본 대로 그 밖의 여러 요소가 북부 지역과 그 주민, 문화, 그것과 중앙의 관계, 그리고 그 결과로 일어난 이 대중운동의 독특한 역사를 만들었다. 무엇보다 나는 국가와 계급이 지배하는 역사서술로부터 지역의 역사를 보호하려는 바람에서, 그리고 지역의 역사와 문화와 정체성은 역사를 만드는 중요한 요소이기 때문에 중앙이 아니라 지역의 시각에서 보려고 노력했다.[34]

까운 친척에게 다양한 면세 혜택을 부여해 포상한 조처는 조선 후기 인구 자료에 반영돼 있는데, 거기에는 (과세할 수 있는) 인구가 실제보다 적게 기록돼 있다. 그 결과 1816년에 끝난 호구조사에서는 앞선 1807년의 조사와 견주어 평안도 전체 인구의 급감이 나타나 전체 호구는 3만 2,005가호에서 19만 47가호로, 전체 인구는 130만 5,969명에서 76만 6,456명으로—50만 명 넘게—줄었다. 《순조실록》 순조 7년 12월 30일(정유); 순조 16년 12월 30일(갑진).

33 Little, *Understanding Peasant China*, pp. 24~26; Shin, *Peasant Protest and Social Change in Colonial Korea*, pp. 9~21.

34 20세기에 접어든 이후 근대적 정체성을 확립하고 한국의 근대화를 주도하는 데 북부 출신의 빛나는 역할은 Hwang, *Beyond Birth*, pp. 273~89 참조. 역사 연구에서 지역의 중요성은 Wigen, "Culture, Power, and Place"; idem, *The Making of a Japanese Periphery*; Silberman, *Ministers of Modernization* 참조.

부록 1

1차 자료와 방법론

과거 급제자(문과·생원·진사)와 그들의 가까운 친척—이를테면 부모·외조·형제—에 관한 정보는 아래의 온라인 자료에서 가져왔다. 에드워드 W. 와그너Edward Wagner와 송준호 편집·주석, *The Wagner and Song Munkwa Roster of the Choson Dynasty*, 동방미디어의 http://www.koreaa2z. com/munkwa/에서 이용할 수 있다. 정신문화연구원 편《사마방목》도 동방미디어의 http://www.koreaa2z.com/samaI/에서 이용할 수 있다.

1812년 반란에 관한 기록은 풍부하다. 가담자의 발언은 심문을 담당한 지역 관원이 기록한 범인 진술서에 담겨 있으며, 그런 조사기록은 상급 관서에 보고된 뒤 정부 문서고에 보관됐다. 이런 방대한 진술은 전장과 군영의 상황 일일보고와 함께 여러 권짜리 전집으로 영인·간행돼 매우 쉽게 이용할 수 있다. 각 5권으로 구성된《관서평란록》과《한국

민중운동사 자료대계—1811~1812년의 농민전쟁 편》은 그런 전집들이다. 거기 실린 심문은 4개월에 걸친 진압작전 동안 반란 동조자들이 체포되자마자 정주와 근처의 관청에서 이뤄졌다. 반란 지도자들은 추가적 심문과 최종 선고를 위해 도성으로 보내졌다. 그들의 진술은 반란을 자세히 재구성하는 데 더없이 소중하다. 개인적 증언 또한 일반 백성의 삶에 관한—반란 자체와는 무관하지만—의도하지 않은 정보를 제공하는데, 사람들은 자주 자신의 직업, 경제적 상황, 가족관계, 일상생활의 관심사를 말했기 때문이다.

새로 발견돼 이 연구에서 참고한 이런 형태의 관찬 자료 가운데 하나는 《평서본말》로 U. C. 버클리 아사미문고에 필사본 1책이 소장돼 있으며, 한국관 사서 장재용의 도움으로 이용할 수 있었다. 편찬자는 알려지지 않았지만, 그 내용에 반란과 반드시 연관되지는 않는 조정의 일상 사무도 많이 포함된 것으로 미뤄 조정에서 기록 관리를 맡았던 인물로 생각된다. 현재 남아 있는 분량은 1쪽 당 2면이 인쇄된 275쪽 분량으로 전체의 일부만 남아 있다. 이 책은 1812년 음력 2월 29일까지만 기록돼 있는데, 전체 반란 기간의 절반을 조금 더 넘는 기간을 담고 있는 것으로 봐서 원본은 적어도 두 권으로 이뤄졌을 것으로 추정하는 것이 합리적이다.[1]

---

[1] 이 책 《평서본말》에는 세 가지 색다른 자료가 첨부돼 있다. 첫 번째 자료는 박천군수 임성고가 반란 초기 며칠 동안 자신의 활동을 적은 짧은 회고록이다. 임성고는 반란군이 쳐들어왔을 때 박천을 지키지 못한 죄를 심문받을 때 그것을 의금부에 제출한 것으로 생각된다. 《평서본말》 1812년 1월 16일. 두 번째 자료는 정주의 관군 진영을 그린 지도(7장 〈그림 5〉)와 관군의 목록인데, 모두 1812년 3월 22일 사신 이민식이 제출한

여러 정부 관서에서 모으고 편찬한 이런 기록들 외에도 반란에 직접 참여했거나 우연히 그 지역에 있던 사람들이 일기 형태로 남긴 개인기록은 그 사건에 관해 좀 더 깊은 시각을 제공한다. 앞의 사례는《진중일기》인데, 정주 출신 의병장 가운데 한 사람인 현인복이 쓴 것으로 추정된다.[2] 중앙 조정에서 파견한 반란 진압군의 초관 방우정이 쓴《서정일기西征日記》도 또 다른 보기다. 제3자의 시각은 강희영(1796~?)이 남긴《일승》에 담겨 있는데, 그의 아버지는 반란이 일어났을 때 황해도 수안 군수遂安郡守였기 때문에 그는 거기 살면서 봉기에 관해 자신이 들은 것을 기록했다.[3] 그는 반란의 직접적 영향을 받은 지역에 있지는 않았지만, 반란 점령 지역과 가까운 지역의 상황을 일기에 썼는데 특히 방어를 강화하고 지역질서의 혼란을 수습하기 위한 지방군의 모집과 관련된 내용이 많이 담겨 있다. 정주 출신의 양반으로 반란 당시 평안도의 도사都事였던 백경해(1765~1842)는 평생 일기를 썼는데, 반란 기간의 부분은 따로《창상일기滄桑日記》라고 이름 붙여 문집에 실었다. 그의 기

보고서에 첨부돼 있다. 《평서본말》 1812년 2월 10일. 끝으로 병마사영에 있던 한 관원이 쓴 일기의 하루치 분량(1812년 3월 8일)인데, 1812년 2월 10일과 2월 11일 자 사이인 엉뚱한 위치에 삽입돼 있다.

[2] 오다 쇼고는《진중일기》의 저자를 현인복이라고 봤다. 小田省吾, 《辛未洪景來亂の硏究》, 157쪽. 이 일기의 해제에서 정석종은 관원이 아니라면 접근할 수 없었을 기록이 그 일기에 포함된 점을 들어 그런 판단에 의문을 제기했다. 《홍경래 임신사략》의 편찬자는 《진중일기》를 인용하면서 그 책은 현인복이 쓴 것이라고 지적했다. 《홍경래 임신사략》에 관련된 사항은 아래 참조.

[3] 강희영의 아버지 강준흠姜浚欽은 1794년(정조 18) 문과에 급제했다. 강희영의 두 형제도 1820년과 1835년 각각 문과에 급제했다. 강희영은 1843년(헌종 9) 진사시에 급제했다. 그의 아들과 두 조카도 문과에 급제했다.

조선의 변방과 반란, 1812년 홍경래 난

록은 관군의 규율 없는 행동을 비난한 것을 제외하고는 다른 자료에서 찾을 수 있는 정보와 특별히 다른 내용은 없다.

족보와 지방지는, 대부분 19세기 후반 이후 편찬됐는데, 조선시대 평안도의 사회·문화를 재구성하는 데 유용하다. 특히 19세기 이후 족보가 광범하게 위조됐다고 추정되기 때문에 족보의 신빙성은 여러 학자가 의문을 제기했다. 북부 출신 가문에서 편찬한 족보는 완전히 불신됐는데, 당시 학자들은 북부 지역에 양반이 없었다고 생각했기 때문으로 여겨진다.[4] 이 책에서 나는 조선 후기 북부 지배층이 유지한 생활방식과 문화와 가치는 남부 양반의 그것과 다르지 않았다고 주장한다. 족보 편찬은 양반의 사회적 기원을 밝히고 지배층의 구성원으로서 자신들의 특권을 보존하려는 양반문화의 일부였다. 그리고 북부 지배층은 같은 목적에서 지극히 조심스럽게 자신들의 족보를 편찬했다. 그 결과 나는, 각 가문은 제 명성을 보존하는 데 큰 관심을 두었고 단단히 짜인 양반사회에서는 어떤 위조라도 드러나기 때문에 족보의 위조는 널리 일어나지도 않았고 그럴 수도 없었다는 송준호의 주장에 의지해, 북부 지역

---

4 이수건, 〈족보와 양반의식〉, 29쪽; 같은 이, 〈조선 후기 성관의식과 편보제도의 변화〉. 조선 후기 어떤 가문에 현조가 있는 것에 더 큰 가치를 두게 되면서 시조를 신라시대나 고대 중국까지 소급해 설정하는 경향이 나타났다고 이수건은 주장했다. 조선 전기 북부로 이주한 뒤 새 본관을 받은 북부 주민들은 그것을 버리고 다른 저명한 본관을 자신들의 본관으로 채택했다고 그는 판단했다. 그러나 그는 그런 주장을 뒷받침할 증거는 제시하지 않았다. 아울러 그는 저명한 본관으로 바꾸는 경향은 평안도에서만 일어난 것이 아니며 조선 후기에는 다른 여러 지역에서도 나타났다고 지적했다. 고대 한국이나 중국의 저명한 인물에서 자신의 가문이 나왔다는 주장은 위조가 분명하지만, 족보에 있는 정보는 대부분 그래도 믿을 만하며, 다른 역사 자료와 함께 사용하면 매우 소중한 경우가 많다.

의 족보를 매우 유용한 1차 자료로 간주했다.[5]

실제로 북부 지역의 양반가문은 자신들의 기재 사항이 진짜임을 증명하는 데 남다른 노력을 기울였다. 예를 들어 1827년 판 철산의 하동 정씨 족보 발문에서는 1798년(정조 22) 한 친척이 정림이 남부 지역의 하동 정씨 지파와 연결될 수 있는 증거를 발견했지만, 조선 전기의 조상으로 철산에 처음 자리 잡은 정림부터 자신의 계보가 시작된다고 언급했다. 그러나 그 발문의 저자는 그런 증거는 진본이라고 확인할 수 있는 기록에서 가져온 것이 아니기 때문에 조금도 이용하지 않았다고 언급했다. 이 언급은 그들이 남부 지역 지파와 연결되려고 하는 강한 바람이 있었지만 증거를 얼마나 신중하게 교차검증했는지 증명해준다.[6] 아울러 북부 지역의 양반가문이 그 지역에 처음 거주했다고 주장한 현조顯祖는 조선의 역사에서 실제로 주요한 인물이 아니라 중·하급 정도의 중앙 관직을 가졌을 뿐이었으며, 북부 지역의 족보에 기록된 조선 전기의 인물은 중앙 관계에서 중요한 지위를 갖지 못했다. 조선 후기 북부 지역 지배층은 사회적 지위에서 그들의 남부 지역 상대들과 동등하게 여겨진 것이 아니라 양반문화와 관행에 동등한 참여자라고 스스로 생각했다는 것이 진실에 가까울 것이다. 그러므로 그들은 자신의 기원과 다른 가문의 그것을 명확히 구분하려고 노력했으며 자신의 지역에 온전한 계보를 보존하려고 했던 것이 분명하다.[7]

---

5 송준호, 《조선사회사연구》, 41~45쪽.
6 《하동 정씨 세보》, 8~9쪽.
7 북부 지역의 양반과 그들의 족보에 관련된 자세한 사항은 2장 참조.

조선의 변방과 반란, 1812년 홍경래 난

홍경래의 개인사와 자질을 이야기할 때 학자들이 자주 이용하는—오다 쇼고부터 시작됐다—유명한 자료 가운데 하나인 《홍경래》는 비판적 평가가 필요하다. 한문으로 씌어진 《홍경래》는 이 특별한 역사적 사건에 기초한 소설에 가깝다. 이우성과 임형택은 그 표현과 문법을 고려해 이 소설이 애국계몽기(1900년대)에 쓰인 것으로 추정했다.[8] 그러나 이 소설의 내용은 《홍경래 임신사략壬申史略》과 거의 비슷하다. 《홍경래 임신사략》은 1932년 이정구李鼎九가 서문을 쓰고 장수영이 편찬한 필사본 《속조야집요續朝野輯要》 권12의 부록이다. 의병장 현인복의 후손 현상윤(1893~?)은 한글로 《홍경래전》을 써 1931년 《동아일보》에 연재했다. 현상윤 소설의 내용은 한문으로 씌어진 《홍경래》와 비슷하다. 그 결과 현상윤은 《홍경래》와 《홍경래전》의 저자 같기도 하다. 그리고 그것의 한문 필사본은 1932년 《속조야집요》의 필사본이 만들어질 때 부록으로 들어간 것 같다.

오다 쇼고는 《신미홍경래난의 연구辛未洪景來亂の硏究》에서 《홍경래 임신사략》의 신빙성을 매우 높이 평가했다. 반대로 오수창은 소설 《홍경래》와 역사서 《홍경래 임신사략》은 후대에 쓰였고 타당성이 의심스러운 사실이 일부 추가돼 있기 때문에 모두 믿을 수 없다고 지적했다.[9] 현재 나로서는 《홍경래 임신사략》의 가치를 판정하기 어렵다. 그 저자는 나도 많이 참고한 《진중일기》 같은 그 밖의 자료에서 일부 정보를 인용했다. 한편 한글판에는 저자가 자신의 고향인 정주의 노인들에게 들었

---

[8] 이우성·임형택 편, 《이조한문단편집》 하, 118쪽.
[9] 오수창, 〈홍경래란 봉기군의 최고지휘부〉, 233쪽.

다고 밝힌 필기가 들어 있다. 그러나 일부 정보—이를테면 홍경래가 김창시를 깊은 산속의 은신처로 꾀어 반란에 가담하자고 설득했다는 이야기—는 너무 극적이어서 사실이라고 믿기 어렵다. 그래서 나는 늘 다양한 자료에 있는 정보의 신빙성을 판단할 때 이 자료를 다른 자료와 대조하려고 했다.

조선의 변방과 반란, 1812년 홍경래 난

부록 2: 백경해의 경력

시기	나이	관서와 관직	품계
1786년	22세	문과 급제, 성균관 배속國子分館	
1788년 3월 1일	24세	성균관 학유, 기로소 수직	종9품
1788년 4월 17일		승정원 가주서	정7품
1789년 6월 20일	25세	성균관 전적典籍, 예조좌랑	정6품
1789년 7월 1일		공조정랑, 추추관 기주관記注官	정5품
1790년 4월 17일	26세	예조정랑	
1790년 5월 6일		공조정랑, 춘추	정5품
1794년 12월 1일	30세	예조정랑, 춘추	정5품
1801년 8월 23일	37세	봉상시 첨정	종4품
1803년 3월 20일	39세	예조정랑	정5품
1803년 4월 10일		춘추관 기주관, 예조정랑과 겸직	정5품
1804년 2월 13일	40세	호조정랑	정5품
1804년 7월 10일		유곡찰방幽谷察訪	종6품
1810년 1월 15일	46세	조경묘 영肇慶廟令	종5품
1811년 8월 10일	47세	평안도 도사都事	종5품
1812년 5월 8일	48세	태천현감態川縣監	정6품
1816년 10월 17일	52세	사헌부 장령	정4품
1817년 6월 11일	53세	군자감軍資監 정正	정3품
1819년 12월 25일	55세	장연현감長淵縣監	정6품
1821년 12월 6일	57세	사헌부 장령	정4품
1827년 5월 19일	63세	종부시宗簿寺 정正	정3품
1827년 12월 7일		포상으로 특진	
1827년 12월 13일		오위五衛 부호군副護軍	종4품
1828년 9월 3일	64세	중추부中樞府 첨지사僉知事(명예직)	정3품(당상관)
1829년 12월 19일	65세	돈녕부 도정都正	정3품(당상관)
1836년 1월 3일	72세	가선대부(종2품)로 승품, 오위 호군	정4품
1836년 3월 7일		중추부 동지사	종2품
1836년 10월 18일		오위 호군	정4품
1839년 5월 25일	75세	한성부 좌윤	종2품

전거: 《승정원일기》; 《수와집守窩集》, 〈환해징비宦海懲毖〉, 8:1a~15b; 《수와일기守窩日記》.

부록 3: 반란 주요 지도자들의 운명

이름	날짜와 죽음의 유형(날짜는 모두 1812년)
홍경래	5월 29일 총상으로 사망. 그 뒤 참수 및 능지처사
우군칙	6월 1일 체포돼 6월 14일 능지처사
이희저	6월 2일 사망·참수
김창시	2월 28일 동료가 죽이고 참수해 바침
김사용	5월 2일 전투에서 총상으로 사망
홍총각	6월 14일 참수·능지처사
이제초	2월 21일 전투에서 사망·참수
정경행	2월 27일 생포돼 3월 18일 능지처사
정복일	2월 27일 생포돼 3월 18일 능지처사
정성한	2월 27일 생포돼 3월 18일 능지처사
최봉관	3월 18일 능지처사
유문제	2월 28일 참수
박성신	2월 27일 생포돼 2월 28일 참수
김이대	5월 29일 생포돼 6월 14일 능지처사
변대익	2월 14일 생포·참수
한일행	11월 19일 능지처사
윤언섭	5월 29일 생포돼 6월 14일 능지처사

전거: 《진중일기》와 《관서평란록》의 정보에 바탕했다. 반란 세력의 운명에 관한 요약은 《순조실록》 12년 4월 21일(계해) 참조.

부록4: 조선왕조의 국왕

태조太祖	1392~98
정종定宗	1398~1400
태종太宗	1400~18
세종世宗	1418~50
문종文宗	1450~52
단종端宗	1452~55
세조世祖	1455~68
예종睿宗	1468~69
성종成宗	1469~94
연산군燕山君	1494~1506
중종中宗	1506~44
인종仁宗	1544~45
명종明宗	1544~67
선조宣祖	1567~1608
광해군光海君	1608~23
인조仁祖	1623~49
효종孝宗	1649~59
현종顯宗	1659~74
숙종肅宗	1674~1720
경종景宗	1720~24
영조英祖	1724~76
정조正祖	1776~1800
순조純祖	1800~34
헌종憲宗	1834~49
철종哲宗	1849~63
고종高宗	1863~1907
순종純宗	1907~10

옮긴이의 글

어떤 의미에서 인간의 역사는 차이를 차별로 구부러뜨렸다가 조금씩 다시 펴가는 과정이었다고 말할 만하다. 그 과정에 해당되는 항목은 인종·성별·지역·신분·종교 등 수없이 많다. 어쩌면 인간의 삶 자체라고 말할 수도 있을 것이다.

반란은 그런 휘어진 현실을 바로잡으려는—좀 더 정확히는 자신 쪽으로 구부러뜨리려는—시도 가운데 가장 직접적이고 폭력적인 모험이다. 성공하면 세상의 온갖 탐스러운 가치를 거머쥐지만 그렇지 못하면 목숨을 포함해 모든 것을 잃는다.

조선시대에도 그런 모험은 수없이 감행됐다. 그 가운데 홍경래 난은 특별한 규모와 파괴력과 영향력을 지닌 중대한 사건이었다. 그 사건에서 내게 가장 인상적인 사실은 10년 넘게 준비해 거병했지만 5개월 만에 진압됐다는 것이었다. 실제로는 반란을 일으킨 지 한 달도 못 되어 치른 송림과 사송야 전투에서 관군에게 패배한 뒤 정주성으로 퇴각해 4개월 정도 농성하다가 참혹하게 진압됐으니, 반란의 불길은 화르르

조선의 변방과 반란, 1812년 홍경래 난

타올라 온 서북 지역을 삽시간에 뒤덮었지만 짧다고 말할 만한 시간 만에 사그라진 것이다.

베어낸 듯 날카로운 논리와 문장으로 가득하다고 느낀 유발 하라리의 《사피엔스》(조현욱 옮김, 김영사, 2015)에서 특히 인상적인 구절 가운데 하나는 이것이었다. "아프리카인 적을 맞이한 유럽 군대가 흔히 했던 말은 '뭐가 오든 상관없다. 우리에게는 기관총이 있고 그들에게는 없다'였다(397쪽)."

삼국시대 이후 전근대 한국사에 넘실댔던 수많은 모반과 반란의 파도는 대부분 예언·도참·비기의 뒷바람에 기댔다. 그러나 그 가운데 성공한 것은 왕조 교체를 이룬 왕건과 이성계의 시도밖에 없었다. 홍경래난을 포함해 조선왕조를 무너뜨리려던 수많은 시도는 죄다 실패했다. 《정감록》이든 풍수지리설이든 그 밖의 무엇이든 거기서 말한 예언은 결국 모두 빗나간 것이다. 조선을 무너뜨린 것은 근대의 압도적인 물리력을 앞세운 일본이었다.

현재 해외 한국사학계를 이끄는 학자 가운데 한 분인 저자는 박사논문을 간행한 이 첫 저서에서 차분하고 정교한 논리와 문장으로 홍경래난을 세밀하게 분석해 국내 학계의 주류적 견해와는 다른 의견을 제출했다. 저자의 이런 주장은 주의 깊게 경청할 필요가 있다고 생각한다. 번역원고를 꼼꼼히 검토하고 수정해주신 저자께 감사드린다.

아이들과 땀 흘리며 농구하는 날을 그려본다. 그날이 어서 왔으면 좋겠다.

2020년 9월 김범

옮긴이의 글

참고문헌

〈1차 자료〉

강희영, 《일승日乘》 1책, 규장각 소장본, ko.4254.18.

《고려사》 전3권, 아세아문화사, 1972.

《관서신미록》, 《한국민중운동사 자료대계—1811~1812년의 농민전쟁편》 3, 여강출판
　　　사, 1985.

《관서읍지》, 《한국지리지총서읍지》 14~17권, 《평안도》 1~4, 아세아문화사, 1986.

《관서통문關西通文》, 국사편찬위원회, GF 3757(28－279－03).

《관서평란록》 전5권, 한국학문헌연구소 편, 아세아문화사, 1979.

《광주 노씨족보》, 1898년 편집·간행. 노운희 개인소장, 서울, 한국.

《대전회통》, 영인본, 보경문화사, 1990.

《동국원사록》, 하버드－옌칭도서관 소장본, K4976 7287.

《만기요람 재용편》, 1808년 심상규·서영보 편, 영인본, 京城:朝鮮總督府 中樞院, 1937.

방우정, 《서정일기西征日記》, 국사편찬위원회, 1964.

《배천 조씨 세보》, 배천 조씨 족보편찬위원회, 1957.

백경한, 《부호집鳧湖集》, 1933년 필사본, 국사편찬위원회 소장본, D3B 179.

조선의 변방과 반란, 1812년 홍경래 난

백경해, 《수와집守窩集》 전8권 4책, 국사편찬위원회 소장본, D3B 263.

──, 《수와일기守窩日記》 2책, 국사편찬위원회 소장본, B9I 89.

백시원, 《노포선생문집老圃先生文集》, 한국역대문집총서 2948권 재간행, 경인문화사, 1999.

《삼국사기》, 1145년 김부식 편, 영인본, 민족문화추진회, 1982.

선우협, 《둔암전서遯菴全書》, 한국문집총간 93권, 민족문화추진회, 1992.

《순천 김씨 철원공파 세보》, 순천 김씨 철원공파보소, 1980.

《세종실록 지리지》, 京城:朝鮮總督府 中樞院, 1937.

《수안 계씨 인맥보遂安桂氏人脈譜》, 계씨 인맥연구소, 1974.

《수원 백씨 정주족보》, 전3권, 수원 백씨 정주족보 편찬위원회, 1940.

《순무영등록》, 《한국민중운동사 자료대계─1811~1812년의 농민전쟁편》 1~2, 여강출판사, 1985.

《순절록》, 《한국민중운동사 자료대계─1811~1812년의 농민전쟁편》 4, 여강출판사, 1985.

《순조기사》, 심노숭 편, 《대동패림》 수록, 국학자료원, 1983.

《순조신미별등록純祖辛未別謄錄》, 《한국민중운동사 자료대계─1811~1812년의 농민전쟁편》 4, 여강출판사, 1985.

《승정원일기》 전126권, 국사편찬위원회 편, 탐구당, 1973.

《신미기사본말》 1책, 연세대학교 소장본.

《신미록》, 1861년 초간. 장덕순·최진원 편, 《한국고전문학대계》 1권, 430~506쪽 재수록, 교문사, 1984.

《신안지 속편》, 《한국근대읍지》 63권 및 64권 수록, 한국인문과학원, 1991.

《신역 정감록》, 이민수 옮김, 홍신문화사, 1985.

《신증 동국여지승람》, 1530년경 이행 편찬·교정. 고전간행회 영인본, 서경문화사, 1994.

《안릉일기安陵日記》, 《한국민중운동사 자료대계─1811~1812년의 농민전쟁편》 4, 여강출판사, 1985.

《안의 임씨세보》, 서울: 출판지 불명, 1984.

안정복, 《순암선생문집》, 광주: 안종엽, 1910?, 하버드-옌칭도서관 소장본, K5568.2 3423.

《연안 김씨 개성부윤공파보》 전2권, 대전: 연안 김씨 종친회, 1986.

《연일 승씨 족보延日承氏族譜》, 연일 승씨 족보 간행소, 1962.

《영변지》, 1944년 초간. 《한국근대읍지》 62권 수록, 한국인문과학원, 1991.

《용성쌍의록龍城雙義錄》, 정성학 편, 1794년 간행, 교토대학교Kyoto University 가와이문 고Kawai Collection, ri－10.

우하영, 《천일록千一錄》, 원문과 번역문 합본. 사리원 농업대학 옮김, 평양: 농업출판사, 1964.

유득공, 《경도잡지》, 경성: 조선광문회, 1912.

이긍익, 《연려실기술》 전6권, 조선고서간행회, 1912~13.

이문건, 이상주 역주, 《양아록養兒錄》, 태학사, 1997.

이승휴, 《제왕운기》, 1287년 초간. 경성: 조선고전간행회 재간행, 1939.

이시항, 《김장군 유사》, 1738년 간행. 하버드－옌칭도서관 소장본, TK 2294.5 8161.

———, 《화은선생문집和隱先生文集》, 1738년 초간. 한국역대문집총서 636권에 영인, 경 인문화사, 1998.

이중환, 이익성 옮김, 《택리지》, 을유문화사, 1993.

《일성록》 전86권, 서울대학교 규장각 편, 서울대학교 규장각, 1992.

일연, 최남선 편, 《삼국유사》, 서문문화사, 1983.

정약용, 다산연구회 역주, 《역주 목민심서》, 창작과비평사, 1978.

———, 이익성 옮김, 《경세유표》, 한길사, 1997.

《정주읍지》, 《조선시대 사찬읍지》 48권, 한국인문과학원, 1990.

《조선왕조실록》, 전48권, 국사편찬위원회 편, 동국문화사, 1955.

조수삼, 《추재집秋齋集》, 1939년 출간. 민족문화사, 1980 재간행.

《증보문헌비고》, 박용대 등 편, 1908. 고전간행회 재간행, 동국문화사, 1957.

《진중일기》, 《한국민중운동사 자료대계—1811~1812년의 농민전쟁편》 3, 여강출판사, 1985.

《청구야담》, 규장각 소장본, 2405 19 7. 규장각, 1990 재간행.

《추안급국안推案及鞫案》 27권, 《죄인진채등추안》, 1~182쪽. 한국학문헌연구소 편, 아세 아문화사, 1978.

《퇴계서 집성》 전6권, 권오봉 편, 포항공과대학교, 1996.

《평서본말平西本末》 1권, 필사본, East Asian Library, Asami Collection, University of

조선의 변방과 반란, 1812년 홍경래 난

California at Berkeley, Asami 15.23.

《평양속지》, 《조선시대 사찬읍지》 46권, 한국인문과학원, 1990.

《하동 정씨 세보》, 철산 하동 정씨 종친회 편, 회상사, 1971.

한국학중앙연구원 편, 《사마방목》, 동방미디어, http://www.koreaa2z.com/samaI/.

《호구총수戶口總數》, 영인본, 서울대학교 출판부, 1971.

이우성·임형택 편, 〈홍경래〉, 《이조한문단편집》 하, 118~61쪽 및 366~84쪽, 일조각, 1978.

《홍경래 관계통문》, 국사편찬위원회 소장본, B14 84.

《홍경래 반란기》, 국립중앙도서관 소장본, ko2518-93-2.

《홍경래 임신사략》, 《속조야집요續朝野輯要》 권 12 수록. 장수영 편, 이정구 서문. 1932년 필사본. 규장각 소장본, ko.4250.104.12.

《홍씨 일기》, 《한국민중운동사 자료대계—1811~1812년의 농민전쟁편》 4, 여강출판사, 1985.

Wagner, Edward W., Song Chunho, comps, *The Wagner and Song Munkwa Roster of the Choson Dynasty*, 동방미디어, http://www.koreaa2z.com/munkwa/.

〈2차 자료〉

한국어 및 일본어

가와라바야시 스즈미河原林靜美, 〈1811년의 평안도에 있어서의 농민전쟁〉, 《봉건사회 해체기의 사회경제구조》, 청아출판사, 1982, 285~314쪽.

고동환, 《조선 후기 서울상업발달사》, 지식산업사, 1998.

고석규, 《19세기 조선의 향촌사회연구—지배와 저항의 구조》, 서울대학교 출판부, 1998.

———, 〈19세기 전반 향촌사회 지배구조의 성격〉, 《외대사학》 2, 1989.

———, 〈19세기 전반 향촌사회 세력 간의 대립의 추이—경상도 영양현을 중심으로〉, 《국사관논총》 9, 1989, 147~81쪽.

———, 〈18세기 말 19세기 초 평안도지역 향권의 추이〉, 《한국문화》 11, 1990,

341~406쪽.

고성훈 외, 《민란의 시대》, 가람기획, 2000.

권내현, 〈조선 후기 평안도재정운영 연구〉, 고려대학교 박사학위논문, 2003.

권태환·신용하, 〈조선왕조시대 인구추정에 관한 시론〉, 《동아문화》 14, 1977. 12, 287~330쪽.

김대길, 《조선 후기 장시연구》, 국학자료원, 1997.

김덕진, 《조선 후기 지방재정과 잡역세》, 국학자료원, 1999.

———, 〈조선 후기 지방 관청의 민고설립과 운영〉, 《역사학보》 133, 1992. 3, 63~93쪽.

김석희, 〈세조조의 사민徙民에 관한 고찰—하삼도 사민의 시대적 배경을 중심해〉, 《부대사학》 2, 1971, 33~61쪽.

김선주, 〈조선 후기 평안도 정주의 향안운영과 양반문화〉, 《역사학보》 185, 2005. 5, 65~105쪽.

김선경, 〈조선 후기 산송과 산림소유권의 실태〉, 《동방학지》 77·78·79, 1993. 6, 497~535쪽.

김용덕, 〈정여립 연구〉, 《한국학보》 4, 1976, 40~83쪽.

김용섭, 〈조선 후기의 경영형부농과 상업적 농업〉, 《조선 후기 농업사연구—농업변동, 농학사조》, 일조각, 1971, 134~229쪽.

김우철, 《조선 후기 지방군제사》, 경인문화사, 2000.

김웅호, 〈우리 부자를 역적으로 몰다니—이괄〉, 한국사연구회 편 《모반의 역사》, 세종서적, 2001, 254~70쪽.

김인걸, 〈조선 후기 향안의 성격변화와 재지사족〉, 《김철준 박사 화갑기념 사학논총》, 지식산업사, 1983, 525~60쪽.

———, 〈조선 후기 향촌사회 변동에 관한 연구〉, 서울대학교 박사학위논문, 1991.

김재호, 〈농촌사회의 신용과 계—1853~1934〉, 안병직·이영훈 편, 《맛질의 농민들》, 서울:일조각, 2001, 300~31쪽.

김준형, 《조선 후기 단성사족층 연구》, 아세아문화사, 2002.

김종원, 〈조선 후기 대청무역에 대한 일고찰—잠상의 무역활동을 중심으로〉, 《진단학보》 43, 1977, 33~81쪽.

김현룡, 《한국문헌설화》 3, 건국대학교 출판부, 1999.

김현영, 《조선시대의 양반과 향촌사회》, 집문당, 1999.

───, 〈의, 점, 무―16세기의 질병치유의 여러 양상〉, 《41회 전국역사학대회 발표요 지》, 1998, 108~17쪽.

남연숙, 〈조선 후기 향반의 거주지 이동과 사회지위의 지속성〉 2, 《한국사연구》 84, 1994. 3, 47~81쪽.

남지대, 〈중앙정치세력의 형성구조〉, 한국사연구회 편, 《조선정치사》 상, 청년사, 1990, 129~65쪽.

노태돈 편, 《단군과 고조선사》, 사계절, 2000.

〈도량형〉, 《한국민족문화대백과사전》(www.encykorea.com).

망원한국사연구실 19세기 농민항쟁분과 편, 《1862년 농민항쟁―중세 말기 전국 농민 들의 반봉건투쟁》, 동녘, 1988.

문용식, 《조선 후기 진정과 환곡운영》, 경인문화사, 2000.

문일평, 〈사상의 기인〉, 《호암전집》 1, 조선일보사, 1939, 405~13쪽.

박경자, 《고려시대 향리연구》, 국학자료원, 2001.

박기주, 〈재화가격의 추이, 1701~1909〉, 이영훈 편, 《수량경제사로 다시 본 조선 후기》, 서울대학교 출판부, 2004, 174~223쪽.

박이택, 〈서울의 숙련 및 미숙련 노동자의 임금, 1600~1909〉, 이영훈 편, 《수량경제사 로 다시 본 조선 후기》, 서울대학교 출판부, 2004, 41~107쪽.

박홍갑, 〈조선 전기 양계정착민의 성격과 차별의식〉, 《이수건 교수 정년기념 한국중세 사논총》, 논총간행위원회, 2000, 225~60쪽.

박희진·차명수, 〈조선 후기와 일제시대의 인구변동〉, 이영훈 편, 《수량경제사로 다시 본 조선 후기》, 서울대학교 출판부, 2004, 1~40쪽.

박흥수, 〈도량형 제도〉, 《한국사》 24, 국사편찬위원회, 1994, 599~625쪽.

변광석, 《조선 후기 시전상인연구》, 혜안, 2001.

배혜숙, 〈영조 연간의 사회동향과 민간사상〉, 《상명사학》 1, 1993. 5, 81~102쪽.

백승종, 《한국사회사연구》, 일조각, 1996.

───, 〈18~19세기 《정감록》을 비롯한 각종 예언서의 내용과 그에 대한 당시대인들의 해석〉, 《진단학보》 88, 1999, 265~90쪽.

───, 〈18세기 전반 서북지방에서 출현한 《정감록》〉, 《역사학보》 164, 1999, 99~124쪽.

백승철, 《조선 후기 상업사연구》, 혜안, 2000.

사회과학원 역사연구원, 〈1811~1812년 평안도 농민전쟁〉, 《조선전사》 12, 중세편, 이

조사 5, 평양:과학백과사전출판사, 1980.

서영대, 〈전통시대의 단군의식〉, 노태돈 편, 《단군과 고조선사》, 사계절, 2000, 157~82쪽.

서태원, 《조선 후기 지방군제 연구—영장제를 중심으로》, 혜안, 1999.

손병규 등, 《단성호적대장연구》, 성균관대학교 대동문화연구원, 2003.

송준호, 《조선사회사연구》, 일조각, 1987.

송찬섭, 《조선 후기 환곡제도개혁 연구》, 서울대학교 출판부, 2002.

안병직·이영훈 편, 《맛질의 농민들》, 일조각, 2001.

안확, 《조선문명사》, 경성: 회동서관, 1923.

연세대학교 국학연구원 편, 《한국 근대이행기 중인연구》, 신서원, 1999.

염정섭, 《조선시대 농법발달 연구》, 태학사, 2002.

오성, 〈인삼상인과 금삼정책〉, 《조선 후기 상인연구》, 일조각, 1989.

오수창, 《조선 후기 평안도사회발전 연구》, 일조각, 2002.

──, 〈홍경래란의 주도세력과 농민〉, 《1894년 농민전쟁연구》 2, 역사비평사, 1992, 141~84쪽.

──, 〈홍경래란 봉기군의 최고지휘부〉, 《국사관논총》 46, 1993, 231~60쪽.

──, 〈17, 18세기 평안도 유생층의 정치적 성격〉, 《한국문화》 16, 1995. 12, 93~126쪽.

──, 〈조선 후기 평안도민에 대한 인사정책과 도민의 정치적 동향〉, 서울대학교 박사학위논문, 1996.

──, 〈조선 후기 평양과 그 인식의 변화〉, 최승희교수 정년기념논문집 간행위원회 편, 《조선의 정치와 사회》, 집문당, 2002, 823~50쪽.

오영교, 〈조선 후기 지방관청과 식리활동〉, 《학림》 8, 1986, 1~68쪽.

유승주, 〈조선 후기 광업사의 시대구분에 관한 일시론〉, 《조선 후기 사회경제사 연구입문》, 민족문화사, 1991, 124~69쪽.

유승주·이철성, 《조선 후기 중국과의 무역사》, 경인문화사, 2002.

유탁일, 《성호 학맥의 문집간행연구》, 부산대학교 출판부, 2000.

윤홍기, 〈풍수지리설의 본질과 기원 및 그 자연관〉, 《한국사 시민강좌》 14, 1994, 187~204쪽.

이경식, 〈조선 초기의 북방개척과 농업개발〉, 《역사교육》 52, 1992. 12, 13~29쪽.

이기순, 〈봉산 이씨 족보를 통해서 본 조선시대 가족규모〉, 《홍익사학》 6, 1996, 1~16쪽.

──, 〈조선 후기 고령 신씨의 가족규모〉, 《백산학보》 58, 2001, 225~74쪽.

조선의 변방과 반란, 1812년 홍경래 난

이돈화(백두산인), 〈홍경래와 전봉준〉, 《개벽》 1920. 11, 39~47쪽.

이병도, 〈홍경래난과 정주성도〉, 《고려시대의 연구》, 아세아문화사, 1980.

이복규, 〈조선 전기 사대부가의 무속─이문건의 《묵재일기》를 중심으로〉, 《한국민속학
　　보》 9, 1998, 5~29쪽.

─── , 〈조선 전기 사대부가의 점복과 독경─이문건의 《묵재일기》를 중심으로〉, 《한
　　국민속학보》 10, 1999, 1~17쪽.

이상배, 《조선 후기 정치와 괘서》, 국학자료원, 1999.

─── , 〈숙종조 괘서에 관한 연구〉, 《강원사학》 5, 1989, 33~68쪽.

─── , 〈영조조 윤지 괘서사건과 정국의 동향〉, 《한국사연구》 76, 1992, 77~98쪽.

─── , 〈조선 후기 한성부 괘서에 관한 연구〉, 《향토서울》 53, 1993, 153~86쪽.

이상협, 《조선 전기 북방사민연구》, 경인문화사, 2001.

이성무, 《조선 초기 양반연구》, 일조각, 1980.

이수건, 《한국중세 사회사연구》, 일조각, 1984.

─── , 《조선시대 지방행정사》, 민음사, 1989.

─── , 《영남학파의 형성과 전개》, 일조각, 1995.

─── , 〈조선 성종조의 북방이민정책〉, 《아세아학보》 7, 1970, 184~208쪽(1부), 8,
　　76~112쪽(2부).

─── , 〈조선 후기 성관의식과 편보제도의 변화〉, 《구곡 황종동교수 정년기념 사학논
　　총》, 1994, 395~420쪽.

─── , 〈족보와 양반의식〉, 《한국사 시민강좌》 24, 일조각, 1999, 20~49쪽.

이순구, 〈조선 초기 종법의 수용과 여성지위의 변화〉, 한국정신문화연구원 박사학위논
　　문, 1994.

이승훈, 〈서북인의 숙원신통宿怨新痛〉, 《신민新民》 14, 1926. 7. 정주군지 편찬위원회 편,
　　《정주군지》 정주군지 편찬위원회, 1975, 363~4쪽 재수록.

이영학, 〈담배의 사회사〉, 《역사비평》 12, 1991 봄, 121~35쪽.

이영훈 편, 《수량경제사로 다시 본 조선 후기》, 서울대학교 출판부, 2004, 174~223쪽.

─── , 〈18·19세기 대저리의 신분구성과 재지질서〉, 안병직·이영훈 편, 《맛질의 농민
　　들》, 서울: 일조각, 2001, 245~99쪽.

이인영, 〈이씨 조선 세조 때의 북방이민정책〉, 《진단학보》 15, 1947, 90~113쪽.

이재룡, 〈조선 전기의 토관에 대해〉, 《진단학보》 29·30, 1996, 118~28쪽.

이존희,《조선시대 지방행정제도연구》, 일지사, 1990.

이종일,《대전회통 연구―권수·이전편》, 한국법제연구원, 1993.

이준구, 〈조선 후기 한량과 그 지위〉,《국사관논총》5, 1989, 147~73쪽.

이철성,《조선 후기 대청무역사 연구》, 국학자료원, 2000.

―――, 〈17세기 평안도 강변 7읍의 방어체제〉,《한국사학보》13, 2002. 9, 299~353쪽.

이태진, 〈서얼차대고〉,《역사학보》27, 1965, 65~104쪽.

―――, 〈조선 후기 양반사회의 변화〉, 주보돈 외,《한국사회발전사론》, 일조각, 1992, 129~226쪽.

이해준, 〈조선 후기 진주지방의 유호儒戶의 실태―1832년 진주향교 수리기록의 분석〉,《진단학보》60, 1985, 79~100쪽.

―――,《조선후기 촌락사회사》, 민족문화사 1996.

이헌창, 〈김육의 경제사상과 경제정책〉, 미간행원고, 저자 제공, 2005. 8.

이호철, 〈19세기 농업문제의 성격〉,《19세기 한국 전통사회의 변모와 민중의식》, 고려대학교 민족문화연구소, 1982.

이호철·박근필, 〈19세기 초 조선의 기후변동과 농업위기〉,《조선시대사학보》2, 1997. 6, 123~91쪽.

이홍직,《한국사 대사전》상·하, 교육도서, 1991.

이훈상,《조선 후기의 향리》, 일조각, 1990.

이희권, 〈정여립 모반사건에 관한 고찰〉,《창작과비평》10권 3호, 1975, 204~18쪽.

장동표,《조선 후기 지방재정연구》, 국학자료원, 1999.

전해종, 〈청대 한중관계의 일고찰〉,《동양학》1, 1971, 229~45쪽.

정만조,《조선시대 서원연구》, 집문당, 1997.

정석종, 〈홍경래란의 성격〉,《한국사연구》7, 1972, 151~206쪽.

―――, 〈조선 후기 숙종 연간의 미륵신앙과 사회운동〉,《한우근박사 정년기념논총》, 지식산업사, 1981, 409~46쪽.

―――, 〈홍경래 난〉,《전통시대의 민중운동》, 풀빛, 1981, 289~355쪽.

―――, 〈숙종 연간 승려세력의 거변계획擧變計劃과 장길산〉,《동방학지》31, 1982, 105~45쪽.

―――, 〈홍경래 난과 그 내응세력〉,《교남사학》1, 1985. 12, 373~402쪽.

정영훈, 〈신미록 연구〉, 이화여자대학교 석사학위논문, 1993.

정옥자, 《조선 후기 중화사상연구》, 일지사, 1998.

《정주군지》, 정주군지 편찬위원회 편, 정주군지 편찬위원회, 1975.

조광, 〈19세기 민란의 사회적 배경〉, 《19세기 한국전통사회의 변화와 민중의식》, 181~236쪽, 고대민족문화연구소, 1982.

조동일, 《민중영웅 이야기》, 문예출판사, 1992.

차장섭, 《조선 후기 벌열연구》, 일조각, 1997.

최길성, 〈고려·조선의 풍수사상〉, 《한국 민간신앙의 연구》, 계명대학교출판부, 1989.

최종택, 〈조선초 평안·함길도의 지방세력〉, 《동방학지》 99, 1998, 131~90쪽.

최진옥, 《조선시대 생원·진사연구》, 집문당, 1998.

《평안북도지》, 평안북도지 편찬위원회, 1973.

《평안남도지》, 평안남도지 편찬위원회, 1977.

한국역사연구회 편, 《조선정치사, 1800~1863》 상, 청년사, 1990.

한상권, 〈1811년 황해도 곡산지방의 농민항쟁〉, 《역사와 현실》 5, 1991, 189~241쪽.

홍희유, 〈1811~1812년 평안도 농민전쟁과 그 성격〉, 《봉건지배계급을 반대한 농민들의 투쟁》, 평양: 과학원 출판사, 1963, 47~120쪽.

황패강, 〈한문소설 홍경래전 연구〉, 《동양학》 18, 1988, 111~36쪽.

현상윤, 〈홍경래〉, 《조선명인전》, 조광사, 1946, 374~400쪽.

―――, 《홍경래전》, 〈동아일보〉 1931년 7월 12일~1931년 8월 20일.

諸橋轍次, 《大漢和辭典》 전13권, 東京: 大修館書店, 1955~60.

村山智順, 《朝鮮の占卜と豫言》, 京城: 朝鮮總督府, 1933.

山內弘一, 〈朝鮮を以て天下に王たらしむ―學習院大學藏「箕子八條志」にみる在野老論知識人の夢〉, 《東洋學報》, 84－3, 2002. 12, 1~31쪽.

小田省吾, 《辛未洪景來亂の硏究》, 小田先生頌壽記念. 1934.

―――, 〈洪景來亂の槪略とその動機に就いて〉, 《靑丘學叢》 16, 靑丘學會, 1932.

稻葉岩吉 編, 《平安北道史》 上·下, 京城:朝鮮印刷株式會社, 1938. 서울: 경인문화사 재간행, 1989.

鶴園裕, 〈平安道農民戰爭における參加層〉, 《朝鮮史叢》 2, 1979, 57~105쪽.

吉川友丈, 〈洪景来の乱における反乱主導部の戦略と意識〉, 《朝鮮学報》 166, 1998, 81~118쪽.

善生永助,《朝鮮の聚落》전3권, 京城:朝鮮總督府, 1933~35.

─────, 〈朝鮮の姓氏と同族部落〉, 東京: 刀江書院, 1943.

서양어

Abelmann, Nancy. *Echoes of the Past, Epics of Dissent: A South Korean Social Movement.* Berkeley:
University of California Press, 1996.

Bernhardt, Kathryn. *Rents, Taxes, and Peasant Resistance: The Lower Yangzi Region, 1840~1950.*
Stanford: Stanford University Press, 1992.

Bix, Herbert P. *Peasant Protest in Japan, 1590~1884.* New Haven: Yale University Press,1986.

Byington, Mark Edward. "A History of the Puyŏ State, its People, and its Legacy." Ph.D. diss.,
Harvard University, 2003.

Chung, Chai─sik. "Chŏng Tojŏn: 'Architect' of Yi Dynasty Government and Ideology." In
William T. de Bary and JaHyun Kim Haboush, eds., *The Rise of Neo-Confucianism in
Korea, 59~83.* New York: Columbia University Press, 1985.

Duara, Prasenjit. *Rescuing History from the Nation: Questioning Narratives of Modern China.*
Chicago: University of Chicago Press, 1995.

Deuchler, Martina. *The Confucian Transformation of Korea: A Study of Society and Ideology.*
Cambridge, Mass.: Harvard University Press, 1992.

─────. "'Heaven Does Not Discriminate': A Study of Secondary Sons in Chosŏn Korea."
Journal of Korean Studies 6 (1988~89): 121~64.

Duncan, John B. "Hyanghwain: Migration and Assimilation in Chosŏn Dynasty Korea." *Acta
Koreana 3* (2000): 99~113.

─────. *The Origins of the Chosŏn Dynasty.* Seattle: University of Washington Press, 2000.

Eggert, Marion. "A Borderline Case: Korean travelers' views of the Chinese border." In Sabine
Dabringhaus and Roderich Ptak eds., *China and her Neighbors: Borders and Visions of the
Other, Foreign Policy, 10th to 19th Century,* 49~78. Wiesbaden: Harrassowitz Verlag, 1997.

Elliott, Mark C. "The Limits of Tartary: Manchuria in Imperial and National Geographies."
Journal of Asian Studies 59, no. 3 (Aug. 2000): 603~46.

Elman, Benjamin A. *Classicism, Politics, and Kinship: The Ch'ang-chou School of New Text*

Confucianism in Late Imperial China. Berkeley and Los Angeles: University of California Press, 1990.

Em, Henry H. "Nationalism, Post−Nationalism, and Shin Ch'ae−ho." *Korea Journal 39*, no. 2 (Summer 1999): 283~317.

Emmerson, Richard K. "The Secret." *American Historical Review 104*, no. 5 (Dec. 1999): 603~14.

Esherick, Joseph W. "Symposium on Peasant Rebellions: Some Introductory Comments." *Modern China 9*, no. 3 (July 1983): 275~284.

Freedman, Maurice. *Chinese Lineage and Society: Fukien and Kwantung*. London: University of London, the Athlone Press, 1966.

Goldstone, Jack A. *Revolution and Rebellion in the Early Modern World*. Berkeley: University of California Press, 1991.

Haboush, JaHyun Kim. "Constructing the Center: The Ritual Controversy and the Search for a New Identity in Seventeenth−Century Korea." In JaHyun Kim Haboush and Martina Deuchler, eds., *Culture and the State in Late Chosŏn Korea*, 46~90. Cambridge, Mass.: Harvard University Asia Center, 1999.

Han Young−woo. "Kija Worship in the Koryŏ and Early Yi Dynasties: A Cultural Symbol in the Relationship Between Korea and China." In William Theodore De Bary and JaHyun Kim Haboush, eds., *The Rise of Neo-Confucianism in Korea*, 349~71. New York: Columbia University Press, 1985.

Harrison, James P. *The Communists and Chinese Peasant Rebellions: A Study in the Rewriting of Chinese History*. New York: Atheneum, 1969.

Henthorn, William E. *A History of Korea*. New York: The Free Press, 1971.

Hill, Christopher. *The World Turned Upside Down*. New York: Penguin, 1972.

Hobsbawm, Eric J. *Primitive Rebels: Studies in Archaic Forms of Social Movement in the 19th and 20th Centuries*. New York: W. W. Norton, 1959.

Hurst, G. Cameron III. "The Good, The Bad and The Ugly: Personalities in the Founding of the Koryŏ Dynasty." *Korean Studies Forum 7* (Summer−Fall 1981): 1~26.

Hwang, Kyung Moon. *Beyond Birth: Social Status in the Emergence of Modern Korea*. Cambridge, Mass.: Harvard University Press, 2004.

————. "From the Dirt to Heaven: Northern Koreans in the Chosŏn and Early Modern Eras." *Harvard Journal of Asiatic Studies 62*, no. 1 (June 2002): 135~78.

Joe, Wanne J. *Traditional Korea: A Cultural History*. Seoul: Chung'ang University Press, 1972.

Karlsson, Anders. "Challenging the Dynasty: Popular Protest, Chŏnggamnok and the Ideology of the Hong Kyŏngnae Rebellion." *International Journal of Korean History* 2 (Dec. 2001): 253~77.

————. "The Hong Kyŏngnae Rebellion 1811~1812: Conflict between Central Power and Local Society in 19th-century Korea." Ph.D. diss., Stockholm University, Institute of Oriental Languages, 2000.

Kawashima, Fujiya. "A Study of the Hyangan: Kin Groups and Aristocratic Localism in the Seventeenth and Eighteenth Century Korean Countryside." *Journal of Korean Studies 5* (1984): 3~38.

————. "The Local Gentry Association in Mid-Yi Dynasty Korea: A Preliminary Study of the Ch'angnyŏng Hyangan, 1600~1838." *Journal of Korean Studies 2* (1980): 113~37.

Kim, Sun Joo. "In Defense of Regional Elite Identity and Culture." Paper presented at the conference "Korea as Cultural Imaginary: Discourse of Identity in Late Choson Korea." Columbia University, New York, April 2005.

————. "Marginalized Elite, Regional Discrimination, and the Tradition of Prophetic Belief in the Hong Kyŏngnae Rebellion." Ph.D. diss., University of Washington, 2000.

————. "Negotiating Cultural Identities in Conflict, A Reading of the Writings of Paek Kyŏnghae (1765~1842)." *Journal of Korean Studies 10*, no. 1 (Fall 2005): 85~120.

Kuhn, Philip A. *Rebellion and Its Enemies in Late Imperial China: Militarization and Social Structure, 1796~1864*. Cambridge, Mass.: Harvard University Press, 1970.

Ledyard, Gari. "Yin and Yang in the China-Manchuria-Korea Triangle." In Morris Rossabi, ed., *China among Equals*, 313~53. Berkeley: University of California Press, 1983.

Lee, Ki-baik. Translated by Edward W. Wagner with Edward J. Shultz. *A New History of Korea*. Cambridge, Mass., and London: Harvard University Press, 1984.

Little, Daniel. *Understanding Peasant China: Case Studies in the Philosophy of Social Science*. New Haven, Conn., and London: Yale University Press, 1989.

Little, Daniel and Joseph W. Esherick. "Testing the Testers: A Reply to Barbara Sands and

Ramon Myers's Critique of G. William Skinner's Regional Systems Approach to China." *The Journal of Asian Studies 48*, no. 1 (Feb 1989): 90~99.

Michell, Tony. "Fact and Hypothesis in Yi Dynasty Economic History: The Demographic Dimension." *Korean Studies Forum 6* (Winter – Spring 1979/1980): 65~92.

Moon, Seungsook. "Begetting the Nation." In Elaine H. Kim and Chungmoo Choi eds., *Dangerous Women: Gender and Korean Nationalism*, 33~66. New and London: Routedge, 1998.

Naquin, Susan, *Millenarian Rebellion in China: the Eight Trigrams Uprising of 1813*. New Haven, Conn.: Yale University Press, 1976.

――――. *Shantung Rebellion: The Wang Lun Uprising of 1774*. New Haven, Conn.: Yale University Press, 1981.

Ownby, David. "Chinese Millenarian Traditions: The Formative Age." *The American Historical Review 104*, no. 5 (Dec. 1999): 1513~30.

Paek Tuhyon. "On the Correlation between Non–realization of T–palatalization and Regional identity in Pyongan Province." Paper presented at the workshop "The Northern Region, Identity, and Culture in Korea." Harvard University, Cambridge, Mass., June 12, 2004.

Pai, Hyung Il. *Constructing "Korean" Origins: A Critical Review of Archaeology, Historiography, and Racial Myth in Korean State-Formation Theories*. Cambridge, Mass.: Harvard University Press, 2000.

Palais, James B. *Confucian Statecraft and Korean Institutionsŏ Yu Hyŏngwŏn and the Late Chosŏn Dynasty*. Seattle and London: University of Washington Press, 1996.

――――. *Politics and Policy in Traditional Korea*. Cambridge, Mass.: Harvard University Press, 1975.

Pepper, Suzanne. "The Political Odyssey of an Intellectual Construct: Peasant Nationalism and the Study of China's Revolutionary History—A Review Essay." *Journal of Asian Studies 63*. no. 1 (Feb. 2004): 105~25.

Perry, Elizabeth J. *Challenging the Mandate of Heaven. Social Protest and State Power in China*. N.Y.: M. E. Sharpe, 2002.

――――, *Rebels and Revolutionaries in North China, 1845~1945*. Stanford, Calif.: Stanford University Press, 1980.

Peterson, Mark A. *Korean Adoption and Inheritance: Case Studies in the Creation of a Classic Confucian Society*. Ithaca, N.Y.: Cornell University Press, 1996.

Robinson, Kenneth R. "From Raiders to Traders: Border Security and Border Control in Early Chosŏn, 1392~1450." *Korean Studies 16* (1992): 94~115.

Robinson, Michael Edson. *Cultural Nationalism in Colonial Korea, 1920~1925*. Seattle: University of Washington Press, 1988.

Rogers, Michael C. "P'yŏnnyŏn T'ongnok: The Foundation Legend of the Koryŏ State." *Journal of Korean Studies 4* (1982~83): 3~72.

Schmid, Andre. *Korea Between Empires, 1895~1919*. New York: Columbia University Press, 2002.

―――――. "Rediscovering Manchuria: Sin Ch'aeho and the Politics of Territorial History in Korea." *The Journal of Asian Studies 56*, no. 1 (Feb. 1997): 38~43.

Scott, James. *Moral Economy of the Peasant*. New Haven, Conn.: Yale University Press, 1976.

Shultz, Edward J. *Generals and Scholars: Military Rule in Medieval Korea*. Honolulu: University of Hawaii Press, 2000.

Silberman, Bernard S. *Ministers of Modernization: Elite Mobility in the Meiji Restoration, 1868~1873*. Tucson: University of Arizona Press, 1964.

Shin, Gi ―Wook. *Peasant Protest and Social Change in Colonial Korea*. Seattle and London: University of Washington Press, 1996.

Skocpol, Theda. *States and Social Revolutions: A Comparative Analysis of France, Russia, and China*. Cambridge: Cambridge University Press, 1979.

Somerville, John N. "Stability in Eighteenth Century Ulsan." *Korean Studies Forum 1* (1997~77): 1~18.

Song Kiho. "Current Trends in the Research of Palhae History." *Seoul Journal of Korean Studies 3* (Dec. 1990): 157~74.

―――――. "Several Questions in Historical Studies of Palhae." *Korea Journal 30*, no. 6 (June 1990): 4~20.

Sorensen, Clark. "National Identity and the Creation of the Category "Peasant" in Colonial Korea." In Gi―Wook Shin and Michael Robinson, eds., *Colonial modernity in Korea*, 288~310. Cambridge, Mass.: Harvard University Press, 1999.

Tai, Hue-Tam Ho. *Millenarianism and Peasant Politics in Vietnam*. Cambridge, Mass.: Harvard University Press, 1983.

Tilly, Charles. *From Mobilization to Revolution*. New York: McGraw-Hill Publishing Company, 1978.

―――. *The Vendee*. Cambridge, Mass.: Harvard University Press, 1964.

Wagner, Edward W. "The Civil Examination Process as Social Leaven: The Case of the Northern Provinces in the Yi Dynasty." *Korea Journal 17*, no. 1 (Jan. 1977): 22~27.

―――. "The ladder of Success in Yi Dynasty Korea." *Occasional Papers on Korea 1* (1972): 1~8.

―――. "Yi Dynasty Munkwa Examination Passers." Computer printout, Cambridge Computer Association, n.d.

Walraven, Boudewijn. "Popular Religion in a Confucianized Society." In JaHyun Kim Haboush and Martina Deuchler, eds., *Culture and the State in Late Chosŏn Korea*, 160~98. Cambridge, Mass.: Harvard University Asia Center, 1999.

Wells, Kenneth M., ed. *South Korea's Minjung Movement: The Culture and Politics of Dissidence*. Honolulu: University of Hawaii Press, 1995.

White, James W. *Ikki, Social Conflict and Political Protest in Early Modern Japan*. Ithaca, N.Y.: Cornell University Press, 1995.

Wigen, Karen. "Culture, Power, and Place: The New Landscapes of East Asian Regionalism." *The American Historical Review 104*, no. 4 (Oct. 1999): 1183~1201.

―――. *The Making of a Japanese Periphery, 1750~1920*. Berkeley: University of California Press, 1995.

Yi Usong. "A Study of the Period of the Northern and Southern States." *Korea Journal 17*, no. 1 (Jan. 1977): 28~33.

Yoon, Hong-Key. "The Image of Nature in Geomancy." *GeoJournal 4*, no. 4 (1980): 341~48.

찾아보기

조선의 변방과 반란, 1812년 홍경래 난

조선의 변방과 반란, 1812년 홍경래 난

조선의 변방과 반란, 1812년 홍경래 난

2020년 9월 17일 초판 1쇄 인쇄
2020년 9월 22일 초판 1쇄 발행

글쓴이	김선주
옮긴이	김범
펴낸이	박혜숙
디자인	김정연
펴낸곳	도서출판 푸른역사

우) 03044 서울시 종로구 자하문로8길 13

전화: 02)720－8921(편집부) 02)720－8920(영업부)

팩스: 02)720－9887

전자우편: 2013history@naver.com

등록: 1997년 2월 14일 제13－483호

ⓒ 김선주, 2020

ISBN 979-11-5612-173-2 93900